LA DÉPRESSION, UNE ÉPREUVE MODERNE

Psycho - logiques

Collection fondée par Philippe Brenot
et dirigée par Alain Brun

Sans exclusives ni frontières, les logiques président au fonctionnement psychique comme à la vie relationnelle. Toutes les pratiques, toutes les écoles ont leur place dans Psycho - logiques.

Luc VANDEN DRIESSCHE, *L'enfant parallèle*, 2009.
Serge BAUMGARTEN, *L'enfant porte-symptôme*, 2008.
Pierre MANNONI, *Psychopathologie de la vie collective*, 2008.
Alain BRUN, *L'échelle d'intelligence de Wechsler. Interprétation clinique et psychopathologique*, 2008.
François PEREA et Jean MORENON, *Les jeux contradictoires de la parole et du corps*, 2008.
Jacques MICHELET, *Handicap mental et technique du psychodrame*, 2008.
Alhoussein DIA, *La psychiatrie au pays des marabouts (Mauritanie)*, 2008.
Bernadette MATTAEUR, *Procréation, IVG et maltraitance*, 2007.
Jean-Curt KELLER, *La méthode thérapeutique de Palo Alto*, 2007.
Colette LHOMME-RIGAUD, *Exils et troubles de la pensée*, 2007.
Giselle HIERSE, *Le féminin et la langue étrangère*, 2007.
Michel DÉGRANGE, *Petit livre noir des psychothérapies américaines en France*, 2007.
Béatrice BOURDIN, Mylène HUBIN-GAYTE, Barbara LE DRIANT et Luc VANDROMME, *Les troubles du développement chez l'enfant. Prévention et prise en charge*, 2007
Françoise GOSSELIN et Philippe VIARD, *L'État et les psychothérapies*, 2006
Michel LANDRY, *Du déclin de la pensée critique au triomphe de la psychiatrie*, 2006.
René SOULAYROL, *La spiritualité de l'enfant*, 2006.
Joseph C. ZINKER, *Le thérapeute en tant qu'artiste*, 2006.
Jean-Claude REINHARDT et Alain BRUN (collectif dirigé par), *Vieillesse et création*, 2005.

Lucien Tenenbaum

LA DÉPRESSION, UNE ÉPREUVE MODERNE

L'Harmattan

Du même auteur

La bascule des mal-aimés, Éditions du Souffle d'Or, 1994

La psychothérapie, un savoir étrange, Éditions du Souffle d'Or, 1995

Écrire, parler, soigner en chinois, Éditions You-Feng, Paris, 2001, rééd. 2008

5-7, rue de l'Ecole polytechnique ; 75005 Paris

http://www.librairieharmattan.com
diffusion.harmattan@wanadoo.fr
harmattan1@wanadoo.fr

ISBN : 978-2-296-08577-0
EAN : 9782296085770

SOMMAIRE

AVANT PROPOS

La dépression est une création du vivant, sa logique n'est pas celle de la raison. Elle prend corps dans l'intimité de nos cellules et se vit dans notre conscience douloureuse. Elle est création du vivant, que pourtant elle menace. Elle accompagne notre espèce, sans doute depuis son apparition. Pourtant, elle n'a jamais été aussi présente qu'aujourd'hui. Elle accompagne chacun de nous, sans doute depuis sa naissance. Pourtant, nous la craignons.

Comment l'approcher, sans s'effrayer du gouffre qu'elle ouvre à nos pieds ni s'en tenir trop loin ? Comment en parler, sans lui enlever ses ombres et ses épines ? Comment la soigner, si l'on n'en prend soin ?

J'ai choisi de faire confiance à l'ignorance, à la peur, à la curiosité, et aux questions qu'elles inspirent. Les questions sont venues, lors de séminaires que j'animais sur la dépression, de personnes qui se forment au métier de psychothérapeute[1]. Regroupées pour certaines, reformulées pour d'autres, elles constituent les thèmes des 18 premiers chapitres du présent ouvrage. Les trois derniers apportent des éclairages plus spécialisés à travers la neurobiologie, la psychothérapie, l'histoire.

Le traitement des thèmes donne des chapitres de longueur très inégale. Certains en effet entraînent des questionnements en cascade qui mènent assez loin de l'interrogation initiale. D'autres au contraire amorcent la réflexion, en laissant au lecteur le soin de la poursuivre… ou pas. Le choix d'une approche plus circulaire que linéaire entraîne nécessairement de nombreux renvois, et quelques répétitions, d'un chapitre à l'autre.

---

[1] Je remercie en particulier les responsables et les étudiants de l'Institut de Formation en Communication et Thérapie Psychocorporelle de Strasbourg, de l'Institut Ressources de Bruxelles et de l'Institut d'Analyse Bioénergétique France-sud de Marseille.

La matière clinique de cet ouvrage est tirée de mon expérience professionnelle : j'ai été psychiatre des hôpitaux pendant 22 ans avant d'exercer la psychothérapie en cabinet[1]. Ma réflexion se nourrit aussi du travail réalisé au cours de nombreux séminaires et ateliers consacrés à la dépression et de ce que cinéastes et écrivains nous donnent à voir et à comprendre. Elle s'appuie également sur ce que j'en écris au long des années et sur le compagnonnage que nous entretenons, elle et moi, depuis longtemps.

---

[1] Ma pratique est considérée comme « multi référentielle » par la Fédération Française de Psychothérapie et de Psychanalyse.

CHAPITRE 1

UNE NOUVELLE VENUE, LA DÉPRESSION…

…Celle dont on parle depuis qu'on peut s'avouer sa fatigue de vivre et s'en ouvrir à autrui.

Nouvelle venue, oui, celle qui fait surgir des questions comme « depuis quand parle-t-on de dépression ? » ou « à partir de quand/depuis quand peut-on parler de sa dépression ? », ou encore, « à partir de quand peut-on dire de quelqu'un qu'il est dépressif ? ».

Durant ces cinquante dernières années, la dépression est devenue visible dans l'espace social, événement considérable. Son émergence peut se tracer sur deux scènes. Sur la scène microsociale où se dévoile l'intimité de chacun, une souffrance a enfin pu se dire, une souffrance qui a mis du temps à trouver ses mots. Elle a contribué à faire surgir un espace nouveau, celui de la rencontre psychothérapique. Sur la scène macrosociale, où les mots vivent leur carrière publique, la dépression est apparue sous ce nom, jalousement surveillé par la médecine, vulgarisé par les médias.

À partir de quand/depuis quand parle-t-on de *sa* dépression ? Depuis quand peut-on se dire déprimé ou dépressif, des mots qui, dans ces cas, ne sont pas des mots de spécialiste ou d'expert, car ils appartiennent à tout le monde ? Ce sont des mots du discours commun, prononcés pourtant dans une demi-confidence, où chacun entend de façon claire l'aveu d'une *fatigue de vivre*. La *fatigue de vivre*, tel est indiscutablement le cœur de signification de tous ces termes, dépression, déprime, déprimé, dépressif, accès ou état dépressif, dépression nerveuse, etc.

La dépression est devenue visible dans l'espace social. Non pas qu'elle n'ait pas existé auparavant. Les témoignages et les descriptions qui en ont été donnés à toutes les époques et de tout temps attestent de son ancienneté, mais il est devenu légitime et socialement acceptable d'en parler. Elle a acquis un statut différent et ce qu'elle manifeste peut faire l'objet d'une lecture différente. Des limites jusque-là respectées sont ainsi franchies, comme celle, vers le dehors, qu'on traverse en s'ouvrant à autrui d'une souffrance intime, ou celle, vers le dedans, qu'on franchit en s'entendant dire qu'on est malheureux, en s'avouant à soi-même qu'on est fatigué de vivre et qu'on songe même à la mort. Ces franchissements, que chacun ressent presque comme une victoire sur lui-même, traduisent des mutations profondes de notre société. A travers eux se profile un changement dans la hiérarchie des valeurs.

Qu'on puisse exprimer le besoin d'être accueilli et entendu dans sa souffrance personnelle, témoigne que la vie intérieure et le bien-être psychologique de chaque personne deviennent des valeurs socialement reconnues. Il est licite de se préoccuper de son mal-être, de s'en ouvrir à autrui et de rechercher des moyens d'y remédier. Pour beaucoup, l'audace a encore un parfum d'interdit, car il n'est pas seulement question de parler de soi, mais de s'ouvrir d'une souffrance dépressive qui avait, il y a encore peu de temps, quelque chose de honteux, et qui sentait même le soufre. La limite de l'intimité transgressée, on bouscule les convenances qui voulaient qu'on garde sa désespérance pour soi. On devait savoir accepter sa fatigue et sa peine sans avoir l'outrecuidance de revendiquer un quelconque droit au bonheur, et voilà qu'on passe outre le soupçon d'égoïsme et d'impudeur.

Le parfum de transgression, qui se perçoit encore, serait entêtant si la transgression résultait d'une initiative personnelle et isolée, mais il se dissipe car le phénomène se produit à l'échelle de toute une société, jusqu'à être perçu comme un des éléments de sa modernité.

Depuis quand peut-on parler de sa dépression, de sa tristesse, de sa fatigue de vivre, de sa peine, sans qu'il y ait de raison particulière ou, à tout le moins, proportionnée ? Que s'est-il passé ces cinquante dernières années ? L'évolution qui fait du droit au bonheur et de la qualité de la vie des valeurs nouvelles, y prend une grande part, sans qu'on puisse affirmer si elle explique ou accompagne l'expression du mal de vivre.

Quand le bien-être personnel devient une des priorités de l'existence, l'attention se porte sur la qualité de la vie affective et psychologique et sur ce qui y fait obstacle : la dépression peut être nommée. La souffrance, tant physique que psychologique, touche la personne dans ce qui lui est si précieux, son autonomie, la libre disposition de ses ressources et de ses richesses, son aptitude à poursuivre sa quête du bonheur. A la lumière du nouveau paradigme, la dépression apparaît, à l'égal de la maladie physique, comme un obstacle sur la voie du bien-être dont il est urgent de se débarrasser. Elle détonne d'autant plus qu'elle parle de mort, de tristesse, de perte du désir dans un monde où l'on n'a jamais vécu aussi vieux, où l'on n'a jamais été aussi libéré de la faim et de l'insécurité[1].

Au terme d'une évolution historique dont j'évoquerai les principaux moments tout au long de cet ouvrage[2], ce n'est plus « *souffres et tais-toi, tu gagnes ton paradis* » que s'entend dire la personne en souffrance, mais « *ça ne s'arrangera pas tout seul, personne ne peut le faire pour toi, tu ne gagnes rien à attendre* ».

Avec le changement de perspective et le déplacement du centre de gravité vers la personne, la souffrance ne s'exprime plus aussi volontiers par une souffrance ou une plainte dans le corps visible ou par un trouble du comportement social. *Je* n'a plus besoin de passer par un de ses organes pour se dire. L'expression du mal-être passe dans le domaine de la subjectivité et utilise le discours à la première personne du singulier. La première personne... on ne saurait mieux dire. Du singulier qui plus est. Ce que la première personne a de singulier. On voit comment s'entretiennent circulairement l'expression de la dépression comme souffrance morale personnelle et la promotion de la vie intérieure et comment elles dé-

---

[1] Le discours ambiant sur l'insécurité veut ignorer que l'insécurité physique a été une réalité quotidienne, pendant des siècles, jusqu'à très récemment.

[2] Voir en particulier les chapitres 2, 8, 14, 18 et 21.

bouchent sur l'aspect le plus novateur dans l'histoire des mentalités : la demande de soins.

La détermination d'y faire « quelque chose » s'écarte de la résignation attendue de ceux, fort nombreux, dont la vie était une vallée de larmes, comme de la soumission des exclus et bannis au sort qu'on leur enjoignait d'accepter comme juste punition de leur comportement. La dépression de notre temps tranche par là avec celle d'autrefois, non par la souffrance, qui est de tout temps, mais par le fait que ceux qu'elle atteint demandent à être soulagés. Voir un professionnel pour cela et avoir à payer, situation ô combien nouvelle ! Que les déprimés/dépressifs estiment avoir le droit de se soigner, après que leur souffrance ait été considérée comme un luxe de riches, après qu'on les ait appelés à *prendre sur eux*, à *ne pas s'écouter*, voilà qui est nouveau. Encore plus surprenant : satisfaire ce besoin devient un devoir envers soi-même. C'est, profondément, se respecter. On revient de loin, quand on sait de quel jugement moral cette souffrance a été l'objet pendant des siècles.[1]

Mais pour que le regard extérieur perde le poids écrasant qu'il avait, un changement est nécessaire qui donne une importance égale à la perception personnelle. La vision subjective revendique maintenant une place dans la vie de chacun sous la forme de l'intimité. Manifestation d'un changement dans l'échelle des valeurs, l'exigence d'un espace personnel émerge dans le social du même pas que la dépression et fait partie de ce qui rend la psychothérapie possible. Le respect de cet espace est loin d'être garanti, mais la susceptibilité qui s'attache à tout ce qui peut paraître le violer montre l'importance que cette valeur a acquise au cours des dernières décennies. De nombreux faits en parlent, et parfois de façon inattendue, sinon anecdotique. Un exemple entre mille : on a vu monter depuis une génération l'exigence d'isolation phonique des appartements – exigence bizarre pour la plupart des habitants de cette planète[2].

[1] Voir les chapitres 2, 18.

[2] De nombreuses sociétés non occidentales valorisent le silence, non pas dans la vie quotidienne, mais dans une démarche spirituelle, comme elles le font d'ailleurs pour la solitude. A propos d'intimité, l'héroïne de *A concise chi-*

Espace privé personnel, dont chacun garde jalousement la clé, l'intimité devient une valeur respectable, faisant même appel au vocabulaire du sacré : lieu sanctuarisé, inviolable, où chacun doit pouvoir être assuré d'une sécurité absolue. L'inviolabilité de la vie privée est un droit si revendiqué que le partage de l'intimité en acquiert une valeur considérable. Il suscite d'autant plus d'intérêt et de curiosité qu'il ouvre sur des terres jusque-là inconnues. Depuis deux siècles, depuis l'explosion romantique du début du 19° siècle, la littérature psychologique déverse romans, témoignages, journaux intimes et son irruption dans d'autres cultures signale la mutation culturelle à laquelle elles sont « invitées ».

L'intérêt pour la vie intime de chacun déferle à la télévision, car chacun est porteur de cette richesse, quels que soient son statut social, ses diplômes, ses talents. Elle fait de chacun un héros, intéressant de son seul partage un nombre croissant de gens et, dans un monde où il est parfois difficile de distinguer valeur marchande de valeur morale, elle se change en denrée monnayable. L'engouement a commencé à la télévision française avec « *Psyshow* » en 1983 et s'est poursuivi avec de nombreuses émissions comme « *Bas les masques* », « *Vie privée, vie publique* »,« *Vis ma vie* », etc.[1] L'importance donnée à l'intimité de chacun s'accompagne d'une promotion parallèle de tout ce qui est *psy* et de la conviction qu'une approche psychologique professionnalisée des problèmes humains devient incontournable.

Le partage de l'intimité a pris une importance nouvelle dans un espace relationnel peut-être aussi ancien que nous-mêmes, jusqu'à devenir une de ses raisons d'être : l'espace conjugal. Les témoignages sur la vie conjugale qui nous vien-

---

nese-english dictionnary for lovers exprime sa perplexité : *« But why people need privacy ? In China [...] eat together, and share everything and talk about everything. Privacy make people lonely. Privacy make family fallen apart. »* (Mais qui a besoin d'intimité ? En Chine, [...], on mange ensemble, on partage tout, on parle de tout. L'intimité isole les personnes. L'intimité disloque les familles.) (Guo Xiao Lu, Vintage books, London, 2007).

[1] Ces émissions auront sans doute disparu au profit d'autres aux titres aussi significatifs quand ce livre paraîtra. D. Mehl étudie ce phénomène dans *La télévision de l'intimité*, Le Seuil, 1997.

nent de notre histoire ou d'autres cultures nous étonnent par la place réduite qu'ils donnent au partage de l'intimité des sentiments et des expériences personnelles. À la différence de ce qui s'est toujours fait entre amis ou entre amants, le cadre conjugal n'y avait pas vocation, ce qui n'excluait ni amour ni chaleur ni solidarité. La possibilité de ce partage est de plus en plus ressentie comme un des critères de qualité du couple, et son absence est cause de souffrance, de reproche. L'insatisfaction conjugale s'exprime très banalement par « *il ne me parle pas…* », « *il n'y a plus de complicité entre nous…* ».

Nouveauté encore, l'apparition d'un espace destiné à l'examen sans jugement de la vie intérieure, dans une ouverture de l'intimité sans précédent : l'espace de la psychothérapie. Il tranche radicalement avec celui de la confession chrétienne dont on le rapproche parfois, un peu rapidement. Dans la confession il s'agit, en avouant ses manquements au code moral de l'Église, d'y être réintégré, au besoin en s'inventant des péchés... Rien de tel dans la psychothérapie où il n'y a ni jugement, ni absolution, ni d'autre pardon qu'envers soi-même. En instituant un lieu singulier, elle tranche aussi avec les configurations traditionnelles où la parole joue un rôle indiscutablement guérisseur. Dans de nombreuses cultures, comme en Afrique, se mettre à l'écart pour parler et, à plus forte raison, s'enfermer sont des conduites éminemment suspectes.[1]

Depuis quand parle-t-on de dépression ?

Le mot lui-même n'est pas né en notre temps et la chose, cette souffrance-là, est beaucoup plus ancienne, mais ce qui est de notre temps, c'est d'associer le mot à la chose. Et cela s'est fait également durant les cinquante dernières années. Elles ont vu la souffrance dépressive sortir du silence, le silence du

[1] Un psychothérapeute nigérian expliquait, lors d'un congrès, qu'il avait le plus grand mal à fermer la porte de son cabinet : « *si ça ne peut pas être discuté en public alors que le groupe et la famille en Afrique sont chargés du bien-être de chacun de ses membres, c'est que c'est forcément mauvais et méchant* » (S. N. Madu au Congrès International de psychothérapie, Vienne, 1996). Pour H. F. Ellenberger, un des précurseurs de l'ethnopsychiatrie, une des caractéristiques des traitements traditionnels était qu'ils tiraient leur efficacité d'être publics et collectifs.

for intérieur comme celui du dialogue. Parallèlement la dépression a fait son apparition dans la pensée et la pratique médicales. Elle en était à peu près absente il y a cinquante ans, elle y occupe maintenant une place importante. Itinéraire accompagné en parallèle par un autre surgissement : les états dépressifs sont apparus dans les manuels et l'enseignement de la médecine en même temps qu'on découvrait des médicaments antidépresseurs.

Jusqu'à la fin des années 1950, les traités de médecine et l'enseignement médical sont muets sur les états dépressifs. Dans les manuels psychiatriques, leur place reste très limitée. Tout au plus retrouve-t-on les mots que la médecine a inventés vers la fin du 19° siècle comme la neurasthénie (étymologiquement fatigue nerveuse) et la psychasthénie (fatigue mentale). Ils indiquent que les praticiens ont perçu le trait essentiel de la fatigue, du ralentissement, sans pouvoir dire s'il est psychologique ou nerveux, sans pouvoir décider donc s'il relève des spécialistes du système nerveux ou des spécialistes de la psyché. Dans un manuel de 1952, la dépression est définie comme « *un fléchissement, passager ou durable, du tonus psychique* »[1]. Pas un mot de plus mais les deux substantifs sont importants : *fléchissement* et *tonus*. Il s'agit essentiellement, à ce moment-là, d'une définition énergétique : une force faiblit.

Il n'existe à l'époque aucun médicament contre la dépression. Normal, puisque la dépression n'existe pas, à moins qu'elle n'existe pas médicalement parce qu'il n'y a pas de traitement. Car il y a une exception notable à ce silence : la dépression mélancolique. Elle est reconnue et pour elle, d'ailleurs, il existe un traitement. Jusque-là les types de dépression méritant l'attention médicale, et donc une description clinique, se résument, en effet, aux différentes formes de l'accès mélancolique, survenant dans le cadre de la psychose maniaco-dépressive (ou P.M.D., maintenant dénommée *trouble bipolaire*). Celle-ci, décrite depuis longtemps,[2] a été isolée comme maladie au tour-

---

[1] Le *Manuel alphabétique de psychiatrie* de Porot.

[2] Esquirol l'a décrite en 1818 sous le nom de *lypémanie*. Il notait dans « *Du suicide* » que « *ceux qui ont le spleen présentent tous les caractères de la lypémanie* », signalant ainsi que le mal de vivre, le dégoût de la vie, peuvent

nant du 20° siècle, sans être pour autant l'affaire des médecins, mais celle des aliénistes, comme on nomme ceux qui s'occupent des aliénés, car la mélancolie est, dans le temps de ses accès, une forme de folie. On l'a d'abord nommée « folie circulaire ». Elle a trouvé son traitement dès les années 1930 avec l'électrochoc[1].

La décennie 1950-1960 est déterminante dans l'histoire récente de la dépression. En 1952 on découvre le premier neuroleptique[2], le Largactil® (ou chlorpromazine)[3], alors qu'on cherchait un anesthésique général. Un champ s'ouvre aux chercheurs et ils s'y engouffrent. En poursuivant l'expérimentation sur d'éventuels nouveaux neuroleptiques, comme le marché le demande désormais, on découvre, en 1957, l'imipramine. Nouvelle surprise : cette molécule n'a aucun effet neuroleptique, mais de réels effets antidépresseurs. Ce sera le Tofranil®.

En 1950, on avait découvert qu'un médicament antituberculeux très utilisé, le Rimifon® (ou isoniazide), avait des effets euphorisants chez les tuberculeux déprimés. Mais il était très peu maniable pour soigner les dépressifs. La recherche se poursuit, pour mettre au point en 1957 l'iproniazide, premier

---

être perçus comme pathologiques. Cette notion semble avoir glissé entre les doigts des médecins pendant 150 ans pour ressurgir avec force dans la psychiatrie après la 2° guerre mondiale.

[1] Pour la description des accès, voir le chapitre 8. Les électrochocs, ou sismothérapie ou électro convulsivothérapie, furent la première des méthodes vraiment efficaces dans la boîte à outils du psychiatre. Ils provoquent une synchronisation de tous les neurones cérébraux - ce qui équivaut à une crise d'épilepsie - par le passage d'un courant électrique. Pratiqués sous curare et avec toutes les précautions nécessaires, ils présentent très peu de dangers et de contre-indications, moins, par exemple, que les antidépresseurs classiques chez les personnes âgées ou fragiles. Si on ne peut contester leur efficacité dans les cas graves, leur mécanisme d'action garde jusqu'à aujourd'hui son mystère. Des recherches récentes suggèrent qu'ils agiraient par stimulation de la neurogenèse, comme le font les antidépresseurs. (Voir les chapitres 7 et 20)

[2] Médicament qui agit sur les phénomènes psychotiques.

[3] Les médicaments sont cités ici avec leur nom de marque car c'est généralement le seul connu du public. Dans les communications scientifiques il est de règle de nommer la molécule d'après la dénomination chimique internationale (D.C.I.), comme chlorpromazine pour Largactil. La D.C.I. est utilisée pour désigner les médicaments dits génériques.

vrai antidépresseur, chef de file de ce qu'on appellera les IMAO (inhibiteurs de la monoamine-oxydase).

L'histoire des antidépresseurs et celle de la clinique des états dépressifs commencent ainsi ensemble et ne s'arrêteront plus de cheminer du même pas. La dépression entre dans les manuels en même temps que les antidépresseurs. Y aurait-il un lien entre le silence de la médecine et le vide de la pharmacie?[1] La formation générale des médecins reste très discrète sur la question, mais avec les antidépresseurs la dépression entre dans le champ de la psychiatrie, et elle y reste confinée, *de facto*, en raison des difficultés d'utilisation des médicaments.

Les psychiatres en organisent la description autour du modèle qu'ils utilisaient jusque-là, la mélancolie, qui reste la référence pour les dépressions ou états dépressifs qu'on qualifie d'endogènes, ceux qui surviennent sans le moindre évènement susceptible de les expliquer. Autour de cet axe central, les psychiatres décrivent deux types de dépression qui ne présentent pas la dimension inexplicable des dépressions endogènes. Ce sont les dépressions réactionnelles et les dépressions psychogènes. Il importe d'en dire quelques mots, car ces termes circulent encore dans le discours médico-psychiatrique.

Les dépressions réactionnelles viennent en réaction à des événements traumatisants. L'ampleur de la réaction y est proportionnelle à l'événement causal, toujours dramatique, comme la perte d'un être proche (mort d'un conjoint ou d'un enfant) ou une séparation, un divorce, un événement au retentissement matériel ou psychologique important (licenciement, expulsion, maladie grave ou invalidante, etc.)

Les dépressions dites psychogènes ne présentent pas l'aspect opaque des endogènes, mais elles ne sont pas non plus compréhensibles dans leur déclenchement comme les réactionnelles. Pour les psychiatres, elles surviennent sur un terrain névrotique, propice à la mauvaise opinion de soi, au sentiment d'échec, à l'ennui, à la difficulté à s'animer, à l'immaturité affective. Ces constantes du vécu quotidien, fluctuant dans leur

---

[1] Cette question est longuement débattue dans le livre de Ph. Pignarre, *Comment la dépression est devenue une épidémie,* paru en 2001 (Éditions de la Découverte).

intensité, peuvent éclater en états dépressifs aigus à l'occasion d'une circonstance vénielle, souvent passée inaperçue.

En 1984, le *Dictionnaire alphabétique de psychiatrie* de Porot définit l'état dépressif par une triade symptomatique constituée de l'humeur dépressive (avec ses composantes : douleur morale, dévalorisation, désir de mort), de l'inhibition psychomotrice et de l'anxiété. On voit le chemin parcouru par le discours psychiatrique en trente ans, avant que les psychiatres se voient déchargés de la plupart des dépressions.

L'étape suivante se situe en 1988 quand arrive sur le marché la génération actuelle des Prozac® (fluoxétine) et autres « pilules du bonheur » qui transforment la situation. Dorénavant la plus grande partie des prescriptions sont faites par les médecins généralistes : 70 à 75 % selon un texte officiel[1]. Cette révolution tient à une double évolution : tandis que les produits antidépresseurs deviennent très maniables car peu dangereux, le diagnostic de dépression s'élargit et se banalise, l'un expliquant l'autre. L'enchaînement des faits montre, une fois de plus, à quel point demande de soins et offre de traitement sont liées dans l'histoire naturelle des états dépressifs.

Nous voici désormais dans le domaine de la dépression du généraliste. Le médecin de famille, comme on le nomme, est sensible au contexte affectif et social de la dépression, car il est proche de son patient et il connaît son environnement. Mais dans le temps bref de la consultation, il doit avant tout déterminer rapidement quelle réponse médicale il peut apporter à son patient. Il doit faire un diagnostic non pas de souffrance, mais d'indication thérapeutique.

La recherche, quant à elle, s'oriente dans un sens qui rejoint de façon troublante les préoccupations de l'industrie pharmaceutique. Toujours la boucle offre-demande : il s'agira de dépister les sujets qui feront peut-être une dépression, s'ils sont confrontés à des événements qu'on aura appris à considé-

---

[1] Psydoc.france, décembre 2002. Ce site de la Fédération française de Psychiatrie est alimenté par l'I.N.S.E.R.M. (Institut National de la Santé et de la Recherche Médicale) et la Direction Générale de la Santé au ministère du même nom.

rer comme dépressogènes, afin d'entreprendre un traitement préventif et de justifier la prescription.

Le développement des traitements antidépresseurs et le recrutement d'une clientèle beaucoup plus importante de dépressifs ont gommé les descriptions traditionnelles. Celles-ci présentent moins d'intérêt, dès lors que les indications thérapeutiques n'épousent plus leurs contours et que la sanction thérapeutique est la même, par-delà les formes cliniques. La démarche diagnostique et la classification n'ont pas disparu pour autant, mais leur objectif est désormais de pouvoir repérer ce qui tombe dans le champ d'action des médicaments antidépresseurs utilisés par les médecins généralistes.

La question « *à partir de quand parle-t-on de dépression ?* » s'entend aujourd'hui, pour la médecine et pour le discours officiel qu'elle inspire, comme « *à partir de quand peut-on/doit-on prescrire des antidépresseurs ?* ». Ce qui rejoint la dernière facette de la question initiale : à partir de quand peut-on *dire de quelqu'un* qu'il est dépressif ? La position sémantique tourne volontiers à la démarche diagnostique, tant la médecine s'est efforcée de coloniser le territoire de la dépression. Jusqu'à le défendre farouchement contre tous ceux qui prétendraient y avoir autant droit à la parole qu'elle.

Un spot publicitaire diffusé à la télévision, il y a quelques années, et consacré à la dépression, se concluait par une formule destinée à s'inscrire dans la conscience du téléspectateur : « *la dépression, savoir la reconnaître pour la guérir* ». Et le générique de fin révélait que le spot, produit par l'Agence pour le Médicament, était diffusé au bénéfice de la recherche. Ce spot était suivi par un autre destiné à modérer le recours aux antibiotiques. Dans un ascenseur, un homme manifestement enrhumé, fiévreux, les yeux larmoyants et la tête prise, se voit dénier un statut de vrai malade puisqu'il ne prend pas d'antibiotiques. « *Si tu ne prends pas d'antibiotiques, tu n'es pas vraiment malade !* » Il s'agit bien sûr d'entendre « *la grippe, ça se soigne d'abord sans antibiotiques* ». La grippe, affection virale, est typiquement ce que ne peuvent pas soigner les antibiotiques, sauf dans ses complications bactériennes. On se souviendra pourtant que ce sont les médecins qui ont installé le réflexe chez les patients, quitte à les en rendre maintenant responsables, voire coupables.

Enchaînement d'autant plus savoureux que le premier spot s'employait à faire partager au public l'idée, courante dans le milieu médical, qu'il ne saurait y avoir de vraie dépression sans traitement antidépresseur, car reconnaître la dépression, c'est prescrire des antidépresseurs. On y reviendra, mais reviendra-t-on un jour sur le sujet pour dire, connaissant le prix des antidépresseurs et leur efficacité discutable sur le plan épidémiologique, « *la dépression, ça se soigne aussi sans antidépresseurs* ». Les voix autorisées, universitaires et responsables politiques, martèlent que la dépression appartient à la médecine. Psydoc.france, qui est leur canal sur Internet, le dit explicitement dans un texte de synthèse sur la dépression présenté en 2002 et non modifié depuis : « *nous partons ici du principe que le diagnostic de dépression est <u>strictement médical</u> et qu'il amène le médecin à <u>proposer des soins, donc un traitement</u>* »[1]. Logiquement, pour un médecin en France en 2002, proposer un traitement, c'est proposer - prescrire ? - des médicaments. Sur quoi un spécialiste renchérit : « *la médicalisation de la dépression est une très bonne chose parce qu'il y a de très bons antidépresseurs* ».[2]

Si une campagne de presse récente[3] esquisse une évolution timide, en parlant maintenant « *d'en sortir* » et non plus de « *la guérir* », il reste entendu de tout le monde que la souffrance relève de la médecine et doit en passer par elle. A la question « *A partir de quand peut-on dire de quelqu'un qu'il est déprimé ?* » les médecins ont bâti la réponse la plus opératoire pour eux. Si ce n'est la plus féconde pour poursuivre la recherche, c'est la plus simple et la mieux codifiée, et elle dit : voici les symptômes de la dépression.[4]

---

[1] Souligné par moi.
[2] I. Pelc, cité par *Le Soir* de Bruxelles (22.11.2004)
[3] *La dépression, en savoir plus pour en sortir,* Institut National de Prévention et d'Éducation pour la Santé (I.N.P.E.S.), Paris, 2007. Le document a été tiré à 500 000 exemplaires, diffusé sur Internet et accompagné également d'un spot télévisé.
[4] Voir le chapitre 3.

CHAPITRE 2

LA DÉPRESSION EST ET N'EST PAS UNE MALADIE

Elle est présente dans le bagage de chaque être humain. Parfois, elle accepte d'être traitée par la médecine. Parfois, elle s'y refuse. Peut-être lui coûte-t-il d'oublier qu'elle a été un péché, voire un blasphème.

Dans la mesure où elle s'inscrit dans les codes médicaux – diagnostic, prescription de médicaments, prise en charge par la Sécurité Sociale, arrêt-maladie - c'est une maladie. On a vu l'appropriation de ce type de souffrance, *la fatigue de vivre*, par la médecine,[1] on verra à quelles conditions elle le fait[2] et les conclusions qu'elle en tire[3]. L'efficacité avérée des médicaments dans certains types de dépression permet de parler de maladie, mais les limites mêmes de cette efficacité modèrent la prétention de la médecine à n'y voir qu'une maladie comme les autres.

Ou alors c'est une maladie au même titre que la fièvre, par exemple, c'est-à-dire un mode de défense normal de l'organisme, qu'il faut savoir respecter, tout en étant attentif à ses éventuels effets nocifs. Le bon médecin veille à accompagner le corps dans sa façon de lutter contre une agression, sans le désarmer ni se substituer à lui, sauf quand il ne peut plus se défendre lui-même.

Mais quand la dépression est un comportement humain approprié aux circonstances, comme lors d'un deuil, d'une séparation ou d'une grave blessure affective, est-ce encore une maladie ? Dans ces situations où la personne s'effondre, car elle ne se sent plus *portée*, la réponse dépressive est destinée à

---

[1] Voir le chapitre 1.
[2] Voir le chapitre 3.
[3] Voir le chapitre 7.

n'être qu'un passage, qu'habituellement on traverse pour reprendre le cours normal de sa vie.[1] Cependant, ce n'est pas toujours le cas et il semble que ce le soit de moins en moins. Le comportement qui devait permettre l'adaptation à une nouvelle situation finit par devenir lui-même le problème.

Notre époque voit en effet une évolution importante. Autrefois – un autrefois encore actuel il y a quarante ans - les états dépressifs étaient considérés comme toujours curables, même la mélancolie, forme extrême de la dépression. On disait, et on enseignait, qu'une personne mélancolique guérissait toujours, si on avait pris toutes les mesures pour qu'elle ne puisse pas se suicider ni mourir d'inanition ou d'une affection intercurrente (c'est-à-dire d'une maladie favorisée par l'état d'affaiblissement de l'organisme).

Paradoxe ! Nous avons accueilli la dépression dans notre médecine moderne, nous avons découvert des antidépresseurs efficaces, et non seulement elle y résiste assez souvent (30 % des cas selon les psychiatres), mais quand elle consent à guérir, elle récidive (50 % des dépressions guéries, toujours selon les mêmes experts)[2], et même elle présente une forte tendance à s'installer dans le long cours et à devenir récurrente, comme on la nomme (20 % parmi les cas qui récidivent).

Le traitement, qui, autrefois, ne devait durer que le temps que le processus s'éteigne de lui-même – peut-être le temps que la production d'auto-antidépresseurs reprenne normalement - est de plus en plus prescrit comme un traitement de substitution au long cours. Si on continue aujourd'hui de prôner la poursuite du traitement, ce n'est plus pour assurer la guérison, mais pour éviter la rechute (dans les six mois après la guérison clinique) et surtout la récidive chez les sujets dits à risques. On préconise maintenant officiellement[3] une durée de prescription minimum de six mois à un an à la même posologie. Les meilleurs auteurs - c'est-à-dire les auteurs nord-américains auxquels

---

[1] Voir les chapitres 4, 15, 17.

[2] A.N.D.E.M. (Agence Nationale pour le Développement de l'Évaluation Médicale) ; *La dépression, un problème majeur de santé publique,* Le journal des Médecins Libéraux, P.A.C.A., septembre 2005.

[3] Préconisation de l'A.N.A.E.S. (ex-A.N.D.E.M.). C'est pour donner mes sources que j'assène ces sigles, qui ne cessent d'ailleurs de changer.

on finit toujours par se référer - ne conseillent-ils pas aujourd'hui, dans la dépression majeure récurrente, une stratégie au long cours, consistant en un traitement d'attaque de 2 à 4 mois, suivi d'un traitement de consolidation de 5 à 8 mois, pour éviter les rechutes avant guérison complète, et enfin d'un traitement d'entretien de durée indéterminée, pour éviter les récidives.

Dans le même ordre d'idées, il était entendu que les antidépresseurs de dernière génération n'avaient pratiquement pas d'effets secondaires et n'entraînaient aucune dépendance. C'est ce qu'on proclamait jusqu'à ces derniers temps, mais voilà que les choses semblent moins anodines. Dans les pages d'un grand quotidien anglais,[1] il est désormais question d'effets secondaires précoces de ces médicaments, comme l'insomnie, l'anxiété, les maux de tête, les vomissements. Les responsables de la santé conseillent la prescription de doses aussi faibles que possible, une surveillance en cours de traitement et un arrêt progressif.

Que s'est-il passé, que se passe-t-il, tandis que se multiplie le nombre des déprimés ? Si, pour les médecins, la dépression est ce qui répond favorablement aux antidépresseurs, la nouvelle donne dit-elle, à l'inverse, que maintenant la dépression est ce qui résiste de plus en plus aux antidépresseurs ? Comme si elle résistait, et les déprimés avec elle, à se voir définie comme une maladie. Mais si elle n'est pas tout à fait une maladie, si elle n'est pas non plus, quand elle s'installe et qu'elle dure, une adaptation passagère, qu'est-elle ?

La visibilité nouvelle de la dépression dans l'espace public ouvre d'autres pistes que celles de la médecine ou du stress social. Nous sommes sortis, durant le dernier demi-siècle, d'un temps où la dépression n'était pas une maladie, ni un processus physiologique d'adaptation, mais plutôt un péché. On ne pouvait faire état d'une fatigue de vivre sans s'attirer des reproches, sans risquer même de passer pour un impie, un pécheur. La dépression en garde un soupçon de culpabilité : il reste difficile

---

[1] The Daily Mail, « *The happy pill betrayal* », 07.12.2004. Ce journal grand public reprend les recommandations du très officiel *National Institute of Clinical Excellence.*

pour beaucoup d'en parler ouvertement, de l'avouer, comme si elle avait quelque chose de honteux. Le désespoir, et a fortiori, le suicide, tenaient du blasphème, comme s'ils proclamaient de façon implicite qu'il n'y avait plus de recours et que le ciel était vide ou, à tout le moins, sourd à la souffrance humaine. Très vieille histoire, inscrite dans la tradition chrétienne depuis les premiers siècles, pour parler de notre société, mais aussi agissante ailleurs, que le Créateur se nomme Yaweh ou Allah.

Il vaut la peine d'y revenir. Déprimer, c'est mettre en question l'amour qui unit l'homme à un Créateur qui ne saurait être que toujours présent, toujours aimant. Dieu est supposé ne jamais abandonner sa créature, quelles que soient les apparences. Même dans l'arène où les chrétiens sont jetés aux lions, même à Auschwitz où des rabbins imaginent de lui intenter un procès[1]. Celui qui le pense ne peut qu'avoir abandonné Dieu.

Si on déprime face au malheur, il faut affermir sa foi dans la promesse – promesse de la vie éternelle -, mais si on déprime sans raison compréhensible, ce ne peut être que par une cause : le péché. Déprimer dans ces circonstances, c'est ne plus espérer, ne plus croire en Dieu et ce ne peut qu'être l'œuvre du démon. On le sait toujours en embuscade. Qu'il prenne le dessus, qu'on lui cède, et voilà la dépression qui surgit. C'est l'enjeu de la bataille dont Job fait l'objet[2].

Quand la pensée est modelée par la logique monothéiste, toute dépression est suspecte. Elle fait peser le soupçon que le doute s'est infiltré dans l'esprit de celui qui se croit totalement et irrémédiablement abandonné, seul. Ainsi se dessine l'ombre qui planera sur la dépression jusqu'à notre époque. Quand on dit au dépressif « *Tu t'écoutes ! Prends sur toi ! Ne te laisse pas aller !* », n'est-ce pas une formulation allégée de celle qui y voyait autrefois l'œuvre du Malin. Depuis le haut Moyen Age, les états dépressifs auxquels les moines dans leur claustration pouvaient être sujets étaient qualifiés d'acédie par l'Église,

---

[1] Le procès de Dieu est au centre du 2° volume de la jubilatoire *Trilogie de Jéhovah* de J. Morrow (Au Diable Vauvert, Paris, 2004).

[2] C'est le verset satanique de la Bible : Satan (l'Adversaire) parie avec Dieu que si Job, le plus pieux des hommes et le plus comblé de bienfaits, perdait tous ses biens et les êtres qui lui sont les plus chers, il perdrait aussitôt la foi. Dieu accepte le pari…

état de désintérêt, d'ennui, de fatigue. Étymologiquement, le terme désigne l'indifférence, mais dans le langage religieux médiéval il était équivalent de tristesse, l'une comme l'autre renvoyant à un amour insuffisant pour le bien spirituel et pour Dieu.[1] L'acédie et la tristesse étaient rattachées à la paresse et elles étaient considérées, à son égal, comme des péchés capitaux. En est-on sortis ?

L'acédie décrite dès le 4° siècle débouche de façon inattendue sur la dépression moderne. On considérait à l'époque que c'était à midi qu'il était le plus difficile pour le moine de maintenir sa quête spirituelle et de résister aux attaques du démon. D'où le démon de midi. L'expression désigne chez nous cet âge où l'homme vacille dans sa maturité et peine à garder le cap. N'est-ce pas aussi l'âge où s'entreprennent le plus volontiers les démarches thérapeutiques qui correspondent à poser un nouveau regard sur sa vie, généralement à l'occasion d'un passage dépressif. Le philosophe B. Forthomme, qui propose le rapprochement entre l'acédie monastique et l'homme moderne, par le biais du démon de midi, estime que la médicalisation de la dépression « *ne rend pas compte du drame créatif, de l'exigence spirituelle qui est en jeu dans l'acédie, concept qui dit la souffrance d'être au monde* »[2].

Se croire abandonné, donc non aimé, voilà le péché, désespérer, voilà l'outrage à Dieu. Parmi une foule d'exemples qui le clament aux croyants au Moyen Age, en voici deux. Sur la grande fresque du Jugement dernier de la chapelle de Notre-Dame des Fontaines, dans l'arrière-pays niçois, un même démon infernal dévore traîtres et désespérés désignés par une seule banderole : *traditori desperati*. Hildegarde de Bingen, une mystique du 13° siècle, explique que la bile noire (la *mélancolie* en grec) a coagulé dans le sang d'Adam quand il a désobéi à Dieu et que le Démon a soufflé la mélancolie en lui[3].

---

[1] La notion d'*acédie* fait l'objet d'un article, *Quand la tristesse était un péché* de C. Casagrande, dans la revue *L'Histoire* (numéro consacré à la dépression : *Le Mal de vivre depuis trois mille ans,* n° 285, mars 2004).

[2] *Modernité de l'acédie, Magazine Littéraire,* n°411, juillet 2002.

[3] Cité par J.Delumeau dans *Le péché et la peur. La culpabilisation en Occident (13°-18° siècles).* Fayard, 1983.

Désobéissance, péché originel, faute, bile noire, dépression, tout s'explique – et justifie la condamnation.

Dans les récits où Isaac B. Singer décrit la vie des communautés juives d'Europe Orientale, les états mélancoliques qui frappent les êtres, et surtout les femmes, passent pour être l'œuvre de Satan.

Celui qui déprime n'est jamais loin de blasphémer et celui qui se suicide s'exclut du salut. Les trois religions monothéistes s'accordent, et elles seules, sur la prohibition du suicide. Essaient-elles d'en détourner l'appel en encourageant leurs adeptes au martyre comme aucune autre religion ne l'a fait ? [1] L'interdit trahit-il l'attrait que le suicide risquerait d'exercer sur leurs adeptes ? Y sont-ils particulièrement exposés de s'être embarqués dans cette aventure monothéiste ? [2]

Ces développements semblent éloignés de la question de départ. Leur actualité pourtant apparaît à la lecture d'un texte intitulé « *La tentation de la désespérance* » et trouvé dans une église à la veille de Noël… 2004. Il y est dit que pour les chrétiens l'Espérance[3] réside dans la croyance « *en la Vie Éternelle dans l'Amour de Dieu* », dont témoigne Jésus ressuscité. Job a pu « *toucher le fond* » sans renoncer à sa foi et Jésus être tenté « *jette-toi d'ici en bas* », lui susurre Satan, sans céder. Les guillemets parlent bien des tentations de la dépression, se laisser couler, mettre fin à ses jours. « *Nous sommes libres alors de nous retourner vers le Père ou de continuer à l'oublier.* » Et plus loin : « *le Seigneur [...] nous éclaire sur notre part de collaboration au péché de ce monde, qui a pu prendre la forme de cette désespérance* ». Le mot de la fin dévoile le cœur du problème : « *notre vie se trouve réorientée parce que nous avons choisi de ne pas y avancer seuls* ». Façon de dire que si nous ne prenons pas notre carte de l'Espérance, nous serons seuls. Ce que nous sommes.

---

[1] L'Occident fait un contresens en nommant *attentats-suicides* les actes des terroristes musulmans. Ce sont pour eux des actes de guerre en même temps que des actes de foi, comme le martyre des premiers chrétiens. Le suicide est formellement prohibé par l'Islam.

[2] Voir le chapitre 21.

[3] Je garde les majuscules du texte.

La souffrance aujourd'hui nommée dépression doit se frayer un chemin difficile entre la maladie, à laquelle la médecine du 20° siècle veut la réduire, et le silence honteux où elle a été confinée pendant des siècles.

CHAPITRE 3

LES SYMPTÔMES DE LA DÉPRESSION

« *Dans la nuit véritablement noire de l'âme,*
Il est toujours, jour après jour, trois heures du matin. »
(F. Scott Fitzgerald, *La fêlure*)

La médecine a défriché un champ qu'elle a balisé et nommé – dépression, antidépresseurs - et qu'elle exploite, mais qui ne représente qu'une parcelle du continent immense et complexe de la *fatigue de vivre*. D'autres travaillent à explorer les terres mal connues, comme les psychothérapeutes, les sociologues, les historiens ou les philosophes. Sans compter que parmi les experts, à côté des praticiens, il y a ceux qui vivent la dépression en première ligne, dans leur chair et leur mal-être. En décrivant le territoire revendiqué par la médecine et la psychiatrie, on commence simplement par ce qui est le plus clairement délimité, sinon le plus scientifique.

De plus en plus souvent, les médecins français utilisent les critères de diagnostic proposés par les associations de psychiatres américains dans l'incontournable et controversé *Diagnostical and Statistical manual of mental Disorders*,[1] quatrième version, en abrégé le D.S.M. IV.

Le D.S.M. IV décrit neuf symptômes constitutifs du tableau clinique de la dépression. Ils méritent une description même brève, pour comprendre ce que les médecins entendent maintenant sous le terme de dépression.

[1] D.S.M.IV-TR. *Manuel diagnostique et statistique des troubles mentaux*. Traduction française coordonnée par J.-D. Guelfi, Masson, Paris, 2003. Mini D.S..M-IV-TR, *Critères diagnostiques*. Idem, Masson, Paris, 2004.

Le premier est l'humeur dépressive continuelle, cette tristesse douloureuse difficile à décrire pour qui ne l'a pas éprouvée. On parlait autrefois de douleur morale, car elle est aussi prégnante qu'une douleur physique, sans pourtant qu'on souffre en un point précis de son corps. Peine, chagrin, oppression, sentiment qu'il n'y a d'issue nulle part.

« Lorsque le ciel bas et lourd pèse comme un couvercle
Sur l'esprit gémissant en proie aux longs ennuis,
Et que de l'horizon embrassant tout le cercle
Il nous verse un jour noir plus triste que les nuits.»[1]

Le deuxième est la perte d'intérêt ou de plaisir. Nulle activité, même les plus investies jusque-là, qu'elles soient manuelles, intellectuelles, esthétiques, ou sexuelles, ne fait désormais envie, aucune n'apporte ni plaisir ni joie. Envie de rien, goût à rien, à quoi bon. Du gris terne qui recouvre tous les moments de la vie, du noir qui habille la pensée. Dégoût de vivre. S'il reste une flamme de désir, ce n'est que l'envie d'avoir envie.

Le troisième symptôme est le trouble de l'appétit, soit dans le sens de l'augmentation jusqu'à la boulimie, soit, le plus souvent, dans le sens de la perte, c'est l'anorexie si habituelle des déprimés. Le D.S.M. IV l'isole de l'item précédent, bien qu'il soit difficile de les dissocier, pour une raison pratique : le symptôme est aisément repérable, en particulier par la pesée. Le trouble de l'appétit montre comme le vivant peut être oublieux de lui-même : s'alimenter est fondamental pour tout animal vivant. Au-delà du plaisir si humain de manger, le besoin tout animal de se nourrir se dénature.

Les troubles du sommeil viennent en quatrième position dans la liste. Ils peuvent aller vers l'hypersomnie, refuge dans le sommeil, avec son accompagnement de volets fermés-rideaux tirés-téléphone débranché. Le plus souvent – 80 % des cas - ils vont du coté de l'insomnie, en général une insomnie du petit matin, caractéristique de la dépression. Le sommeil est perturbé

---

[1] Ch. Baudelaire, *Les fleurs du mal,* Spleen. *Spleen* désigne en anglais la rate et vient de *splèn* en grec. L'ancienne médecine grecque attribuait à cet organe l'origine de la mélancolie, l'humeur noire. Le mot s'est répandu au 19° siècle pour désigner le *mal du siècle*, le mal de vivre.

dans son déroulement : le sommeil profond, celui qui repose vraiment, diminue, le sommeil paradoxal, celui du rêve, de l'activité cérébrale, augmente. Sur le fond d'inertie et d'engourdissement, le mental ne s'arrête jamais. D'où la sensation de fatigue, voire de n'avoir pas dormi, même quand le nombre d'heures de sommeil semble suffisant en quantité.

Hypersomnie ou insomnie inscrivent la dépression dans une perturbation de notre horloge biologique, vraisemblablement liée à un dérèglement des cycles de la mélatonine et du cortisol, les hormones qui calent notre fonctionnement sur la durée du jour (rythme circadien). On y relie la si caractéristique difficulté au démarrage matinal : l'humeur dépressive est à son maximum le matin pour s'améliorer éventuellement en fin de journée. « *Je suis incapable de dire l'horreur que j'éprouve certains matins pendant une heure, au moment de quitter mon lit.* »[1] Dans les formes d'intensité modérée, la fin de l'après-midi peut être un moment plus serein.

Tous les symptômes de la série dépressive suivent une courbe circadienne, culminant en fin de nuit et au réveil et s'améliorant en fin de journée. C'est au sortir de la petite mort du sommeil, à ce moment qui rappelle l'aube d'une nouvelle vie, que la problématique dépressive est réactivée. Le trait est souvent rapporté : un matin on se réveille dans la dépression. De même qu'on s'en réveille un matin comme nettoyé. L'analogie que suggèrent les termes de mort ou d'aube avec les passages de la naissance et de la mort n'est pas fortuite. Soulevée par un des symptômes dépressifs les mieux observables et les plus caractéristiques, la question des liens entre la dépression et les états de conscience intermédiaires - intermédiaires entre vie et mort - borne l'horizon de toute recherche sur la dépression.[2]

Le cinquième élément de la série renvoie aux troubles psychomoteurs. S'ils peuvent se manifester par de l'agitation, ce qui est généralement la règle chez les enfants, le tableau le plus habituel est celui du ralentissement. Tout devient difficile à faire, tout nécessite un effort jusqu'aux gestes les plus quotidiens. Le gel du mouvement imprègne les actions, les tâches,

---

[1] Cl. Rosset, interview dans le *Magazine Littéraire*, n° 411, juillet 2002.

[2] Voir les chapitres 12, 14, 15, 20.

les projets, les initiatives. C'est le règne de la force d'inertie : le déprimé est plombé par son propre poids.

Sixième point : une fatigue, qui ne s'explique pas par des causes objectives, et que ni le repos ni le sommeil ne soulagent. Elle suit une courbe paradoxale : maximum au réveil et le matin, s'atténuant parfois dans la journée. La fatigue matinale est un très bon signe d'alerte. Elle est en général mal vécue par la personne, qui se sent honteuse et coupable de se sentir fatiguée, alors même qu'elle ne fait rien de la journée. Et quant aux autres, qui s'activent autour d'elle, ils ne manquent pas de lui jeter, et pas toujours gentiment, « *mais bouge-toi un peu !* »

Vient ensuite, septième symptôme, le sentiment de culpabilité. Il ne s'appuie sur aucun élément objectif, ou il semble disproportionné par rapport aux raisons qui en sont données. Il s'accompagne d'une mauvaise opinion de soi-même. La perte de l'estime de soi alimente les discours d'autodépréciation et d'autodénigrement, qui peuvent aller jusqu'à l'acharnement de l'autoaccusation. Si la négativité qui imprègne l'expérience vitale du déprimé sourd de tous les symptômes cités, la culpabilité et l'autodépréciation y jouent un rôle toujours aggravant.

Le D.S.M. IV présente comme huitième signe la difficulté à se concentrer. Elle apparaît dans les taches professionnelles, comme dans les activités de distraction ou de loisir, et elle les fait progressivement abandonner. Elle se traduit par l'impression de perdre la mémoire, que les déprimés mettent souvent en avant. Ce sentiment ne correspond pourtant à rien d'objectif. On voit à ce sujet combien le découpage est artificiel : la difficulté à se concentrer ne peut pas être détachée de la démotivation, de l'absence de plaisir, de l'inertie ou de la fatigue.

Le ralentissement psychomoteur figure comme tel à la cinquième place mais on voit comme il s'articule de très près avec les 2°, 3°, 4°, 6° et 8° symptômes.

Et, étrangement, cet inventaire situe à la dernière place les pensées de mort, les idées noires, la rumination suicidaire, comme s'il s'agissait d'un symptôme accessoire, alors qu'il occupe la première place dans la préoccupation du médecin et qu'il représente le danger majeur de la dépression. Est-ce parce qu'il ne s'avoue pas facilement et que le médecin généraliste ne peut prendre le temps de le débusquer ?

Pour poser le diagnostic de dépression, il faut que cinq au moins des neuf symptômes soient présents, dont obligatoirement l'un des deux premiers - qui sont des éléments majeurs du vécu dépressif. Les symptômes doivent évoluer du matin au soir depuis au moins 15 jours, presque chaque jour, presque toute la journée, et ils doivent représenter un changement important par rapport au fonctionnement antérieur. Ils doivent entraîner une souffrance significative et nuire au fonctionnement social de la personne. Ils ne doivent pas s'expliquer par un événement récent ou, si c'est un deuil, il doit remonter à plus de deux mois. Les symptômes ne doivent pas être liés à la prise d'une substance ni au développement d'une maladie somatique grave. Ils ne doivent pas pouvoir être influencés par des « bonnes paroles », par le réconfort amical, par la consolation.

Le souci n'est pas de débusquer une entité morbide ou de percevoir les mouvements de fond d'une âme en souffrance. On cherche à rassembler en bouquet des signes aussi repérables que possible, sans se soucier de leur importance relative - sinon pour les deux premiers - ni de ce qu'ils disent de la personne. La démarche est simple - le symptôme y est ou n'y est pas - et ne nécessite pas de grandes spéculations. On pose des questions simples, on coche, on totalise, protocole facile à réaliser et compatible avec le temps moyen de la consultation médicale. L'idéal sans doute serait de pouvoir aboutir à un diagnostic informatisé, débouchant sur une conduite thérapeutique clairement définie et sur une ordonnance sortant de l'imprimante en bout de chaîne.

Les voix officielles n'en sont parfois pas très loin. L'une propose aux généralistes de poser les deux seules questions suivantes pour dépister les sujets à risque : « A*u cours du dernier mois, avez-vous perdu tout intérêt et plaisir pour la plupart des choses qui vous plaisent habituellement ? Avez-vous perdu votre entrain ou vous sentez-vous inexplicablement fatigué (ou déprimé) ?* »[1]

[1] Agence Nationale d'Accréditation et d'Évaluation en Santé Mentale.

Questions pertinentes au demeurant. Comme le sont celles que pose une autre voix : « *Depuis au moins quinze jours, presque chaque jour, presque toute la journée, éprouvez-vous une tristesse inhabituelle, très douloureuse, qui perturbe votre vie quotidienne ? Depuis au moins quinze jours, presque chaque jour, presque toute la journée, avez-vous perdu votre intérêt pour la plupart des choses, comme les loisirs, le travail ou les activités qui vous plaisent habituellement ?* » Et, selon la réponse : « *Si vous n'avez vécu aucun de ces états, il est peu probable que vous traversiez une période de dépression* ».[1]

On a décrit dans les lignes précédentes la dépression majeure ou E.D.M. (épisode dépressif majeur), qu'on tend à nommer caractérisé, pour éviter le terme de majeur trop connoté dans le sens d'une gravité pas toujours avérée. Le D.S.M.-IV-TR distingue l'épisode dépressif majeur, qu'il réserve à l'accès de la psychose maniaco-dépressive (trouble bipolaire) du trouble dépressif majeur, qu'il définit exactement de la même façon que l'épisode, mais que rien ne permet d'inscrire dans le cadre bipolaire, c'est-à-dire dans une inversion épisodique de l'humeur[2].

Les psychiatres ont introduit un paramètre supplémentaire pour approfondir leur description. En déclinant le trouble dépressif, même majeur, en *isolé*, *récurrent*, *chronique* ou *cyclique*, ils font jouer le facteur temporel, dont l'importance se révèlera cruciale.

Les états cycliques sont assez facilement repérables. Comme, par exemple, le passage dépressif qui, pour un certain nombre de femmes, fait partie du syndrome dit prémenstruel. Il est difficile d'y démêler ce qui revient aux modifications hormonales de ce qui relève du contexte psychoaffectif. Ou encore les retours saisonniers : toute personne à terrain dépressif aura tendance à déprimer plus facilement au printemps ou en automne. Le D.S.M. IV les désigne de « S.A.D. » (*seasonal affective disorders,* désordres affectifs saisonniers).

---

[1] Dans la brochure « *La dépression, en savoir plus pour en sortir* ». La formulation est quasiment reprise mot pour mot du D.S.M.-IV-TR.

[2] Pour la dépression bipolaire, voir le chapitre 8.

Récurrent, le trouble le devient quand il réapparaît au moins deux mois après un premier épisode tout à fait guéri. Chronique, la dépression le devient quand elle dure au-delà de deux ans. Mais dans de nombreux articles, celle qui continue à « résister » aux traitements médicaux au bout de deux ans, pour éviter de la dire chronique, ce qui a mauvaise presse, ou résistante, ce qui évoquerait trop les antibiotiques résistants, les médecins préfèrent la nommer également récurrente. On commence à s'y perdre…

Et d'ailleurs, avec cette période de deux ans, s'ouvre une autre chapitre dans la description du D.S.M. IV-TR, celui du *trouble dysthymique*. L'expression a remplacé au fil des versions successives du manuel la dysthymie, qui avait remplacé la névrose dépressive. Le manuel décrit sous ce nom des tableaux qui comportent, depuis au moins deux ans, à peu près tous les symptômes vus plus haut, mais sous une forme atténuée qui n'entraîne que peu de handicap social. Ils sont toutefois assez gênants pour que le patient ne se sente jamais bien plus de deux mois d'affilée.

On entre dans l'évaluation subjective, en s'écartant peu à peu du facilement quantifiable, même si les codificateurs du D.S.M. insistent sur le fait que cette dysthymie tranche de façon nettement repérable avec l'état antérieur du patient. Ils excluent de cette façon bon nombre de personnes qui se définissent elles-mêmes comme dépressives, sans pouvoir entrer cependant dans les catégories nobles des dépressions majeures ni de la dysthymie. Elles remplissent la rubrique des troubles *affectifs atypiques,* des troubles de l'humeur *non spécifiés*, des troubles dépressifs *mineurs*, où l'on entasse tout ce qu'on n'a pas pu mettre ailleurs, en attendant de pouvoir faire mieux, comme dans toute classification. On y trouve les formes d'intensité moindre, ne comportant que quelques symptômes, et tous les cas où l'on ne peut repérer une rupture claire avec l'état antérieur, comme par exemple le bon état dépressif, aigu certes et caractérisé, mais survenant chez une personne qui présente, depuis longtemps, des éléments de la série dépressive.

En écartant les atypiques, mineurs, non spécifiés de la définition médicale stricte de la dépression, le Manuel se démarque, jusqu'au clivage, de toutes les personnes qui persistent, sans sa permission et sans satisfaire à ses conditions, à se dire déprimées ou dépressives[1]. C'est bien simple : pour les médecins ils ne sont pas vraiment dépressifs. Dans la masse complexe et aux multiples ramifications de la dépression, le D.S.M. IV découpe un bloc aux arêtes aussi tranchées que possible – début nettement repérable, existence d'intervalles libres, importance de la tristesse - pour délimiter ce que les antidépresseurs peuvent en entamer. Le territoire colonisé par la pratique médicale actuelle se définit par le couple *dépression caractérisée* (au sens du D.S.M. IV) - *prescription d'antidépresseurs*. Au point que les antidépresseurs ont tendance à être utilisés comme test diagnostique : s'ils sont efficaces, on a bien affaire à une dépression.[2] « *Ces individus soucieux de leur santé mentale*, dit un psychiatre en parlant des hypochondriaques, *se disent déprimés et ne le sont pas. Et ceux qui auraient besoin d'être soignés pour une vraie dépression, eux, ne consultent pas.* »[3]

On aura compris que la vraie dépression est celle que les médecins diagnostiquent - le mot leur appartient sans doute - et elle seule, et que le vrai besoin d'être soigné ne peut être satisfait que par les antidépresseurs. On peut même parier que les *individus* en question, les faux déprimés, ont dû avoir l'inconvenance de ne pas bien répondre aux médicaments. Le même psychiatre fustige ailleurs « *les personnes surmenées, fatiguées* [qui] *éprouvent le besoin de se soigner alors qu'elles sont bien-portantes* »[4]. Encore un peu et elles occuperont la place des vrais malades. Et voilà bouclé le tour de passe-passe : la dépression, c'est ce qui répond aux antidépresseurs. Ce qui n'y répond pas n'est pas de la dépression et sera, au mieux, ce que les médecins veulent bien appeler de la déprime, voire de la

---

[1] Pour la différence que j'entends entre ces termes, voir le chapitre 4.

[2] 'Le texte de Psydoc.france déjà cité insiste sur ce point.

[3] M. Lejoyeux, cité dans *Var Matin* du 09.05.2004 à l'occasion de la sortie de son livre *Le nouveau malade imaginaire - l'utopie du bonheur parfait*, Hachette, 2004. C'est à dessein que je me réfère à une interview parue dans la presse et non à l'ouvrage original : on perçoit d'autant mieux le message reçu par le grand public.

[4] *Coup de blues ou dépression*, article de *Vies de famille* (septembre 2005), mensuel des Caisses d'Allocations familiales envoyé à tous les allocataires. Là encore, un message destiné au profane. Le professeur aurait-il oublié cependant que la fatigue est un symptôme très fidèle de la dépression ?

petite déprime. Mais pour ne pas correspondre à la description du D.S.M. IV, la déprime dont les statistiques montrent l'ampleur n'a-t-elle rien à voir avec la dépression vraie ? Va-t-on interdire aux gens d'utiliser le mot ?

Il est cependant des terrains où la dépression, pour vraie qu'elle soit cliniquement, s'accommode assez mal des antidépresseurs, et cela mérite réflexion. Au premier rang de ceux-ci, on trouve les enfants et les adolescents. Les enfants ont tendance à manifester leurs affects dépressifs par de l'agitation ou des troubles des conduites, plutôt que par le ralentissement si caractéristique des adultes. Les adolescents traversent par définition une phase où les affects dépressifs tiennent une place importante. Perte des repères corporels et relationnels, flottement de l'identité, séparation d'avec l'enfance, tout est là pour faire vaciller l'estime de soi et mobiliser des processus de deuil et de transformation. Le sentiment très fort de vivre un espace sans début ni fin, sans futur et sans passé, sans notion de la direction des choses, provoque une authentique fatigue de vivre. Dans cette phase de transformations difficiles à gérer, la tentation suicidaire peut même y apparaître comme une façon forte d'arrêter le temps, alors qu'ont disparu les procédures autrefois codifiées d'initiation à l'âge adulte.

Mais qui est le mieux à même de voir la fatigue de vivre chez cet enfant, chez cet adolescent ? Qui acceptera de la voir, parmi ses proches, avec ce qu'elle dit de détresse, d'exil, de solitude ? Son père ? Alors qu'il lutte lui-même, pour ne pas la ressentir, contre sa propre fatigue ? Comment ne banaliserait-il pas celle de son enfant, qui risque de le déstabiliser ? Sa mère ? Mais elle a tellement compté sur cet enfant pour vivre par procuration qu'elle ne peut contempler le miroir qu'il lui tend. Et, à l'inverse, comment ne serions-nous pas à l'affût, chez nos enfants, de la souffrance qui fut la nôtre pendant ces années d'enfance et d'adolescence, quitte à la voir là où elle n'est pas ? « J'avais vingt ans. Je ne laisserai personne dire que c'est le plus bel âge de la vie ».[1]

---

[1] P. Nizan, *Aden-Arabie*, 1932 pour la première publication.

Aussi objectif que se proclame le regard médical, il ne peut l'être qu'en tenant compte de toute cette subjectivité.

A l'autre extrémité de la vie, on trouve nombre de personnes âgées chez qui la dépression prend volontiers des aspects déroutants, avec une place importante des troubles somatiques, de l'anxiété et surtout des troubles cognitifs, pouvant faire croire à un affaiblissement intellectuel du type Alzheimer. Or la dépression est très fréquente chez les personnes âgées et ce n'est pas la proximité de la mort qui donne moins l'envie de s'ôter la vie. Le suicide y est fréquent et d'autant plus grave que le corps n'a plus les moyens de lutter contre ce qui lui inflige la volonté suicidaire. En France, sur 12000 suicides par an, 30 % concernent des personnes de plus de 60 ans. Aux États-Unis, 35 % de suicides sont accomplis par des personnes de plus de 75 ans. La dépression des personnes âgées est une vraie spécialité des sociétés occidentales.

La dépression des enfants, des adolescents et des personnes âgées oblige à relativiser l'affirmation médicale selon laquelle la dépression est ce que soignent les antidépresseurs[1].

---

[1] Voir le chapitre 7, où est plus précisément abordé l'emploi des antidépresseurs chez les enfants, les adolescents et les personnes âgées.

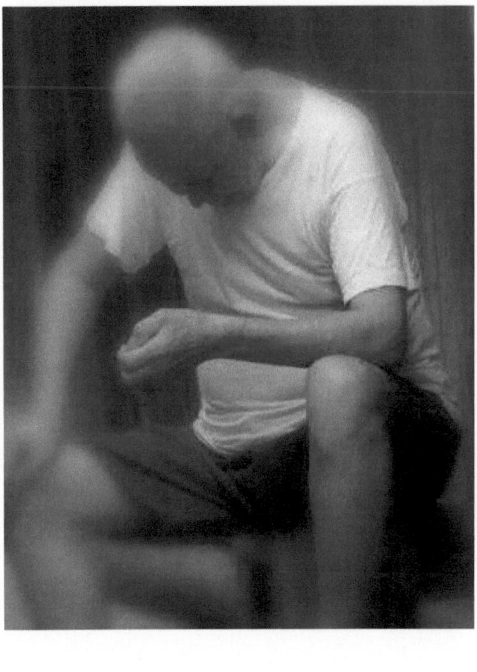

CHAPITRE 4

OÙ L'ON TENTE DE DISTINGUER LA DÉPRESSION DE LA DÉPRIME

C'est peut-être la différence entre ce qui relève en partie de la médecine et ce qui lui échappe totalement, bien plus qu'entre ce qui serait grave et ce qui ne le serait pas.

Beaucoup d'experts, médecins ou psychiatres, s'évertuent à différencier la vraie dépression – celle qui leur revient, sans doute parce qu'elle reste encore assez sensible aux antidépresseurs, de la fausse, la petite, la déprime. Commentant une enquête épidémiologique, un psychiatre de l'INSERM estime que le chiffre de 11% de dépressifs dans la population générale ne saurait correspondre qu'à des dépressions minimes[1]. Les gens auraient-ils tort de se dire déprimés ou dépressifs, hésitant entre les deux, ne trouvant pas l'adjectif correspondant à la déprime, si les médecins estiment qu'ils ne le sont pas ? Ou la *déprime*, ce mot que le langage commun a inventé il y a une trentaine d'années, tient-il à se démarquer du langage médical pour désigner une réalité que les médecins ignorent ?

Entre la vraie dépression et la petite, la distance tient peut-être à l'inadéquation de la réponse médico-psychiatrique à la souffrance ainsi manifestée. Soupçon que laisse filtrer le discours médical le plus officiel dans son empressement à vouloir contrôler la statistique. Dans un encadré intitulé « *Ne confondons pas déprime et dépression* », où les auteurs de la brochure de 2007 rappellent ce qui permet d'affirmer la dépression, la conclusion surprend : « *par ailleurs, si près de 8 % de la population présente sur une période de 12 mois un épisode dépressif,*

[1] Enquête *Santé Mentale en Population Générale* (S.M.P.G.), *Le Monde*, 24.10.2004.

d'intensité variable, cela signifie que 92 % de la population n'en présente pas (80 % de la population ne présentera d'ailleurs aucun épisode dépressif au cours de sa vie ».[1]

L'empressement à disqualifier l'autodiagnostic évoque fâcheusement le reproche ancien fait à celui qui « s'écoute », à celui que l'on invite à « prendre sur lui ». La médecine d'aujourd'hui utilise tous les moyens de communication pour soustraire les états dépressifs majeurs au discours moralisateur d'autrefois et convaincre le public que c'est une maladie. Mais elle n'hésite pas, dans le même mouvement, à tenir le même discours moralisateur envers ceux qu'elle estime ne pas être de vrais dépressifs.[2] Leur reprochant même de se faire prescrire des antidépresseurs par les médecins débordés et d'en fausser ainsi l'évaluation …

Une part importante du domaine de la dépression échappe à la médecine et deux pistes se présentent pour tenter de l'explorer : la statistique, la fracture temporelle.

Tatossian et coll., dans une étude de 1986, disaient que la partie visible de l'iceberg de la dépression n'en constitue guère plus que le dixième. En 1996-97, une grande enquête européenne évaluait aux deux tiers de l'échantillon le nombre de personnes n'ayant jamais consulté[3]. Dix ans après, qu'en est-il ? Une enquête estime que seulement « *37% des sujets autodéclarés dépressifs ont pris un antidépresseur dans les douze mois précédents* »[4]. Un rapport officiel s'inquiète de ce que « *50 à 70 % des cas ne seraient pas traités* »[5]. On est dans les deux tiers de non soignés, ce qui signifie, comme on peut s'y attendre, non soignés aux antidépresseurs.

---

[1] *La dépression, en savoir plus pour en sortir*, ouvrage cité. Les mots soulignés le sont dans le texte. A-t-on jamais dit que s'il y a trois millions de chômeurs en France, il y a 27 millions d'actifs, pour laisser entendre qu'il ne faut pas dramatiser, après tout. Et que quatre personnes sur cinq ne connaîtront jamais cet aléa.

[2] Voir le chapitre 3.

[3] « *Depression Research in European Society* ».

[4] Enquête du CREDES, *La recherche* n° 363, avril 2003.

[5] Rapport Boutin sur l'isolement social, remis au Premier Ministre en septembre 2003.

L'enquête réalisée dans la rue[1] révèle que 30 % seulement des personnes interrogées, et considérées comme dépressives d'après leurs réponses au questionnaire, ont le sentiment d'être malades. Les épidémiologistes veulent-ils dire, si le compte-rendu est fidèle, que toutes les autres n'ont pas ce sentiment, ou ne sont peut-être même pas malades, tout en étant considérées comme dépressives par les enquêteurs.

De cette masse de personnes, seule une partie arrive chez le généraliste, et une part encore plus faible chez le psychiatre ou le psychothérapeute. La plus grande partie ne voit jamais un médecin et ne prend pas de médicaments classés dans les antidépresseurs. Cela doit inciter les praticiens et autres analystes à la modestie sur la pertinence de leurs hypothèses.

Il existe donc une majorité de supposés dépressifs qui ne consultent personne. Ils peuplent *le continent noir* de la dépression, dont les enquêteurs ont pu seulement délimiter les contours en utilisant des critères médicaux. Devant les signes qu'ils présentent, un médecin poserait le diagnostic de dépression, mais ils ne le consultent pas. Peut-être n'est-ce pas une maladie pour eux ou, si c'en est une, elle est bien particulière de ne pas les conduire chez le médecin, mais ailleurs. Comment appréhender une réalité dont les enquêtes nous laissent supposer l'existence ? Le médecin ou l'observateur ne peuvent sortir de la grille de lecture médicale, ni reconnaître des signes qui relèvent, peut-être, d'autres pratiques, comme celles du sociologue, de l'historien ou de l'anthropologue. La dépression du continent noir est-elle en attente de trouver un nom plus juste dans notre temps, dans notre culture ?

Dans la rencontre qui peine à se faire entre personnes en souffrance et praticiens, chacun des protagonistes semble prêter à l'autre une incompréhension de la situation, comme si on en était à dire « *de deux choses l'une* »...

Ou bien, pensent les spécialistes, *les gens n'ont pas encore compris*. Ce qu'ils vivent, et que les enquêtes révèlent, est bel et bien un problème de santé. Il devrait s'exprimer par une demande de soins, puisqu'il y correspond une offre de soins

---

[1] Enquête S.M.P.G. citée plus haut.

adéquats, proposée par la médecine et la pharmacie. Les responsables de la santé publique et ceux de l'industrie pharmaceutique se retrouvent sur une lecture identique des résultats des enquêtes épidémiologiques. Les premiers, dans l'optique compassionnelle du service public, ont le souci de prévenir un problème majeur de santé publique. Le rapport Boutin déjà cité n'affirme-t-il pas que 10 à 20 000 personnes se suicident chaque année en France et que 500 000 personnes déclarent avoir voulu mettre fin à leurs jours. Les responsables de l'industrie pharmaceutique, mus par leur intérêt commercial bien compris, cherchent à exploiter un gisement de clients potentiels pour leurs produits.

Il n'est pas normal, affirment les pouvoirs publics, qu'autant de gens se suicident ni que, cela ayant sans doute à voir avec la dépression et l'isolement, les deux tiers de ces suicidés en puissance ne soient pas traités. Le public n'a donc pas encore compris, mais bien informé, il y viendra. Bien informé ou bien conditionné par la publicité ? Le partage n'est pas toujours aisé à faire. On entend clairement : apprenez à formuler votre problème, nous avons la solution. Avec ce bémol : apprenez à le formuler de façon que notre solution soit la bonne. On veut les convaincre d'entrer dans la médecine – sans leur dire qu'ils risquent alors d'entrer du même pas dans la résistance, voire dans la récurrence.

Ou bien ce sont les médecins qui ne comprennent pas. Ce que la médecine qualifie de dépression, et qui en rassemble en effet les signes et les comportements, ne relève pas aussi clairement, pour la majorité des gens qui les vivent, du domaine médical qu'une grippe, un rhumatisme ou une rage de dents. C'est ce que penseraient 70 % des personnes interrogées[1]. Est-ce pour elles un état dont on s'accommode, ou dont il faut bien s'accommoder ? Est-ce ce qu'elles veulent dire en parlant de *déprime*, de blues, de cafard ? Après tout, les générations précédences qui traversaient les mêmes souffrances que nous n'en faisaient pas une affaire et vivaient avec.

---

[1] Enquête S.M.P.G., idem.

Ou peut-être que ça guérit tout seul. Les épidémiologistes, qui étudient ces statistiques, se demandent si certains des états que les enquêteurs qualifient de dépression ne sont pas des réactions passagères et normales d'adaptation à une situation perturbante, comme le *baby-blues* des jeunes accouchées. Des modes d'adaptation qui n'auraient pas vocation à entrer dans la pathologie, même s'ils passent par les mêmes manifestations, et qui seraient, au contraire, la façon peut-être la plus saine d'accompagner les péripéties de la vie. Une automédication ? Une maladie adaptative ?

Peut-être encore les personnes trouvent-elles à y remédier de façon non médicale. Et la définition médicale, si elle tend à s'imposer et fait tout pour y parvenir, n'est à l'évidence pas la seule possible. Sinon comment comprendre que, si on dispose aujourd'hui d'antidépresseurs efficaces et bien mieux supportés qu'il y a trente ans, les rechutes, récidives et dépressions traînantes, presque inconnues autrefois, se multiplient. Preuve que sont peut-être bien inspirés ceux qui, ayant consulté un médecin et se sachant en dépression confirmée, se gardent de prendre les antidépresseurs prescrits. Preuve que, si la médication a sa pertinence et son efficacité, elle ne doit pas faire oublier que la lecture médicale n'est qu'une des lectures possibles et qu'il en est d'autres, tout aussi légitimes et pertinentes.

Cette exploration du côté de la statistique résonne avec ce qui a été dit précédemment sur l'émergence du phénomène dépressif dans le champ social et sur la question de sa nature pathologique.[1]

Si l'on écoute les mots que les personnes elles-mêmes emploient, on ne peut manquer de remarquer le flottement qui existe entre ces deux adjectifs : déprimé et dépressif. Ils ne sont pas équivalents : déprimé parle d'un état, d'une façon d'être à un moment donné, dépressif d'une tendance, d'un mouvement. L'un parle d'un moment, l'autre d'une durée. Ils nous amènent à considérer la dimension temporelle, par où on rejoint la préoccupation du D.S.M. IV.[2]

---

[1] Voir les chapitres 1 et 2.
[2] Voir le chapitre 3.

Le Manuel montre une insistance particulière à débusquer la rupture dans le fil biographique, à chercher la brèche temporelle. Il exige, pour tous les symptômes de la dépression, qu'ils tranchent avec l'avant de la maladie. Ils doivent exister depuis au moins quinze jours mais avec un début franc. Va pour la dysthymie qui dure, mais si c'est deux ans, que là aussi le début en soit franc. Et l'on met dans le reste la souffrance dont le début ne peut être assuré, laissant entendre aussi qu'on ne pourra en garantir la fin.

Le D.S.M. IV s'évertue à tracer cette ligne de rupture franche autant pour des raisons diagnostiques que pour mieux poser les indications chimiothérapiques. Un psychiatre va jusqu'à affirmer que « *toute modification du comportement qui vient comme une cassure dans la vie d'un individu doit toujours faire penser à une dépression* ».[1] Et, quasiment, quelle que soit la symptomatologie. Remarque fort intéressante. Les cliniciens font de cette caractéristique un élément qui leur permet de prévoir l'efficacité du traitement chimique. Plus la rupture est patente, plus le traitement médicamenteux a de chances d'être efficace. Moins elle l'est, plus il y a lieu de recourir à la psychothérapie.

Mais vouloir distinguer les états dépressifs par le caractère tranché de leur début introduit un élément majeur de biais dans le D.S.M. IV. Apprécier la « franchise » du début d'un phénomène humain est éminemment sujet à caution, surtout quand on l'attend après-coup des intéressés. Il est difficile de porter une appréciation objective, *a posteriori*, sur l'état précédant les troubles dépressifs. Les patients donnent en toute bonne foi un début franc à leur mal-être. Ils le datent assez précisément, car ils le rapportent en général à des circonstances repérables de leur vie qui sont venues les priver du bien-être et de la tranquillité dont ils jouissaient jusque-là. Bien-être et tranquillité qui résultaient peut-être de s'être rendus sourds et aveugles à tous les signes de souffrance et de malaise, qui n'auront pourtant pas manqué.

A mesure que le travail psychothérapique s'approfondit, il infirme la version initiale et montre que les circonstances

---

[1] H. Loo, Congrès de la revue *L'Encéphale*, Paris, janvier 2003.

incriminées sont elles-mêmes autant des effets que des causes. Il conduit à reprendre la distinction qui apparaît si nécessaire au D.S.M. IV, non plus pour distinguer des états, mais pour repérer des dynamiques temporelles, correspondant à deux modalités principales de la dépression. Bien plus souvent que des consultants en dépression majeure caractérisée, le psychothérapeute rencontre des personnes dont la problématique est infiltrée de dépression, sans y être noyée. Elles correspondent souvent aux cas que le D.S.M. IV qualifie de trouble dysthymique. On y retrouve nombre des symptômes présents dans la dépression majeure, comme la tristesse, le manque d'énergie et l'ennui, mais sur un mode mineur, jamais clairement qualifié de maladie. Ils n'en sont pas moins invalidants sur les plans relationnel et social, et grèvent lourdement la qualité de vie. Surtout, ils s'inscrivent dans une persistance, une durée, dont le point de départ est toujours difficile à préciser. L'intensité des signes suit des courbes variables. Poursuivant son chemin sous la surface des jours, le courant dépressif affleure parfois si près qu'il en imprègne le quotidien de la vie, sans jamais vraiment s'exposer, parfois il reste si enfoui qu'on l'ignore jusqu'au jour où il surgit avec la violence d'un torrent, éclatant en un état dépressif qui oblige la personne à s'inscrire dans un circuit médical.

Selon qu'elle se déroule dans le temps court ou dans le temps long, la dynamique dépressive[1] n'est pas la même. L'importance de la fracture temporelle permet de distinguer des dépressions qui surviennent comme des crises dans la vie d'une personne, et des dépressions qui sont là depuis toujours, ou presque. J'appelle *critiques* les premières, qu'on qualifiait autrefois d'*aiguës* – et elles correspondent aux *déprimés* - et *durables* les secondes, auxquels on réservait parfois le qualificatif de *chroniques* - qui correspondent aux *dépressifs*.

Pourquoi *critique* et pourquoi *durable ?*

---

[1] La *dynamique dépressive*, le premier des oxymorons que la dépression nous fait rencontrer. L'oxymoron est la figure de style qui donne l'*obscure clarté* du Cid, de Corneille, ou, pour rester dans la dépression, le *soleil noir de la mélancolie* de G. de Nerval (dans son poème *El desdichado*) ou la *Darkness visible,* titre du livre de Styron traduit en français par *Face aux ténèbres* (Gallimard, 1990)

La dépression caractérisée est *critique* car elle surgit dans la vie d'une personne comme une véritable crise, dans le climat dramatique d'une catastrophe, d'un accident. Elle surprend la personne, et son entourage, dans l'image qu'elle-même et tout le monde en avait, une personne dont *on n'aurait jamais dit que…* dont *on n'aurait jamais pensé que…qui n'aurait jamais pensé que…*

Bien sûr, sauf dans des circonstances exceptionnelles, personne ne pourra croire que l'accès survienne sans aucun rapport avec l'histoire de la personne et sa façon de gérer désirs et sentiments. Mais la personne veut se faire croire qu'il s'agit d'une crise. D'où la demande qu'elle formule auprès de son médecin : sortir au plus vite de ce cauchemar et reprendre sa vie comme si de rien n'était. Et le prescripteur est tenté, très humainement et très pragmatiquement, d'adhérer à la proposition et d'aider à effacer cette souffrance aussi vite que les antidépresseurs le permettent.

Mais une crise se caractérise, précisément, par la survenue d'événements dramatiques ou extrêmes, au terme de processus qu'on n'a pas voulu, pas su, pas pu voir[1]. La crise vient généralement donner un coup d'arrêt brutal à une fuite en avant, qu'elle soit fondée sur la cécité à tous les signaux ou sur la mise en sourdine, pour des raisons parfois très compréhensibles, de sentiments ou d'émotions difficiles à affronter. C'est pourquoi de telles dépressions caractérisées ou *aiguës* correspondent, pour le psychothérapeute, à des situations de crise, et sont à aborder comme telles, c'est-à-dire comme un défi à regarder enfin ce qu'on ne voulait pas voir.

Une telle dépression n'est pas faite pour durer, mais peut-être pour se répéter. Elle se distingue nettement de la dépression que j'appellerai *durable.* Celle-ci a ses racines ancrées dans le temps. Elle se trouve si intimement mêlée à la vie de la personne qu'elle semble en être constitutive. Le dépressif la

---

[1] Ayant côtoyé des personnes victimes d'accidents cardiaques, j'en ai entendu beaucoup dire que le dit accident avait éclaté comme un coup de tonnerre dans un ciel bleu. Pourtant, en écoutant se dévider l'histoire de chacun, les nuages étaient bel et bien là depuis longtemps, mais chacun s'était évertué à ne fixer son regard que sur le petit coin de ciel dégagé, négligeant tout le reste. Au jour dit, chacun se trouve surpris de l'accident que « rien ne laissait prévoir ».

considère comme faisant partie de lui : « d'aussi loin que je me souvienne, j'ai toujours été fatigué de vivre, j'ai toujours été dépressif ».

L'installation dans la durée indique que la position dépressive constitue une forme d'organisation et qu'elle est faite pour durer. On y retrouve les marqueurs cliniques de l'expérience dépressive - tendance à la tristesse, à la morosité, à l'ennui, au manque d'appétit de vivre, à la fatigue sans raison. Tous ces signes parlent de déficit, pour la personne comme pour son entourage – *quelque chose manque* - mais, pour tenir dans la durée, le dépressif doit s'appuyer sur des processus puissamment stabilisateurs, aussi négatifs et douloureux qu'ils apparaissent.

Ainsi en va-t-il de la culpabilité, de l'autodévalorisation et de l'idée suicidaire. Elles construisent, au fil des ans, un véritable roman autobiographique, en tissant un réseau de croyances et d'identités dans lequel le dépressif s'est installé et, jusqu'à un certain point, aliéné. Parmi les romans de ce type que le psychothérapeute est amené à entendre, le roman dépressif est l'un des plus élaborés et des plus paradoxaux : le dépressif ressent son existence comme une souffrance sans fin, qui lui donnerait tant de raisons d'arrêter. Pourtant il continue et il vit. Il faut bien que quelque chose, quelque part, soit assez porteur d'énergie pour le porter aussi continûment. D'énergie, voire de plaisir – car le vivant peut-il durer sans une dose minimum de plaisir ? Souffrance et plaisir, le langage commun, après la psychanalyse, qualifie l'alliage fait de souffrance et de plaisir de... masochisme. Plaisir douloureux centré d'abord sur soi-même, entretenant la dépression, et entretenu par elle. La dépression *durable,* tout en étant la raison pour laquelle une personne vient en thérapie, y montre une résistance étonnante au changement, car elle est faite pour durer : elle aide le dépressif à vivre.

Il faut s'en souvenir quand on est tenté de soupçonner le dépressif de trouver des bénéfices dits secondaires dans son état, comme de faire l'intéressant, ou de se faire prendre en charge, ou de susciter l'apitoiement de son entourage. Certes, il y a de la complaisance et de l'apitoiement sur soi-même, mais ce que vise d'abord la logique du vivant, c'est le bénéfice primaire, la survie. Ou l'apaisement d'une tension trop lourde à supporter entre besoins et aspirations d'une part et peurs et obstacles d'autre part.

On voit ainsi se dessiner certaines directions et surgir d'autres questions. Parmi ceux qui se nomment *déprimés* et que débusquent les statistiques, déprimés aigus ou *critiques*, certains vont vers la médecine. Mais quand ils cherchent ailleurs, par exemple vers la psychothérapie, et qu'ils y viennent, la réponse change car la question change. Devant leur visage de deuil et le mouvement désespéré d'abandon d'eux-mêmes qui les fait couler, la question surgit : mais de quoi sont-ils en deuil aujourd'hui ? D'autres, dans la même situation de crise, se cachent de la médecine, qui préfère ne les voir affectés que d'une déprime. A quoi sont-ils confrontés ? A une difficulté nouvelle, qui demande d'inventer des façons de faire, et pour laquelle la médecine n'est d'aucun secours, et qu'elle ne ferait même que compliquer ? Quant à ceux qui se nomment *dépressifs*, les mariés de la dépression *durable*, de quoi parlent-ils ? Pourquoi veulent-ils aujourd'hui quitter ce compagnonnage ?

CHAPITRE 5

QUAND MON CORPS FAIT SA DÉPRESSION SANS MOI

Il lui arrive de la faire, quand il m'est difficile de me sentir, de me reconnaître, de me dire fatigué de vivre.

« *Je vais voir le docteur parce que j'ai mal au dos, que je suis fatiguée, et il me met en arrêt en disant que je fais une dépression et il me prescrit des antidépresseurs. Moi, dépressive ? Mais je ne suis pas en dépression ! Je pourrais être en dépression sans le savoir ?* »

Peut-être. Les psychiatres s'en doutaient depuis longtemps, les médecins modernes ont dû s'y résoudre quand ils ont commencé à prescrire des antidépresseurs, en désespoir de cause, à des personnes qui présentaient des symptômes purement somatiques, et qu'ils ont constaté une amélioration nette. De même, quand on a vu des personnes sortir d'un problème physique pour entrer dans une dépression, on a compris que le corps souffrant et l'âme dépressive avaient partie liée. Les vieux médecins et la sagesse populaire le savaient depuis belle lurette.

Les psychiatres parlent de dépressions masquées. Masquées derrière quoi ? Moins la bouche parle, plus le corps a la charge d'exprimer la souffrance, et il le fait à sa façon, par une voie détournée qui échappe à la conscience. Ainsi la souffrance peut-elle s'extérioriser comme si elle était le seul fait d'un organe. On ne s'étonnera pas de trouver dans cette rubrique les douleurs qui s'évertuent à cacher leur origine et même leur localisation précise. Pour donner le change et échapper au contrôle, quoi de mieux qu'une région où il n'y a aucun organe des sens – comme l'intérieur du crâne - ou une partie qui ni l'œil ni la main ne peuvent facilement atteindre, comme le dos. Céphalées et dorsalgies…

Pour avoir du parlant dans cette dépression sans dépressif, quoi de plus logique que de l'attendre des organes qui parlent le plus à l'âge où l'on n'a pas encore les mots. Ainsi, par exemple, le ventre et la peau, qui parlent chez le nourrisson avant que la bouche puisse le faire efficacement, se donneront à voir, pour la peau, ou à entendre et à dysfonctionner, pour le ventre, dans les dépressions *masquées*. Sans surprise, la peau, le ventre et la tête seront les partenaires du thérapeute psychocorporel dans son travail avec les déprimés, ceux par lesquels on accède le mieux au fond de la dépression.[1]

Si le corps parle, ou plutôt s'exprime, quand la bouche ne le fait pas, on s'attendrait à ce que, à l'inverse, plus la bouche parle, moins le corps s'exprime. Il devrait – mais cela ne se vérifie pas autant qu'on le voudrait. Même quand la dépression s'exprime dans le discours, le corps ne se prive pas pour autant, parfois, de s'exprimer et de souffrir. Comme s'il avait gardé le besoin, et l'habitude (le corps aussi a tendance à confondre besoin et habitude), d'exprimer les tensions du quotidien par les mêmes souffrances qu'avant la dépression déclarée, rejoignant par là ces *micro-dépressions* dont je parle ailleurs[2].

Il est des situations plus troublantes. Doit-on inscrire, dans la rubrique des dépressifs et de la dépression durable, des personnes qui n'ont jamais manifesté d'affects dépressifs, mais dont les conduites ou le corps en laissent si fort supposer la présence à l'observateur qu'on parle d'équivalents dépressifs ou suicidaires ? La souffrance dépressive et les forces qu'elle tente de contrôler sont enfouies dans la profondeur de leur âme et les poussent à adopter des comportements qui mettent leur vie en jeu, sans que l'intention suicidaire soit consciente, et encore moins reconnue.

Un jour peut-être, à travers la thérapie ou une décompensation brutale, se dévoileront le désamour de soi, le déficit d'animation, le naufrage du désir, la culpabilité, l'abandonnisme et finalement l'attirance suicidaire. Un jour peut-être. Mais

---

[1] Voir le chapitre 20.

[2] Voir les chapitres 15 et 17.

jusque-là, ces hommes et ces femmes ne demandent aucune aide pour soulager une quelconque fatigue de vivre, qui n'est pas, pour eux, à l'ordre du jour et qu'ils ne ressentent pas en tant que telle. C'est pourquoi, si le distinguo est sans doute artificiel sur le fond, ces personnes ne peuvent figurer dans la présente étude qu'en pointillé.

Les conduites que j'évoque ainsi sont nombreuses. Il suffit pour donner une idée de leur importance d'en citer brièvement quelques-unes.

Ainsi des alcooliques. C'est une observation banale pour ceux qui vivent avec des alcooliques, et a fortiori pour ceux qui les soignent, de voir émerger la dépression le jour où ils se séparent de l'alcool. Le rôle de l'alcool est plus complexe qu'il n'y paraît. Souvent, il fait fonction d'antidépresseur, tenant l'humeur noire et ses noirs compagnons en lisière, à la frontière de la conscience. Usage passager ou *durable*, souvent indéfiniment durable. Parfois, au contraire, vérifiant sa réputation – *in vino veritas* - par l'ivresse, il ouvre grande la porte à la dépression et l'on dit de cet homme, de cette femme, qu'il/elle a le vin triste. Et la porte ouverte peut laisser passer un raz-de-marée suicidaire. Usage *critique* de l'alcool…

Trois caractéristiques de l'alcoolisme sont à mettre en parallèle avec la question dépressive. La première est que les alcooliques constituent une population, c'est-à-dire un ensemble conséquent sur le plan statistique, et donc une affaire de santé publique - comme la population dépressive. Comme les dépressifs, ils ont tendance à se reconnaître entre eux et à se retrouver, passant ainsi de la définition statistique d'une population à la reconnaissance identitaire d'une communauté, communauté des alcooliques, communauté des dépressifs. Le deuxième trait est que cette population est essentiellement masculine - alors que la population dépressive est essentiellement féminine. Enfin le troisième caractère, plus surprenant et plus secret, est que nombre d'alcooliques, quand ils laissent approcher du cœur de leur souffrance, ou qu'ils parviennent à en exprimer le fond, dévoilent un véritable sentiment de déréliction.[1] Le mot est à

[1] Cette observation résulte de mes longues années de travail avec les alcooliques en milieu hospitalier.

prendre pour eux dans son sens le plus religieux, celui qui dit la détresse de l'homme se croyant abandonné de Dieu, la détresse d'un Job qui n'aurait pas été à la hauteur du pari diabolique. Or la dépression moderne vient inscrire la déréliction dans notre histoire collective[1].

Ainsi des toxicomanes. C'est encore une population, mais cette fois-ci masculine et féminine, d'adolescents et de jeunes adultes. Eux aussi font communauté entre eux, ne voulant surtout pas être assimilés à qui que ce soit d'autre, tout en se méfiant les uns des autres. Ils semblent ne pouvoir trouver que les « produits » pour leur tenir lieu de moteur à vivre. Aux yeux de tous, ils ont perdu le respect d'eux-mêmes et leur propre estime et ils se sont engagés dans une voie suicidaire. Mais qui ne serait troublé en même temps par ce qu'ils renvoient d'une maladie sociale de la jeunesse. Et peut-être d'un temps ancien où ce passage était celui de l'initiation, sachant en outre que, bien souvent dans l'histoire des hommes, le passage était facilité par certaines substances.

Le fond suicidaire apparaît encore de façon frappante dans le parcours de ceux qui ont à répétition des accidents graves, sur la route, chez eux, au travail. Sont-ils dans le même balancement entre vie, mort et survie, ceux qui présentent, à un moment donné de leur vie et dans un contexte particulier, une affection somatique grave, voire fatale ? Ce serait à voir au cas par cas avant de pouvoir l'affirmer. La question se pose, entre autres, dans les maladies dites auto-immunes où le corps se retourne contre lui-même, comme s'il ne reconnaissait plus ses propres tissus.

Chez d'autres, la croyance dépressive ne sera plus cachée loin à l'arrière-plan du comportement, mais elle se sera inversée, selon un processus bien connu en psychopathologie. Le « *tu n'as pas le droit de vivre, toi !* », que le dépressif se fait enjoindre par son juge dominateur et omniprésent, se renverse en un « *j'ai le droit de tuer, moi !* ». Ainsi fonctionnent peut-être, dans leur for le plus intérieur, certains de ces meurtriers de divers acabits qui ont été, profondément et précocement, blessés

---

[1] Voir les chapitres 13 et 18 et, pour le pari sur la tête de Job, le deuxième.

à cœur par l'humiliation, le viol, l'abandon. La pulsation du vivant, le feu du désir, qu'ils les sentent en eux ou chez autrui, réveillent peut-être tant de souffrance et tant de terreur qu'ils doivent les faire taire, les étouffer, en commençant par autrui. Et leur faire rechercher la punition pour enfin apaiser leur sentiment de culpabilité. C'est la longue saga des amants de la *veuve*[1].

Ce rapprochement entre les états dépressifs, ressentis, diagnostiqués et accompagnés comme tels, et les équivalents rapidement évoqués ci-dessus autorise-t-il à imaginer que l'épidémie prend la forme dépressive quand elle traverse le corps des femmes tandis qu'elle s'exprime par l'alcoolisme et les comportements violents quand elle traverse le corps et l'âme des hommes. Mais que sur le fond, il s'agit de la même problématique…

---

[1] Ainsi désignait-on la guillotine dans le langage populaire... Un film à la beauté sombre, *La veuve de Saint Pierre*, (Patrice Leconte, 2000), y fait allusion. Ce film ne parle pourtant pas de ces amants. Étrangement, c'est Daniel Auteuil, incarnation dans ce film de l'amour inconditionnel, qui avait donné son visage à l'un des plus célèbres amants de la veuve, Lacenaire, dans le film du même nom (Francis Girod, 1990). Le même Lacenaire traversait de son élégance assassine *Les Enfants du Paradis* (Carné - Prévert, 1943-44) sous les traits de Marcel Herrand. Quant à Daniel Auteuil, faut-il rappeler sa prestation dans *Un cœur en hiver* (Claude Sautet, 1992), un titre et un personnage qui pourraient introduire tout travail sur la position dépressive... Sans parler de cet autre troublant personnage qu'il a incarné, *L'adversaire* (Nicole Garcia, 2002), film sur la vacuité d'une identité et le vide d'une vie, dont le héros, il y a quelques décennies, aurait fini sur l'échafaud. L'Adversaire, tel est le sens étymologique du mot hébreu que la tradition a traduit par Satan, sur qui se clôt ainsi la boucle entre la « veuve » et notre sujet.

CHAPITRE 6

CE QUI FAIT BASCULER DANS LA DÉPRESSION

Tout ce qui prive un être de ce qui le portait, et qui dévoile qu'il ne pouvait se porter lui-même, peut le faire basculer dans la dépression. Mais, pour certains aussi, c'est d'être acculé à ne plus pouvoir jouer à cache-cache avec leur propre valeur qui les fait basculer.

En abordant ce qui déclenche, et qui répond en partie au « comment ? », et très imparfaitement au « pourquoi ? », on reprendra la distinction entre dépressions *critiques* et dépressions *durables*. Mais si la dynamique qui les fait basculer diffère, elles se rejoignent sur le fond.

Qu'est-ce qui fait basculer dans une dépression *critique* ? Basculer… des images surgissent. Une personne marche tranquillement, sans savoir qu'elle est sur une ligne de crête, un orage éclate, la mort d'un être cher, un accident dramatique, une séparation, et la personne bascule dans le vide. Parfois, il a suffi d'un minuscule pas de côté,

Un seul être vous manque et tout est dépeuplé.[1] Un seul être – mais qui vous aimait, ou que vous aimiez. Cet amour disparu, plus rien ne vous porte, vous gisez là, comme un pantin désanimé. Désanimé, un de ces mots qui disent si bien l'état du déprimé. Un seul être vous manque. Qui peut-être n'avait d'importance que de vous porter, ou même, paradoxalement, qui vous portait par sa façon de dépendre de vous, vous qui lui étiez d'un si précieux secours. Cet être disparaît…

Encore faut-il faire la différence entre le deuil qui suit la mort d'un proche, ou la souffrance causée par un choc imprévu,

[1] A. de Lamartine, *Méditations poétiques*, 1820.

et la dépression où l'on perd l'amour de soi-même et le goût de vivre. Si la dépression vient s'installer dans ce contexte, on pourrait penser qu'on ne s'aimait qu'à proportion de ce qu'on était aimé. Et qu'on était porté en permanence, perfusé, par l'amour de l'autre. Son amour, ou parfois son seul souvenir, faisaient garde-fou contre la dépression, qui refait surface quand la mort les réduit à néant. Mais, tout autant que l'amour perdu, fait garde-fou l'amour manquant. Quand on perd l'objet de nos plaintes, reproches et ressentiments, le deuil peine à se compléter et la dépression survient. On dépendait de l'espérance préservée qu'un jour l'amour ou l'attention en vienne.[1]

Souvent, dans l'enchaînement des faits qui aboutissent à une dépression critique, on retrouve, s'ajoutant à la perte et à la séparation, une situation où la personne s'est sentie prise au piège et impuissante. Plus encore que la perte en elle-même, c'est le cocktail de l'humiliation, du guet-apens, de l'injustice qui semble le plus dépressogène. C'est la douleur de se voir frappé par une décision humaine ou par un événement accidentel, sur lesquels on n'a aucune prise et à quoi on ne peut donner le moindre sens en rapport avec soi. Telle est la situation des victimes de licenciements économiques qui ressentent si fort le « *syndrome du kleenex* » : jeté une fois utilisé, comme un mouchoir de papier. De même, les victimes de prises d'otage, d'attentats, de catastrophes se sont retrouvées piégées, sans pouvoir s'échapper ni influer en quoi que ce soit sur la situation[2]. Quand il n'y a aucune possibilité de retourner la violence subie, ou de la transformer, le risque est grand d'un état dépressif, avec l'écrasante culpabilité de n'avoir pas pu, pas su se protéger. La dépression constitue une des principales et des plus fréquentes manifestations du stress post-traumatique.

Le vieil aphorisme selon lequel « *dans l'épreuve le cœur se brise ou se bronze* » ou celui qui dit que « *tout ce qui ne tue pas rend plus fort* » rappellent que les circonstances déclenchantes ne sont pas des causes au sens mécanique. La charge traumatisante de l'événement est en rapport avec l'his-

---

[1] Voir le chapitre 14.

[2] D'où le besoin parfois de s'appuyer sur l'acteur de la situation, tortionnaire ou preneur d'otage : c'est le syndrome dit de Stockholm.

toire de la personne et avec les ressources dont elle dispose pour y faire face. Tel qui semblait bien installé, à l'abri de tout doute, s'effondre comme un château de cartes. Tel au contraire qui semblait si incertain et fragile reste debout, contre toute attente, et sort grandi de l'épreuve. Dans tous les cas, sont mises à l'épreuve l'image que la personne avait d'elle-même et la confiance qu'elle pouvait avoir dans sa capacité à assurer sa propre sécurité. Sa construction biographique, qui la définit à ses propres yeux, tremble sur ses bases. Qu'advient-il alors de l'amour de soi ?

L'événement met à jour la capacité ou la faillite à être parent fiable de soi-même – qui est au cœur de la problématique dépressive. Lors d'événements dramatiques, on voit des petits enfants en sortir quasiment indemnes parce qu'ils ont été entourés et préservés par la présence attentive des parents, même si les parents eux-mêmes étaient meurtris par les circonstances. Dans les épreuves difficiles dont des personnes sortent dépressives, et parfois pour assez longtemps, elles n'ont apparemment pas pu assurer pour elles mêmes cette fonction parentale. L'épreuve a révélé qu'elles ne pouvaient être un parent solide pour elles-mêmes et se porter.

Restent les cas si nombreux où la personne bascule dans la dépression sans qu'on puisse repérer un facteur déclenchant. A l'instar du déclencheur externe – une perte dramatique, une séparation brutale - qui provoque un bouleversement chimique se traduisant dans le comportement par la dépression, il semble qu'un déclencheur interne passe par la même voie et produise le même effet de comportement. On peut supposer qu'il obéit à une logique semblable. L'événement est d'autant plus surprenant que la personne qui s'effondre et se montre atone, inerte, *désanimée*, semblait au contraire un roc. C'était par excellence la personne sur qui on pouvait compter, celle qui vole au secours de tous les éclopés de la vie. Un roc, une statue. C'est bien le mot. La statue s'effondre. Quelque chose la fait tomber, ou vient révéler qu'il n'y avait qu'une statue, ou montre qu'on tenait par la vertu d'une statue intérieure, révérée, au profit de qui on avait abdiqué, à laquelle on s'était identifié – et elle s'effondre.

Les blessures qui font si mal sont de celles qu'on nomme en langage savant narcissiques, celles qui portent atteinte à l'image qu'on a de soi, ou qu'on veut donner, ou qu'on voudrait se donner à soi-même[1]. Quand l'image créée ne reflète pas notre réalité mais y fait écran – un écran qui cache et protège - on devient dépendants de cette image-prothèse, on est porté par son propre masque. Malheur, le jour où il se fissure, où sa réalité de carton-pâte apparaît. Le processus du deuil lui-même répond à la nécessité de se défaire de cette statue. Le déclenchement de l'état dépressif obéit alors à une nécessité intérieure, qui n'apparaîtra qu'après coup. Logique de perte où c'est la vacillation de la statue intérieure qui entraîne une hémorragie interne narcissique et fragilise les étais.

Quel peut être le déclencheur interne qui simule la situation qu'aurait provoquée un déclencheur externe pour provoquer le même électrochoc ? Pourquoi aujourd'hui ? Autant de nouvelles questions qui trouvent souvent des éléments de réponse dans le travail psychothérapique[2].

En évoquant ces situations où le portage fait brusquement défaut, précipitant dans la dépression, dévoilant qu'on dépendait d'une sorte de prothèse, de nombreuses images poussent la porte de la conscience. D'abord, celles de ces tout-petits, victimes de dépression anaclitique. On nomme ainsi la dépression qui survient dans la première année de la vie, quand le nourrisson est brutalement séparé de sa mère. On parle aussi de dépression par défaut d'étayage. Elle manifeste la précocité du lien entre dépression et portage. A. Spitz l'a décrite le premier sous le nom *d'hospitalisme,* en 1965. Il avait observé comment les tout petits enfants hospitalisés présentaient de graves troubles du comportement pouvant obérer leur développement psychomoteur, voire leur survie, quand ils étaient seulement nourris et que personne ne les prenait dans les bras ni ne leur parlait tendrement. Ce n'est pas par l'effet d'une privation biologique, puisqu'on aura beau les nourrir et les changer, s'ils ne

[1] Narcisse, fasciné par son reflet dans l'eau, finit par s'y noyer. La référence au mythe grec exprime le danger de s'identifier à son image.

[2] Voir les chapitres 14, 15, 16 et 20.

reçoivent ni amour ni témoignage de leur valeur aux yeux de qui s'en occupe, ils dépériront[1]. La dépression anaclitique présente un intérêt considérable pour comprendre tout le processus dépressif. Elle est à l'arrière-plan de ce que l'on nomme l'abandonnisme, qui désigne la hantise d'être abandonné et les comportements mis en place pour y parer.

Pour la psychanalyste Mélanie Klein, la dépression est un moment du développement physiologique du tout petit enfant. Quand l'enfant entre dans le processus d'individuation et de séparation d'avec sa mère, se forme le modèle d'un état psychologique qui associe dépression, culpabilité et autoagressivité : la dépression résulte de la séparation, la culpabilité de la conviction que l'éloignement de la mère constitue une punition, l'agressivité contre soi-même est le retournement de celle qui ne peut être adressée à la mère.

Les expériences ultérieures de séparation et de deuil viendraient réactiver cet état dépressif, quelle que soit la nature de la perte ou de la séparation. Tous les éléments qui ont pu peser sur le déroulement initial de ces processus, en les grippant ou en les bloquant, constituent autant de facteurs de risque, qui rendront d'autant plus difficile la confrontation avec une nouvelle épreuve de ce type.

On comprend que la dépression puisse ressurgir lors des grandes étapes du développement, car chacune - adolescence, ménopause, retraite, vieillissement - est séparation et perte avant d'être croissance ou transformation. Chacune est un temps de fragilité et de vulnérabilité, comme tout animal à mues ou à métamorphoses est au plus vulnérable quand la nouvelle peau n'a pas encore remplacé l'ancienne.

Mais quel que soit le contexte, c'est bien d'une carence de portage que parle la dépression *critique*. Dans les états dépressifs majeurs, en effet, l'abandon de soi-même est porté à son

---

[1] On en a retrouvé la dramatique réalité quand le rideau de fer s'est relevé et qu'on a découvert les images des orphelinats de Roumanie ou de Russie. Frédéric II Hohenstaufen, Empereur du Saint Empire, roi de Sicile (1194-1250), curieux de savoir si la langue originelle des hommes était l'hébreu, le grec ou l'arabe, pensa qu'il l'apprendrait de la bouche d'enfants qu'on aurait élevés sans leur adresser la parole. L'expérience tourna court car les bébés moururent tous avant d'atteindre l'âge de la parole.

comble. L'abandon, oui. Un tel, par exemple, souffre cruellement de l'isolement dans lequel le plonge la dépression, mais il ne répond pas aux invitations et laisse le téléphone sonner quand enfin il sonne. Les lettres arrivent, mais il ne les ouvre pas ou les laisse en souffrance, à peine ouvertes. Plus encore que de l'isolement du monde, des autres humains, ce dont souffre le déprimé, c'est de se sentir abandonné par ce qui donne du sens à la vie[1], par ce qui était censé le porter. D'autant plus s'il revit, inscrite en lui, l'expérience d'avoir été abandonné. Car, dès qu'il a pris son poids terrestre, il a été porté, et longtemps, et non comme on porte une charge, un poids, mais comme on porte son propre corps. Ni poids ni viande mais chair de sa chair. Porté dans une relation de sens, qui peut être nommée et où circule - il s'agit fondamentalement de cela - de l'amour. Quand ce qui était censé soutenir l'être vient à manquer, quelle qu'en soit la nature, ou quand survient l'événement, quel qu'il soit, qui donne après-coup cette signification au passé[2], il se produit une hémorragie de valeur, d'amour de soi.

Bien des déprimés, qui disent d'abord n'avoir manqué de rien, le comprennent le jour où ils font la différence entre la mère et la maman, la mère qu'ils ont eue, qui les a nourris lavés changés langés, et la maman qu'ils n'ont pas eue, la consolatrice, qui aime sans conditions et ne juge pas, celle qui manque aux bébés de Spitz ou de Frédéric II. La maman qui ouvre ses bras et la mère qui donne le sein ou le biberon, mais semble ne pas avoir de bras. Une *Vénus de Milo,* comme une consultante le disait de sa mère. Le bon ou le mauvais sein, comme disent les psychanalystes – le mauvais sein est celui qui n'a pas de bras…

L'abandon, le manque de bras font venir à l'esprit d'autres images, celles d'hommes et de femmes désanimés par perte du portage, en d'autres temps, en d'autres cultures.

---

[1] Voir le chapitre 15. Racine fait dire à Phèdre

> « *Ariane, ma sœur, de quel amour blessée*
> *Vous mourûtes aux bords où vous fûtes laissée !* » (*Phèdre*, I, 3)

[2] Un traumatisme produit ses effets pathogènes moins dans le coup lui-même que dans la façon dont il peut ou non être intégré, ensuite, dans la conscience, ou dans le sens qu'il vient donner « après-coup » à toute une série d'expériences antérieures.

L'étonnant est que le contexte n'est pas toujours, et même rarement, celui du deuil au sens où nous l'entendons, c'est-à-dire la perte, la mort de quelqu'un d'aimé, de proche, car il y a longtemps que l'homme a théorisé la mort pour nier qu'elle soit définitive. Souvent, ce qui produit cette perte de support, cet abandon de soi-même qui peut aller jusqu'à dépérir, c'est, pour un individu, le bannissement, l'ostracisme[1] : dans de nombreuses cultures, être exclu de son groupe équivaut à une condamnation à mort. Pour une communauté, pour un peuple, c'est la destruction de ses repères culturels, généralement par la deuxième mort de ses ancêtres[2]. Une multitude d'exemples historiques parlent de ces peuples devenus étrangers sur leur propre terre et tombés dans une semi léthargie.

Banni, exilé, étranger, autant de mots qui parlent si intimement aux déprimés. Comme si le comportement dépressif et, logiquement, le montage neurochimique qui en en est le support biologique trouvaient leurs racines dans l'organisme collectif originel qui portait chacun de hommes qui en faisaient partie.[3]

Qu'est-ce qui fait basculer, non pas dans la dépression *durable*, puisque par définition on y est installé depuis un temps qui ne saurait s'évaluer, mais hors de celle-ci ? La question se pose devant deux cas de figure possibles : soit le passage du durable, c'est-à-dire du compensé, au critique, c'est-à-dire au décompensé, c'est la bascule dans la dépression aiguë ; soit la décision de ne plus continuer dans le durable, qui amène à consulter.

---

[1] Ostracisme s'entend ici dans son sens premier de mise à l'écart effective d'une communauté. Le mot vient du grec *ostrakon*, qui désignait la coquille ou l'éclat de terre cuite sur lequel, lors des assemblées du peuple athénien, on écrivait le nom de la personne qu'on décidait d'exiler de la cité. En français, le mot est souvent pris dans un sens figuré.

[2] Voir le chapitre 13. La deuxième mort des ancêtres se produit quand ils n'ont plus leur place dans les rituels comme forces agissantes, quand on en fait des choses, même si c'est sous la forme d'œuvres d'art (cf. *Les statues meurent aussi*, film d'A. Resnais, 1953).

[3] Voir les chapitres 13, 14, 18, 20 et 21.

Les ressorts de la décompensation aiguë, dans la dépression durable, apparaissent à la lumière de deux types de situations qui la déclenchent volontiers : les causes paradoxales et les accidents thérapeutiques.

Parfois au lieu de sortir quelqu'un de la dépression, comme on aurait pu s'y attendre et comme voudrait le faire croire sa propre plainte, un événement heureux l'y précipite de façon massive[1]. Malheur à la catastrophe qui valorise les dépressifs plus qu'ils ne peuvent le supporter : une promotion professionnelle, une rencontre amoureuse, la réussite à un examen, un mariage, une naissance. On attendrait que ces événements renforcent leur confiance en eux et qu'ils s'en trouvent valorisés. Où sont dans ce cas la perte et la séparation ? Pourquoi réagissent-ils comme s'ils étaient en deuil ?

En réalité, ces bonheurs démentent ce que le dépressif pensait et proclamait de lui-même et dont il semblait pourtant vouloir sincèrement se défaire. Ils bouleversent son économie interne et découvrent que la façade cachait un système de croyances profondément enracinées, fondées sur la conviction de valoir moins que les autres, et d'être en toutes circonstances victime de la malchance. L'événement vient heurter de front cet échafaudage et l'ébranler. Rien parfois n'est plus déstabilisant que de se voir reconnu et aimé, quand on s'est toujours cru nié ou mal aimé[2].

Une femme vivait maritalement avec un homme depuis 17 ans, ils se marient, et elle tombe en dépression dans les 48 heures. Le mariage vient contredire le roman qui parlait d'un conte de fées et qui ne pouvait tenir que parce qu'il était impossible ou interdit. L'héroïne cachée devait rester à jamais dissociée de l'héroïne misérable, et voilà qu'elle risque d'apparaître

---

[1] Dans *Face aux ténèbres* W. Styron explique que sa dépression a surgi quand il se rendait à Paris pour recevoir un prix littéraire renommé dont il s'estimait indigne…

[2] Deux films, parmi d'autres, en parlent éloquemment, mais en sens inverse : l'un, pour montrer comment un homme résiste victorieusement à se laisser aimer (*Un cœur en hiver*, de C. Sautet, 1992), l'autre pour décrire le chemin de sortie du mal amour routinier (*Je ne suis pas là pour être aimé*, J.C. Delsart, 2005).

au grand jour[1]. La matérialisation du rêve le détruit et ébranle l'édifice qu'il étayait. La promesse secrète soutenait le reste d'être repoussée à la fin des temps, comme la promesse du paradis donne son miel à l'accomplissement du martyre. Privé de martyre, voilà notre dépressif privé de son calvaire ! Paradoxe : être aimé(e), être apprécié(e), mais surtout être reconnu(e) au grand jour, se révèlent être de redoutables facteurs de déstabilisation.

Autre cas de figure, l'accident thérapeutique, qui se produit quand la dépression majeure éclate en cours de thérapie, sans être due à un événement extérieur. Le consultant n'y comprend rien : ce n'est pas ça qu'il venait chercher. L'entourage est prêt à y voir un accident iatrogène.[2] Il n'a pas tout à fait tort : si le thérapeute n'a pas délibérément provoqué cette dépression, il n'est pas non plus désespéré de la voir survenir. Il sait qu'elle est intimement liée à la dynamique du travail psychothérapique et de ce qu'il remue. Ici, ce sont des souffrances profondément enfouies qu'il met à jour, voire des épisodes dépressifs antérieurs qu'il fait revivre. Là, ce sont des séparations et des pertes, quelles qu'elles soient, qui se ravivent ou qui se préparent.

Même si la souffrance est vive, même si le tableau est impressionnant, on est dans le mouvement de la vie. Parfois, la réaction dépressive est le seul moyen que le patient ait trouvé, à son corps défendant, pour freiner une évolution qui l'angoisse. Souffrir d'avoir à renoncer à ce qui fait souffrir, telle est l'ambivalence lovée au cœur même de la dépression, ce qui en fait une fort efficace usine à oxymorons. Et le thérapeute voit les deux forces s'affronter dans le cœur de son consultant, l'une qui est accrochée à la dépression, à *sa* dépression, et l'autre qui a enclenché le processus psychothérapique en découvrant que le maintien du statu quo devenait bien trop coûteux.

De telles situations – déclenchements paradoxaux, accidents thérapeutiques - se situent à la jonction des dépressions critiques, car ce sont bien des dépressions critiques qu'elles

[1] On verra – chapitre 8 - l'importance du héros double-face dans la construction du roman dépressif.

[2] D'origine médicale, comme les maladies qu'on attrape à l'hôpital…

provoquent, et des dépressions durables, car elles mettent à jour une problématique dépressive ancienne mais fort bien enfouie jusque-là, où l'organisation dépressive avait valeur protectrice. Elles invitent aussi à revisiter la dépression critique, même quand elle semble survenir sur un terrain dégagé. Et le début repérable, que le D.S.M. IV s'acharne à déceler est parfois tout relatif, incitant les prescripteurs à être prudents quand ils prédisent la réussite du traitement médicamenteux.

Reste le cas de ceux dont on ne se demande pas pourquoi ils sont tombés en dépression, mais plutôt pourquoi ils veulent en sortir. En sortir ? Beaucoup de ceux qui viennent consulter pour sortir de la dépression y vivent en effet depuis fort longtemps, certains disent même depuis toujours. Comment ont-ils pu tenir si longtemps dans un état qui engendre, à ce qu'ils disent, tant de souffrance, de gêne sociale, d'échecs personnels ? Question qui en fait venir une autre : qu'est-ce qui rend si nécessaire cette remise en cause aujourd'hui ? Si nécessaire même qu'elle vient se dire dans l'urgence : « *ça fait vingt ans que j'aurais dû, ça fait dix ans que j'y pense, et vous me demandez d'attendre trois semaines !* » s'entend-on répliquer au téléphone, quand se prend le premier rendez-vous.

Si le montage a tenu tant bien que mal jusque-là, les avantages devaient compenser les inconvénients. Un élément déstabilisateur contraint aujourd'hui le dépressif à modifier son point de vue sur les avantages acquis et sur les équilibres maintenus au prix fort, au point que le changement devienne souhaitable, voire incontournable. Le dépressif au long cours découvre le porte-à-faux où l'a installé sa stratégie de survie et les mutilations qu'elle a entraînées. Le conflit auquel il avait pensé se soustraire se rallume.

Ce qui déstabilise le plus l'édifice dépressif, au point d'amener à devoir le transformer, c'est la poussée du vivant.

Souvent, le moteur qui conduit à consulter est l'engagement dans une relation amoureuse à laquelle, cette fois-ci, on tient autrement qu'aux autres et qu'on voudrait voir échapper à la répétition de l'échec. La rencontre elle-même est parfois rendue possible par l'avancée du travail thérapeutique, parfois c'est elle qui le rend nécessaire. Elle confronte la personne à la réalité de sa valeur personnelle et à l'amour d'elle-même d'une façon telle que, cette fois-ci, elle ne puisse ou ne veuille plus s'y dérober. Le désir, toujours perçu comme potentiellement dangereux, nécessitant d'être maîtrisé en même temps que protégé, rompt l'équilibre de la survie quand il se réveille et le regard porté sur le dépressif, tel un missile venu de dehors, contribue à bousculer la pulsion endormie. Le vivant, désir, peur, appétit, vient rebattre les cartes, comme la germination, lente et désormais irrépressible, d'une graine présente dès l'origine.

Dans tous les cas, qu'il s'agisse de dépression critique ou de dépression durable, on retrouve le mystérieux déclencheur du processus psycho-neuro-chimique. Il se décide (se déciderait ?) à agir dans l'intimité de nos synapses quand devient trop patent et trop coûteux, et peut-être à la veille de devenir irrécupérable, le décalage entre la vie qu'on se fait vivre et ce que demande le mouvement idiot[1] de notre vie. Décalage d'autant plus insupportable qu'il n'y a plus d'autre espace, après cette vie, où vivre ce qui n'y aura pas été vécu.[2]

---

[1] Conformément à l'étymologie grecque du mot : *particulier*, *propre à quelqu'un*, il désigne ce qui est le plus spécifique de soi. Les *idiotismes* d'une langue sont les tournures qui lui sont les plus spécifiques.

[2] Voir le chapitre 14 et le changement des croyances sur la mort.

CHAPITRE 7

LA PLACE DES MÉDICAMENTS DANS LA DÉPRESSION

Si l'on ne veut rien changer dans sa vie, on leur donnera la place d'un délégué chargé des pleins pouvoirs.
Si l'on fait de sa dépression une affaire personnelle, les médicaments auront la place d'un allié éventuel, auquel on s'associe en raison des ressources dont il dispose.

De quels médicaments parle-ton ? Essentiellement des antidépresseurs. Qui pose la question de la place : un déprimé, un dépressif, l'entourage, un médecin, un psychothérapeute ? Le point de vue est chaque fois différent : pas plus qu'un mot de la langue, un médicament n'existe seul. Il se place toujours dans un enchaînement de décisions. Je répondrai d'abord en pensant à l'usager, réel ou potentiel (celui qui se demande ce qu'il fera le jour de sa dépression), avant de répondre en psychothérapeute.

Les médicaments de la dépression sont les antidépresseurs. Il y a dans l'esprit du public (et parfois même des médecins) de la confusion entre calmants, antidépresseurs, tranquillisants. Une clarification s'impose. Dans la grande famille des substances psychotropes, celles qui agissent sur le fonctionnement de l'esprit, certaines sont stimulantes, comme les amphétamines, la cocaïne, le café. D'autres sont calmantes, comme l'opium ou les anxiolytiques, qu'on appelle aussi tranquillisants (qui apaisent l'angoisse, comme le Valium®, le Xanax®, le Témesta®, etc.). D'autres modifient l'activité mentale, comme les hallucinogènes, le L.S.D., etc. D'autres enfin ont des effets variables selon les personnes, comme l'alcool ou le tabac.

Les antidépresseurs font partie des stimulants et, comme les autres stimulants, ils ont tendance à lever les inhibitions, à desserrer les freins, ce qui est bénéfique quand cela facilite la parole ou le contact, et qui l'est moins quand cela favorise le passage à l'acte suicidaire ou violent. La particularité des antidépresseurs comme stimulants est qu'il leur faut du temps pour agir : deux à trois semaines pour les premiers effets. De ce fait, ils ne peuvent pas être utilisés comme euphorisants ou comme dopants et ils n'entraînent pas de vraie dépendance. Cela les distingue des stimulants cités plus haut et aussi des tranquillisants de la famille du valium® (famille des benzodiazépines ou en abrégé B.Z.P.) dont les effets sont rapidement obtenus. Les B.Z.P. entraînent facilement une dépendance. Il faut donc éviter de les prendre de façon régulière et prolongée. J'en parle ici, car ils sont souvent associés aux antidépresseurs en début de traitement.

On distingue trois grandes familles d'antidépresseurs selon leur nature chimique et leur mode d'action dans le cerveau.

Le premier groupe est constitué par les tricycliques, nommés ainsi d'après leur structure chimique. Ils sont aussi appelés imipraminiques pour leur filiation avec le premier d'entre eux. Ces produits, comme le Tofranil® (imipramine), l'Anafranil® (clomipramine) ou le Laroxyl® (amitryptiline), parmi d'autres, ont pendant longtemps été les plus utilisés. Ils restent irremplaçables dans la dépression majeure, quand les antidépresseurs de dernière génération ont échoué, ou d'emblée en cas d'hospitalisation pour une dépression grave. La plupart des statistiques concluent à une efficacité des tricycliques dans les deux tiers des dépressions, ce qui est fort honorable. Ils servent de produits de référence pour l'étude de toute nouvelle molécule.

Ils présentent deux inconvénients majeurs qui en rendent l'emploi délicat, surtout chez les personnes médicalement fragiles. Ils ont de nombreux effets latéraux gênants, ce qu'on appelle les effets secondaires[1], dus à leur action sur les neuromédiateurs[2], en particulier l'acétylcholine, qui assure le fonctionnement du système végétatif parasympathique. Les principaux effets secondaires sont la sécheresse de la bouche, les troubles de l'accommodation oculaire, la constipation, les difficultés sexuelles, les tremblements, un risque de rétention urinaire. La gêne qu'ils occasionnent peut amener les patients à abandonner leur traitement, surtout s'il faut l'alourdir avec des correcteurs.

Deuxième inconvénient, et le plus important, leur toxicité. A dose élevée ils sont toxiques pour le cœur et n'ont pas d'antidote connu, d'où le danger d'une intoxication massive. Or les déprimés ont une certaine tendance à se suicider en avalant leurs médicaments... Le risque suicidaire est d'autant plus élevé que l'action sur l'inhibition, c'est-à-dire sur le ralentissement moteur et l'indécision, précède toujours l'amélioration de l'humeur et de la pensée dépressives : la personne est encore dans la souffrance quand elle devient capable de mettre ses idées noires à exécution. Pour ces raisons, ils sont restés du domaine des spécialistes – les psychiatres - et les pharmacologues ont cherché à mettre au point des produits aussi peu toxiques que possible en intoxication aiguë massive.

La deuxième grande famille est celle des inhibiteurs de la monoamine-oxydase (I.M.A.O.), ainsi nommés par référence à leur action chimique. Très efficaces contre le ralentissement et l'inhibition psychomotrice, ils présentent l'inconvénient d'avoir des effets secondaires gênants, voire dangereux. Ils peuvent provoquer des accidents, comme des crises hypertensives dramatiques lorsqu'ils sont associés à d'autres produits, et même à certains aliments. De ce fait ils ne sont pratiquement plus utilisés, malgré leur grande efficacité.

Le troisième groupe, le plus récent à ce jour, est celui des inhibiteurs spécifiques de la recapture de la sérotonine (I.S.R.S.) dont le nom indique le mode d'action. Ils sont disponibles depuis 1988 et ils sont pour beaucoup dans la spectacu-

---

[1] Les effets primaires sont les effets bénéfiques, ceux pour lesquels les médicaments sont prescrits.

[2] Pour tout ce qui concerne la chimie, voir le chapitre 20.

laire expansion du marché de la dépression[1]. Ce sont les plus connus actuellement et ils regroupent les antidépresseurs les plus récents, comme le Prozac® (fluoxétine), le Déroxat® (paroxétine), le Zoloft® (sertraline). Il est venu s'y ajouter le groupe des I.S.R.S.Na (inhibiteurs spécifiques de la recapture de la sérotonine et de la noradrénaline) comme l'Effexor® (venlafaxine) ou l'Ixel® (milnacipran). Assez significativement ils sont les seuls à être entrés dans le langage courant... On n'a jamais entendu, dans un film, quelqu'un dire « *j'ai oublié mon Anafranil* », mais « *vite, un Prozac* » est passé dans le langage et la « génération Prozac » est devenu un stéréotype médiatique.

Le terme de spécifique signifie que leur action se limite aux neurotransmetteurs désignés. Leurs effets secondaires sont de ce fait plus réduits et moins gênants que ceux des tricycliques, bien qu'au fil des années ils semblent étrangement devenir plus importants. Les I.S.R.S. peuvent entraîner de la somnolence au début, quelques troubles digestifs, mais il n'y a aucune toxicité cardiaque. On peut les utiliser chez des patients qui présentent des contre-indications pour les tricycliques (personne âgée, affection cardiaque, urinaire ou oculaire). En cas d'intoxication massive, ils ne présentent pas la même toxicité. Personne jusqu'à maintenant ne s'est suicidé avec succès au Prozac®, mais rien n'empêche une personne sous Prozac® de se suicider par un autre moyen et de réussir.

Ces avantages ont largement ouvert aux antidépresseurs de dernière génération le marché des généralistes, qui en sont devenus les principaux prescripteurs.

Quelle est l'efficacité des antidépresseurs ? Tous les auteurs s'accordent à reconnaître que 60 à 70 % des dépressions caractérisées répondent favorablement aux antidépresseurs.

Quand les antidépresseurs sont efficaces, et à condition de savoir attendre, ça se voit. Un des premiers signes de sortie

---

[1] Ayant quitté la psychiatrie en 1987, je n'ai aucune expérience de ces antidépresseurs comme prescripteur. Comme usager mon expérience en a été limitée et peu concluante. Ce que j'en dis est donc tiré de la littérature médicale et de mes consultants. L'expérience de ces derniers, pour précise et précieuse qu'elle soit, n'en est pas moins parcellaire : les déprimés qui s'adressent au psychothérapeute sont d'abord des déçus de la chimiothérapie.

de la dépression est de retrouver le plaisir des sens, voire pour certains de le découvrir. Le simple plaisir de vivre : l'odeur du café chaud le matin, la lumière du soleil à travers une fente du volet, la présence de la personne aimée. Quand le chant des oiseaux redevient un chant, et cesse d'être du bruit.

A condition de savoir attendre, car, quel que soit le produit, l'efficacité ne se fait pleinement sentir qu'après un délai incompressible de deux à trois semaines de traitement. Il faut parfois compter jusqu'à six semaines. On s'en souviendra en voyant un antidépresseur agir très vite : ce n'est certainement pas l'antidépresseur qui agit. Je pense à cet homme qui, se sentant chuter en dépression pendant mes congés, va consulter son médecin traitant. Conformément à son attente, il se voit prescrire un antidépresseur courant. Dans les trois jours, il remonte la pente et pose des actes forts dans le sens de l'estime de soi - entreprendre la validation de ses acquis professionnels, passer son permis moto (je « *motorise* » comme il dira). Actes qui marquent la poursuite de son processus thérapeutique, que je sois présent ou pas. Or aucun antidépresseur, aussi efficace soit-il, et celui-là l'est, n'agit avant 10 - 15 jours, voire trois bonnes semaines.

L'efficacité reste difficile à prévoir. Quel médicament le généraliste va-t-il choisir devant tel patient ? Sur le terrain, le choix ne peut obéir à aucun critère dit scientifique : les indications données par les fabricants sur l'avis des pharmacologues, et après les essais cliniques, ne sont pas toujours confirmées par la pratique médicale, tant s'en faut. Il est difficile de faire coïncider un mode d'action sur les neuromédiateurs avec un aspect clinique de la dépression pour ajuster la prescription.

Un des critères qui guident le praticien est la condition médicale du patient, en raison de la toxicité du produit et des effets secondaires possibles. Un autre est l'intensité de la dépression et l'importance du risque suicidaire, car, si les tricycliques semblent plus constamment efficaces que les I.S.R.S., ils sont aussi beaucoup plus dangereux en cas d'empoisonnement volontaire. Le prescripteur généraliste est avant tout guidé par son expérience personnelle. Il ne peut bien connaître qu'un nombre limité de produits et son choix se trouve généralement parmi eux.

Les statistiques disent qu'une chimiothérapie antidépressive aura d'autant plus de chances de succès que le patient n'a pas d'antécédent dépressif, que ses symptômes s'expriment plus sur le mode somatique, que le ralentissement psychomoteur est plus important. A l'inverse, moins il y a d'inhibition psychomotrice, plus c'est « dans la tête », plus il y a de dépression dans l'histoire de la personne, moins il y a de chances de réussite. C'est dire l'importance du facteur temporel. Plus on est dans un contexte de *crise* dépressive, plus les antidépresseurs ont de chance d'efficacité, d'où l'insistance avec laquelle le D.S.M. IV traque la rupture biographique pour ouvrir la voie aux médicaments.

Les antidépresseurs sont efficaces, nul ne le conteste... sauf les sciences exactes. Les chiffres sont décidément bien gênants. Celui par exemple qui évalue l'importance de l'effet placebo dans l'action des antidépresseurs. Selon des rapports peu contestables,[1] il intervient pour au moins 30 % de leur efficacité. Cela pour les plus constamment efficaces, à savoir les tricycliques et les I.M.A.O. Quant aux I.S.R.S., l'effet y est sans doute bien plus important.

Des psychologues américains[2] avaient eu le front d'affirmer en 1998 que les effets du Prozac® étaient largement dus à un effet placebo. On s'était gaussé d'eux dans les revues scientifiques. Or voici qu'un article, paru en 2008 dans une revue médicale anglo-saxonne, enfonce de nouveau le clou[3]. Ses auteurs, reprenant toutes les études cliniques sur quatre antidépresseurs de dernière génération, en y incluant les études jamais publiées parce que trop négatives, concluent à l'absence de différence significative d'efficacité entre ces médicaments et les placebos pour toutes les dépressions, sauf les formes extrêmement sévères. Et encore, disent-ils, cette différence n'est pas due à un meilleur effet des antidépresseurs dans ces derniers

[1] Psydoc.france, rapport de décembre 2002.

[2] Kirsch et Sapirstein, cités dans *Courrier International* n° 404, 30.07.1998

[3] *Initial severity and antidepressant benefits : a meta-analysis of data submitted to the Food and Drug Administration*, I. Kirsch and al. *PLoS Medicine* (revue médicale sur Internet) février 2008.

cas, mais à une absence d'efficacité des placebos. Il s'agit des formes graves, où le traitement est imposé, sans que le déprimé y mette quoi que ce soit du sien.

Cette étude porte sur les essais cliniques, c'est-à-dire les essais réalisés avant la mise sur le marché. Leurs résultats sont à mettre en parallèle avec le verdict de la dure loi du marché, dont les chiffres sont assez parlants pour qu'on s'y arrête un peu. Un rapport rendu public en septembre 2004 signalait que, si la consommation des psychotropes ne cessait d'augmenter en France,[1] et que si elle reposait surtout sur les somnifères et les antidépresseurs, la consommation du plus ancien des nouveaux, le Prozac®, avait chuté de 30 % (le faisant passer de la 42° à la 71° place des médicaments les plus prescrits, toutes catégories confondues) tandis que celle d'un des plus récents, le Deroxat®, avait augmenté[2].

Les chiffres provenant de la même source en 2006 nuancent les idées toutes faites et précisent la tendance. Ils comparent l'évolution de la consommation des antidépresseurs entre 2004 et 2005. Si on examine leur place parmi les 100 médicaments les plus utilisés en France pendant cette période, on remarque que le Prozac® est passé de la 55° à la 82° place en coût, avec une baisse de 25%, et qu'il a disparu de la liste en quantité de boîtes vendues. Le Deroxat® est passé de la 18° à la 53° place en coût (baisse de 38%) et de la 24° à la 69° place en quantité d'unités. Le Zoloft® passe de la 41° à la 47° place en coût. Seul l'Effexor® se maintient. S'il passe en coût de la 33° à la 34° place, c'est parce que des médicaments d'autre indication sont passés devant, puisqu'en terme de coût il progresse de 10% et, en quantités vendues, de 8%.

D'une façon générale, contrairement à tout ce qu'affirment les médias, la consommation des psychostimu-

[1] Et partout en Occident. C'est l'antienne de tous les rapports officiels et ce qui réjouit les industriels de la pharmacie et leurs actionnaires : leur chiffre d'affaires a été multiplié par sept entre 1980 et 2001.

[2] Rapport de la Caisse Nationale d'Assurance Maladie sur les ventes de médicaments en 2003 et 2004. Cette source est fiable, les antidépresseurs n'étant délivrés que sur ordonnance. Précisons qu'il s'agit des quantités prescrites et achetées, et non des quantités consommées, qui seraient, selon les enquêtes, inférieures de moitié.

lants, dont font partie les antidépresseurs, baisse de 4% en coût et de 2% en termes d'unités vendues, entre 2004 et 2005, et respectivement de 5,9% et de 2,1% entre 2005 et 2006. Seuls les plus récents échappent à cette tendance. Ainsi se confirme l'attrait de la nouveauté puisque l'ancienneté des quatre antidépresseurs est, dans l'ordre où je les ai cités, de 17, 10, 9 et 8 ans, d'autant que les deux plus anciens sont, comme par hasard, les antidépresseurs désormais génériqués.

Quand on connaît le soin qu'apportent les laboratoires au choix du nom et du conditionnement, et l'importance qu'ils donnent - sans le dire - à l'effet placebo, on comprend mieux que les antidépresseurs perdent une bonne partie de leur efficacité en se réduisant à leur identité chimique.[1] Souligner l'importance de l'effet placebo ne revient pas à nier l'efficacité d'un médicament, mais à signaler que, si celle-ci est avérée, elle indique que des effets chimiques – vérité élémentaire : s'il y a un résultat clinique, c'est qu'il y a un processus chimique - sont obtenus par des facteurs non-chimiques. Or les paramètres qui interfèrent dans la chimie du cerveau sont nombreux tout au long du parcours de l'antidépresseur.

Le patient n'absorbe pas seulement ce que les chimistes ont fabriqué. La pression de l'environnement social, le discours médiatique, les informations sur les médicaments pèsent sur une rencontre qu'on continue de dire singulière entre le médecin et son patient. La consultation est le lieu d'une négociation. Au médecin, le consultant montre de la médecine, plaintes somatiques, fatigue, insomnie, angoisses, c'est-à-dire des symptômes cibles des antidépresseurs, insistant sur les causes objectives de son état - charge de travail, soucis personnels. Il en fait du réactionnel et du compréhensible, recherche de rationalité accordée au discours ambiant sur le mal-être. Le médecin doit amener le patient sur ses croyances, celles que les visiteurs médicaux et la formation médicale continue lui ont inculquées, pour aboutir à

---

[1] Le générique prend le nom du médicament dans la dénomination chimique internationale. Ixel® n'évoque-t-il pas à l'oreille le XL des vêtements ? Pour faire sortir de la mauvaise estime de soi ? On peut gager que « milnacipran », sous lequel il sera génériqué, aura moins d'effet, et que les fabricants se hâteront de sortir une nouvelle présentation pour pouvoir lui donner un nom plus efficace.

la prescription d'antidépresseurs, sa fonction étant de prescrire et de guérir. En même temps qu'un diagnostic et une prescription, le patient reçoit une définition de son état. Le diagnostic « *Vous êtes déprimé* », l'ordonnance «*je vous prescris des antidépresseurs* » et éventuellement l'arrêt de travail lui octroient un statut social certifié.

« *Je veux du prozac* » dira même tel patient, pour mieux authentifier son statut de malade. Quitte à prendre des antidépresseurs, autant qu'ils soient connus de tous pour être considéré comme un dépressif vraiment malade, et pour que ça soigne vraiment. Les spécialistes du marketing et les publicitaires savent que la plus grande victoire d'un produit est que son nom de marque s'impose comme nom commun, le frigidaire, le kleenex, etc. au lieu de réfrigérateur, mouchoir en papier. Avec le risque qu'on veuille un jour acheter un prozac Deroxat® comme on achète un frigidaire Arthur Martin® ou Miele®.

Ces facteurs brouillent les prévisions faites sur le papier, qu'on les nomme placebo, impondérables ou tout simplement le facteur *humain.* Les praticiens confirment ce que suggèrent les statistiques de l'assurance maladie : l'efficacité des nouveaux antidépresseurs tend à s'émousser avec le temps – alors que sans doute ils continuent de produire leur action dans la synapse[1]- mettant l'industrie pharmaceutique dans la nécessité de toujours produire du nouveau ou, au moins, de renouveler le nom et la présentation. Le « *vient de sortir* » a toujours son effet, du moins à court terme. Amélioration des performances, effet de mode, efficacité du marketing, mutation des neurones dépressifs ?[2]

Les médecins tentent d'attribuer ces performances décevantes des antidépresseurs de dernière génération aux patients et aux mauvais prescripteurs. Les enquêtes s'accordent sur un

---

[1] À moins que… voilà qui serait intéressant à explorer.

[2] A ma surprise, des cancérologues font le même constat. D. Belpomme, le professeur de médecine à l'origine du « plan Chirac » de 2003 contre le cancer, dit aujourd'hui : « *Ce plan est un échec complet.* […] *On est resté dans l'ancien paradigme qui est la recherche de nouveaux médicaments, alors que ceux-ci s'avèrent de moins en moins efficaces et de plus en plus coûteux* ». (Interview à *TGV magazine*, mai 2008)

taux d'observance de 50 %, c'est-à-dire que seulement la moitié des patients prennent effectivement les médicaments prescrits[1]. Comme si, pour la moitié d'entre eux, le papier avec sa valeur de certification, et la place ainsi définie, importaient plus que les prétentions de la médecine à les guérir.

Le cri d'alarme de l'I.N.S.E.R.M. est encore plus déchirant. Le rapport consultable sur Psydoc.france évalue à seulement 5 % le nombre de dépressifs correctement traités : en effet un tiers seulement consultent, dont un tiers seulement se voient prescrire des antidépresseurs[2] et dont seulement la moitié les prennent. Résultat : « *seulement 5 % des dépressifs reçoivent une prise en charge médicale correcte de leur dépression. Ce chiffre est alarmant* ».

Si le discours médical destiné au public fait preuve d'une telle obstination à prescrire les antidépresseurs, d'une telle *foi* en leur efficacité, il importe de le mettre en regard de ce qu'affirment la plupart des études : 30 % des dépressions majeures résistent aux antidépresseurs et 30 à 50 % des dépressions traitées et guéries rechutent dans les quatre cinq mois suivant l'arrêt du traitement antidépresseur. Ces derniers pourcentages proviennent d'une source officielle[3] et sont donc *a priori* peu sujets à caution. Le document de Psydoc-france cité plus haut estime, d'après plusieurs études, qu'environ 15 à 20 % des patients évoluent vers la chronicisation : ils conservent des symptômes de la série dépressive, avec un retentissement repérable sur les plans relationnel, social, professionnel, donc sur la qualité de leur vie.

La présentation du problème dans une publication destinée aux médecins généralistes donne une idée de la confusion engendrée par les évolutions récentes de la dépression.[4] Après avoir affirmé que l'E.D.M. (état dépressif majeur) est sponta-

---

[1] Site Psydoc.france déjà cité.

[2] H. Loo au Congrès de l'Encéphale, Paris, 2003 : « *la moitié des malades ne sont pas traités* » car, même déprimés, ils se voient prescrire des anxiolytiques ou des antidépresseurs à doses insuffisantes.

[3] A.N.D.E.M. (Agence Nationale pour le Développement de l'Évaluation Médicale)

[4] *La dépression un problème majeur de santé publique*, Le journal des Médecins libéraux P.A.C.A., septembre 2005.

nément réversible et curable en six à huit mois dans 50 % des cas, l'auteur de l'article voit la preuve de l'efficacité des traitements dans le fait que la guérison soit obtenue en quatre à six mois. Il ajoute cependant que 50 % des E.D.M. récidivent dans les deux ans, dont 20 % passent à la chronicité et 20 % ne connaissent qu'une rémission partielle. Ce qui relativise grandement l'efficacité proclamée des traitements médicaux – puisqu'on comprend, à la lecture de ce document, que les antidépresseurs guérissent les E.D.M. qui auraient guéri spontanément et n'empêchent pas les autres de récidiver dans les deux ans…

Non seulement ces « bons » antidépresseurs deviennent moins efficaces, mais ils deviennent aussi moins anodins. Il est désormais question d'effets secondaires précoces des I.S.R.S. et même d'une certaine dépendance psychologique.[1]

Le triomphalisme du discours médical sur les antidépresseurs, déjà tempéré par ces faits, trouve d'autres limites dans certains cas particuliers : au premier rang des dépressifs chez qui la chimiothérapie n'a manifestement pas la même efficacité, on trouve les enfants et les adolescents.

La tentation est grande de faire bénéficier les enfants des traitements antidépresseurs, mais la majorité des psychiatres d'enfants s'accordent sur la modestie des résultats qu'on peut en attendre. Là aussi s'est produit un effet offre demande qui, sur l'existence d'un médicament calmant les enfants dits hyperactifs, la Ritaline®, et sur la foi de son efficacité, a fait fleurir le diagnostic d'enfants hyperkinétiques, avec le risque de rester sourd à ce que ce comportement traduit.

Quant aux adolescents, ils traversent par définition une phase où les affects dépressifs tiennent une place importante. Dans la mesure où ces phénomènes jouent un rôle quasi physiologique dans la dynamique qui débouche sur une prise d'autonomie, on peut s'interroger sur l'intérêt d'utiliser des médicaments. Les antidépresseurs ont même été accusés de favoriser les suicides d'adolescents et les comportements violents, au point qu'un nombre croissant de pays en ont interdit la prescription aux moins de 18 ans. Aux États-Unis, la très écoutée

[1] Voir le chapitre 2.

F.D.A. (*Food and Drug Administration*) a lancé un avertissement sur l'accroissement du risque suicidaire lié à la prescription d'antidépresseurs chez les adolescents. Plusieurs facteurs expliquent ce danger. On peut logiquement craindre les effets désinhibiteurs de médicaments à un âge où les pulsions sont mal contrôlées. On peut aussi comprendre que, quand il y a un tel besoin d'accompagnement attentif et de présence humaine, l'adolescent perçoive la prescription comme un geste de facilité, voire un refus de l'entendre, ou une façon de se décharger de lui. Il pourra même s'étonner qu'on lui propose des psychotropes légaux alors qu'on lui interdit les autres.

Les antidépresseurs ont surtout leur place dans des situations venant en rupture dans la continuité biographique. Or les enfants comme les adolescents sont dans des moments de forte construction de leur histoire. Pour toutes ces raisons, l'indication des antidépresseurs dans les dépressions des adolescents est très discutée. Un spécialiste rappelle cette prudence nécessaire, tout en affirmant que dans 5 à 10 % des cas de dépression caractérisée l'indication garde son utilité[1]. On retiendra la modicité du chiffre.

A l'autre extrémité de la vie, l'utilisation des antidépresseurs est parfois délicate. Ils peuvent être mal tolérés et entraîner des troubles secondaires peu souhaitables. Leur efficacité y est moins constante que chez l'adulte plus jeune. La question que posent ces troubles, au-delà du problème chimiothérapique, est en effet celui de leur signification. La dépression des personnes âgées est une vraie spécialité des sociétés occidentales et on ne peut pas ne pas la mettre en rapport avec le changement de statut des personnes âgées dans notre société, le premier de ces changements étant que la rareté d'autrefois – le grand âge - y est devenue chose commune.

En même temps qu'elle dessaisissait les psychiatres d'une bonne partie des dépressions, tombée dans le champ de la médecine générale, l'utilisation extensive des antidépresseurs de dernière génération leur a ouvert des opportunités inattendues.

---

[1] Ph. Jeammet dans *Libération*, 14.12.2004.

Elle a fait apparaître des indications hors de la sphère dépressive, comme dans les troubles obsessivo-compulsionnels (couramment appelés T.O.C. maintenant), classiquement si rétifs à tout traitement, les attaques de panique, l'énurésie (incontinence urinaire de l'enfant), les douleurs chroniques. Par un mécanisme d'offre et de demande que nous avons déjà rencontré, l'existence d'une offre thérapeutique, pour les T.O.C. par exemple, a fait sortir cette entité au grand jour, avec des effets de mode pas toujours faciles à démêler d'effets de marketing.

Leur utilisation dans les phobies sociales, comme la timidité ou les crises d'anxiété, repose sans doute sur un effet désinhibiteur qui se renverse parfois en facilitateur d'impulsions violentes. Plus profondément, elle laisse supposer des liens entre ces difficultés et la dépression. Les attaques de panique sont peut-être un concentré fulgurant de dépression instantanée. Les phobies sociales participent du même trouble intime que la dépression quant à l'estime de soi et à l'exposition du désir.

La banalisation de la prescription des antidépresseurs a redonné la main au psychiatre sur des pathologies dont le médecin généraliste ou les autres spécialistes ne peuvent venir à bout. On retrouve les dépressions dites masquées, qui se manifestent par des symptômes corporels : douleurs (céphalées et autres), insomnies (surtout du petit matin), manifestations de la sphère digestive avec généralement une aggravation matinale des symptômes, problèmes cutanés comme les démangeaisons, etc.[1] Les examens médicaux restent négatifs et les antidépresseurs sont efficaces. Retombée intéressante pour le psychiatre : à utiliser ainsi les antidépresseurs, en dehors du cadre strict de sa spécialité, et à apparaître là où l'efficacité médicale trouve sa limite, comme dans les douleurs chroniques, il a gagné auprès des médecins une crédibilité qui lui faisait bien défaut.

Bien entendu, le psychiatre garde la main sur les dépressions majeures graves et les accès de la psychose maniaco-dépressive, qui nécessitent une hospitalisation, des antidépresseurs de 1° ou 2° génération et éventuellement les électrochocs.

---

[1] Voir le chapitre 5.

« Quelle place donner aux médicaments dans la dépression ? »

« …celle d'un allié. »

C'est à la lumière de cette alliance que se résout la question souvent posée de la complémentarité entre le psychothérapeute – dont le travail vise à relancer la chimie interne - et le psychiatre – qui supplée à sa défaillance par l'apport d'une chimie externe, tant que cela est nécessaire. Le lien ambivalent que tout dépressif entretient avec sa dépression l'amène parfois à tenter de jouer l'un contre l'autre ou à disqualifier l'un par l'autre.

Un allié apporte le secours de ses propres forces, dans leur limite – utiles dans la dépression critique, fort peu dans la dépression durable. L'accord peut être dénoncé si l'alliance ne tient pas ses promesses ou si l'allié devient encombrant. D'autres alliés peuvent avoir leur utilité à certains moments : des anxiolytiques (tranquillisants) dans les premiers temps pour apaiser l'angoisse, si elle est paralysante, et patienter jusqu'aux premiers effets des antidépresseurs, des somnifères si l'insomnie est épuisante, mais jamais plus longtemps que le nécessaire[1].

Les antidépresseurs sont un allié objectif, par la vertu de leurs propriétés chimiques, mais aussi un allié subjectif, par ce que le déprimé y projette et en attend. C'est là que prend sa place l'effet placebo – mot à mot : *je plairai* - sur lequel le patient s'appuie pour mobiliser ses propres ressources. C'est là aussi que se situe une alternative cruciale : donne-t-on à l'allié les pleins pouvoirs pour qu'il règle le problème en l'effaçant, sans s'impliquer ni s'interroger sur ce qui a rendu la crise inévitable ? Ou bien, au contraire, lui demande-t-on de soulager la souffrance, le temps de respirer, et de se reprendre ? Se sert-on de lui pour ne pas avoir à changer ou pour changer?

Or, les antidépresseurs sont de plus en plus utilisés, non pour soigner et rendre autonomes, mais pour pallier l'absence ou la disparition de « quelque chose » qui devait avoir un effet

[1] Il est d'autres alliés, comme l'homéopathie ou la phytothérapie, dont mon expérience dans le cadre de la dépression ne me permet pas de parler.

antidépresseur. C'est parce qu'on leur fait jouer le rôle d'un traitement substitutif ou palliatif, comme l'insuline pour le diabétique, qu'ils entraînent de plus en plus de dépendance, avec non seulement des problèmes à l'arrêt, mais une réticence croissante des patients à arrêter leur traitement. Le document de synthèse présenté sur le site de l'Inserm, plusieurs fois cité jusqu'ici, n'affirme-t-il pas que « *les antidépresseurs ont un effet suspensif et non curatif* ».

J'avais émis, il y a quelques années, une hypothèse sur d'éventuels auto-antidépresseurs,[1] provoquant à l'époque des remarques sarcastiques de l'unique revue médicale qui en avait rendu compte. Mais voilà que des chercheurs en neurosciences lui donnent corps. Dans une mise au point sur la biologie de la dépression, un psychiatre rapporte qu'on a isolé une protéine dont la sécrétion est augmentée par les médicaments antidépresseurs[2]. Cette protéine est un facteur neurotrophique : elle a la propriété étonnante de stimuler la neurogenèse, c'est-à-dire la formation de nouveaux neurones, et de réparer les neurones défectueux. L'action des antidépresseurs serait liée à la sécrétion de cet antidépresseur naturel, qui favoriserait l'apparition de nouveaux neurones dans les zones cérébrales dont la population s'est raréfiée en cas de dépression.[3]

L'hypothèse d'un auto-antidépresseur s'accorde avec plusieurs faits cliniques. Si les antidépresseurs d'apport extérieur aident à refrabriquer des antidépresseurs endogènes, on comprend qu'il faille un certain temps, deux à trois semaines, pour que l'effet s'en fasse sentir. On comprend aussi qu'ils n'y parviennent pas toujours, d'où un effet suspensif et non curatif, quand ils n'ont pas l'effet inverse de désamorcer complètement la chaîne de fabrication. Le patient se trouve de ce fait à la merci d'une récidive dès leur arrêt. On explique maintenant le

---

[1] L. Tenenbaum, *La bascule des mal aimés*, Le Souffle d'Or, 1994.

[2] R. de Beaurepaire, *Biologie de la dépression,* Pfizer, 2004. La protéine est le *brain derived neurotrophic factor* ou B.D.N.F.

[3] Il s'agit de certaines parties des circuits limbiques (voir le chapitre 19). On remarquera que ces faits contredisent l'affirmation jusque-là tenue pour intangible que le nombre des neurones est donné une fois pour toutes à la naissance.

maintien de l'état dépressif par l'incapacité du corps à fabriquer ses propres antidépresseurs.[1]

Le travail psychothérapique permet d'observer des faits qui vont dans le même sens. Il arrive qu'une personne, sous antidépresseurs depuis un certain temps, présente des effets secondaires, comme en début de traitement. C'est signe qu'elle est vraisemblablement surdosée en médicaments, comme si, aux antidépresseurs qu'elle prend par voie externe, venaient s'ajouter ceux qu'elle se mettrait à fabriquer par l'effet de la thérapie. Le psychothérapeute lui conseille alors de retourner vers son médecin prescripteur pour un réajustement, qui va généralement dans le sens d'une baisse, voire d'un arrêt du traitement.

De tels faits viennent quelque peu brouiller la pensée unique sur l'origine chimique de la dépression, en tout cas dans les termes simplistes dans lesquels on la présente actuellement[2]. Comme il serait simpliste d'affirmer que la chimie n'a rien à y voir. On trouve pourtant encore de telles positions, plus dogmatiques ou idéologiques que scientifiquement justifiées, non seulement dans le milieu médical, mais également dans le cadre de la psychothérapie. Parfois, c'est le fait du consultant, qui voudrait situer sa démarche « contre les médicaments », contre la médecine « officielle », etc. et y entraîner son thérapeute. Parfois, la position est celle du thérapeute qui croit qu'à s'allier aux médicaments il dévoie la noblesse de son art, et qui est prêt à excommunier son consultant s'il y recourt.

L'un comme l'autre doivent se souvenir que la chimie extérieure vise à remettre en mouvement la chimie intérieure et que c'est par là que se légitime la place des antidépresseurs dans la dépression.

---

[1] R. de Beaurepaire, *Biologie de la dépression,* Pfizer, 2004. Oserai-je une analogie géopolitique entre les dépressifs du Nord et les paysans du Sud ? Combien de pays du Sud, submergés par les excédents céréaliers que les pays du Nord y déversent à bas prix, voient leurs paysans ruinés, réduits au chômage, et deviennent de ce fait dépendants de l'aide extérieure, qui partait pourtant d'une bonne intention.

[2] Voir le chapitre 19.

CHAPITRE 8

LA DÉPRESSION ET LES GÈNES

Oui, la fatigue de vivre peut se transmettre entre générations, sans qu'on sache toujours si c'est par hérédité, par héritage ou par fidélité.

Une forme de dépression répond vraisemblablement à une prédisposition génétique : la forme dite *bipolaire*, dont l'expression clinique la plus avérée est la psychose maniaco-dépressive (P.M.D.)[1].

La P.M.D. se manifeste par des accès psychotiques, c'est-à-dire de rupture avec la réalité, qui sont de nature très contrastée. Quand la personne maniaco-dépressive est en accès *maniaque*, elle ressent une euphorie extrême, elle est excitée, infatigable, prête à tous les excès, persuadée qu'il n'y a pour elle rien d'impossible – et souvent en proie à une mégalomanie délirante. Les troubles de la conduite et du comportement social sont tels que l'hospitalisation, le plus souvent par contrainte, est généralement nécessaire ainsi que le traitement neuroleptique[2]. Quand elle entre dans un accès *mélancolique*, elle sombre dans une tristesse profonde, elle est prostrée, indifférente à tout en même temps qu'elle souffre atrocement. Les idées de culpabilité peuvent aller jusqu'au délire d'autoaccusation. La mélancolie comporte un tel potentiel de mort, que ce soit par suicide ou par inanition, que la réponse thérapeutique repose nécessairement

[1] Je continue par commodité d'appeler ainsi ce qu'on s'accorde actuellement à désigner comme trouble bipolaire.

[2] Les neuroleptiques sont les médicaments spécifiques des troubles psychotiques.

sur la chimiothérapie,[1] voire sur les électrochocs, là aussi dans le cadre d'une hospitalisation sans consentement.[2]

La nature particulière de la P.M.D. apparaît dans le fait que, contrairement aux autres formes de dépression, il existe pour elle un traitement préventif des accès : le lithium. Délicat à manier car requérant une surveillance régulière de son taux sanguin, de façon à rester au-dessus du seuil d'efficacité et au-dessous du seuil de toxicité, il a une indéniable action préventive au long cours dans les formes bipolaires. Il a contribué de façon significative à diminuer le risque du suicide et la fréquence des hospitalisations dans cette affection.

Beaucoup de personnes sont décrites comme cyclothymiques : leur humeur décrit des cycles qui, sans aller jusqu'aux extrêmes de la manie ou de la mélancolie, font alterner de façon assez nette des périodes de climat dépressif et d'autres de climat plutôt euphorique. Ces renversements toujours surprenants chez une même personne à quelques jours d'intervalle manifestent peut-être de façon plus discrète la prédisposition héréditaire qui éclate ailleurs dans les grands accès.

La composante génétique semble maintenant admise dans les formes bipolaires et tend à en faire une entité distincte des autres états dépressifs. Une découverte récente va dans le même sens : un gène mutant serait en cause dans la résistance de certaines dépressions à l'action des antidépresseurs[3], sauf en cas de P.M.D. La chimie semble donc en faire également une entité à part. Mais la clinique soulève un doute, car il est un aspect qui rapproche de façon inattendue la bipolaire de la dépression *durable* : le caractère double face. La P.M.D. a la caractéristique de se manifester par des accès cliniquement oppo-

---

[1] Le terme de *chimiothérapie* désigne tout traitement par les médicaments, c'est-à-dire par la chimie. Le langage commun le limite souvent au traitement anticancéreux.

[2] L'hospitalisation sans consentement, dite hospitalisation à la demande d'un tiers (H.D.T.), est strictement encadrée par la loi, car elle constitue une atteinte à la liberté individuelle. Elle comporte une modalité où l'autorité, administrative ou judiciaire, est à l'initiative de l'hospitalisation (hospitalisation d'office ou H.O.).

[3] Voir le chapitre 13.

sés. Comment ne pas en rapprocher la dépression *durable* et le double visage qu'elle présente, chez la même personne, et qu'on découvre toujours en entrant dans l'intimité de son fonctionnement. Peut-être toute dépression est-elle bipolaire si on cherche bien l'autre pôle. Pour la psychose maniaco-dépressive, il se situe dans la succession temporelle des accès, pour le dépressif durable, dans sa géographie intime[1]. Il reste cependant, dans ce rapprochement, deux différences importantes. Clinique d'une part : chez le dépressif durable, le visage brillant reste toujours caché derrière le visage sombre. Chimiothérapique d'autre part : chez le maniaco-dépressif les médicaments sont les bienvenus, tandis que chez le dépressif *durable*, ils ne sont pas d'une grande utilité.

Les positions tranchées sont difficiles à tenir, parce qu'il n'est pas toujours facile de distinguer ce qui revient à l'hérédité de ce qui revient à l'héritage, ni ce qui vient de l'héritage de ce qui relève de la fidélité.

Si la dépression parle d'une souffrance si intimement liée à un défaut de portage, ou à une perte de portage, comment la façon dont on a été porté, d'abord dans le ventre maternel, puis dans les bras des parents, n'aurait-elle pas une grande… portée[2] ? Quand on a eu des parents dépressifs, c'est-à-dire habités eux-mêmes par des parents intérieurs absents ou démissionnaires, ne va-t-on pas reprendre les mêmes modèles parentaux ? Et jusqu'à quand cela va-t-il durer ? Ce n'est pas que d'autres modèles n'existent pas, mais tout enfant idéalise ses parents en même temps qu'il cherche à les protéger.[3] Les parents nous transmettent leurs gènes, mais aussi, par le quotidien partagé et par tout ce qui se communique sans paroles, leurs …gênes, gêne à grandir, à accepter le vivant, à accueillir le désir au dedans comme au dehors, gêne à vivre à hauteur de sa valeur et de son exigence.

Un jour, pour sortir de la dépression, il faut faire le long et difficile travail de se séparer des parents (intérieurs, intériori-

[1] Voir le chapitre 9.
[2] Voir les chapitres 9 et 20.
[3] Une autre option est celle de l'enfant antidépresseur : voir le chapitre 10.

sés) démissionnaires pour se porter soi-même, et démissionner de la démission. Le dépressif en émerge avec le sentiment, régulièrement exprimé, d'une rupture dans le fil du temps. « *Quelque chose commence avec toi* ». Cette phrase résonne chez tous ceux qui viennent en thérapie, mais elle résonne d'une façon particulière chez ces êtres, les dépressifs, qui se sont trouvés en difficulté avec leur moteur, avec le moteur qui pousse les humains depuis leur émergence à aller plus loin, à se séparer, à innover.

Ils se sentent entrer dans un nouvel espace de vie, souvent avec l'exaltation et la solennité des découvreurs de terres inconnues. Reconnaître sa souffrance comme telle et vouloir en sortir quel que soit son statut social, c'est se montrer infidèle à ses ascendants, qui ne se sont jamais permis de vivre pleinement et qui ont accepté comme mal nécessaire le carcan des jugements, des regards sociaux et la résignation devant la souffrance intime. C'est rompre avec les parents et les antécédents familiaux. C'est vouloir *« ne pas reproduire avec mes enfants ce que j'ai moi-même vécu, ce dont j'ai souffert de la part de mes parents* ». Jusqu'à vouloir s'affranchir de toute dette en amont, de toute autorité en aval. Jusqu'à ne plus vouloir être seulement le passeur de vie, qui lui permet de transiter d'une génération à l'autre, mais proclamer que le passeur est aussi important que son passager. Ne nous dit-elle pas, la nouvelle mort, « *un jour quelque chose finira avec toi* » ? [1]

Mais dans ce long et douloureux chemin d'affranchissement, un jour on retrouve l'amour et la compassion et on découvre, ou on redécouvre, que les générations qui nous ont précédés ont été actives dans le processus de mutation. Chacune, depuis des siècles, y a apporté sa contribution. Ce qui vient nuancer le cri de défi du *quelque chose commence avec moi.* Quand nous pensons rompre avec l'héritage de nos parents, nous nous plaçons dans le fil d'un long processus. En étant infidèles à ce qu'ils nous ont montré d'eux et à leur peur d'aller plus loin, nous sommes fidèles au germe qu'ils ont porté et instillé en nous. Notre découverte devient une revanche sur la mutilation de leurs vies.

---

[1] Voir le chapitre 14, pour ce qui est de la « nouvelle mort ».

Quelques exemples contemporains montrent comment les générations qui nous précèdent ont tu leur souffrance en espérant un jour s'en affranchir. Voici un homme, rencontré en Chine, dont le prénom[1] est constitué des caractères « *respectueux* » (sous-entendu « *à l'égard des parents et des ancêtres* ») et « *s'envoler* ». Il lui était dévolu, peut-être en prenant son envol dans la modernité, de réaliser ce que ses propres parents n'avaient eux-mêmes pas pu faire, par trop grand respect des lignées. Mais que lui était-il demandé de respecter : l'enseignement explicite reçu de ses parents ou leur vœu secret ? Mission impossible - et qu'il ressentait comme telle.

Un film du cinéaste sino-américain Wayne Wang, « *The joy luck club* » (1993), réunit trois générations de femmes : les grands-mères qui sont restées en Chine, les mères qui ont émigré aux États-Unis, les filles, nées américaines, qui revendiquent leur émancipation et leur droit à s'occuper d'elles pour se sentir bien. C'est à l'une d'elles que sa mère dit « *ça ne commence pas avec toi* », lui faisant comprendre que le mouvement qui aboutit à sa liberté prend sa source dans la souffrance des grands-mères.

Notre temps procède à de cruelles expériences. Il fait sortir des hommes de leur condition ancienne pour les y faire retourner brutalement. Et dans ce retour, qui télescope sans ménagement le temps de la résignation avec celui du droit au bonheur, la souffrance liée à l'ancien, mais qui ne pouvait s'y dire, s'exprime de façon parfois dramatique, surtout pour les femmes. Depuis quelques années, c'est dans la Chine rurale que le taux de suicide des femmes est le plus élevé du monde. Des observateurs le mettent en rapport avec le retour, après cinquante ans de communisme, des traditions les plus anciennes quant au statut de la femme et en particulier au système des mariages arrangés. L'actualité[2] parle des femmes afghanes qui après quelques années d'exil forcé dans les camps de réfugiés en Iran, où les structures claniques étaient bouleversées, retrouvent leur milieu d'origine et la coutume. Les médecins sont frappés

---

[1] Les deux caractères du prénom sont choisis par les parents en fonction des vœux qu'ils forment pour le nouveau-né.

[2] *Envoyé spécial*, chaîne de télévision A2, 07.10.2004.

par le grand nombre de femmes (300 en deux ans) qui meurent de brûlures graves apparemment accidentelles. Il ressort des témoignages des survivantes que ces brûlures sont tout sauf accidentelles – dans une culture qui proscrit le suicide – et que retrouver les anciennes mœurs familiales et conjugales après l'exil est devenu insupportable.

CHAPITRE 9

SENTIMENT DE CULPABILITÉ ET MÉSESTIME DE SOI DANS LA DÉPRESSION

La culpabilité et la mésestime de soi ne sont pas synonymes de dépression, mais elles l'accompagnent toujours, et infatigablement, au point même que la dépression durable repose en bonne partie sur elles et sur l'étrange roman à double face qu'elles bâtissent.

La question est soulevée par une des nombreuses personnes qui, tout en se formant à la psychothérapie, sait comme elle peine à s'estimer et avec quelle facilité elle se sent coupable. Pour vivre depuis longtemps avec ces deux compagnons de route, est-elle en dépression, même rampante ?

Culpabilité et mésestime de soi sont présentes dans les états dépressifs majeurs (dépression *critique*), mais elles y sont comme noyées dans la souffrance immédiate et l'inhibition psychomotrice. Il faut aller les chercher car elles nourrissent l'intention suicidaire – à moins qu'elles n'en soient les produits. Dans la dépression *durable,* elles sont au premier plan. Il est d'autant plus nécessaire de les aborder qu'elles expliquent en partie la résistance de la dépression durable au changement et que leur fonctionnement immobilise une énergie considérable.

Au psychologique, la culpabilité n'est pas, comme au pénal, d'avoir fauté, mais de le croire. L'âme souffre plus de ce que l'esprit lui fait croire que des faits eux-mêmes. Pour être rigoureux, il faudrait toujours dire le sentiment pathologique de culpabilité ou le complexe de culpabilité, c'est-à-dire l'ensemble des processus mentaux organisés autour de la culpabilité.

L'image qui vient le plus communément pour en parler est celle du tribunal. Climat kafkaïen à fleur de conscience : un tribunal, où sans répit siègent les juges, hante l'imaginaire des dépressifs. L'avocat général accuse le prévenu qui perçoit derrière lui la foule confuse des jurés et du public, tous aussi mal disposés à son égard. Ni la loi, ni l'infraction, ni l'accusation ne sont clairement énoncées. Il ne se présente aucun avocat de la défense ni aucun témoin à décharge, qui ne soit aussitôt désavoué – chose surprenante - par le prévenu lui-même. Si le verdict a été prononcé, il n'en reste aucune trace. L'accusation est parfois si incisive qu'elle est entendue de façon hallucinatoire et que l'accusé est tenu d'exécuter la condamnation lui-même[1].

En notre époque de systèmes électroniques automatisés, le sentiment de culpabilité évoque un répondeur téléphonique installé à demeure dans la tête. Chaque fois qu'émerge une pensée aux couleurs de la vie, ou qu'on pose un acte porteur de désir, un double est envoyé au service chargé de maintenir le cap et le répondeur se met automatiquement en marche pour distiller la même scie : « *il n'y a pas de liberté au numéro que vous avez demandé* » assortie d'un message personnalisé, du genre : « *t'as pas le droit - attends que jt'attrape* ». Et dans un réseau intérieur bien organisé, avec ce qu'il faut de mouchards, il n'est même pas nécessaire que les appels parviennent à la conscience pour que le message s'enclenche. Il suffit qu'un message parte d'un émetteur quelconque. De sorte que plus d'une fois on perçoit la rengaine du répondeur sans savoir quel appel l'a provoquée, sans savoir même qu'il y a eu appel.

Parfois l'idée elle-même semble absente et c'est en voyant la personne se comporter itérativement comme un coupable qu'on suppose ses comportements enracinés dans le sentiment de la faute. J'ai évoqués ces coupables masqués plus haut, en parlant des *amants de la veuve*[2]. Combien de crimes la culpabilité n'a-t-elle pas fait commettre, comme moyen ultime de la justifier et, par ce terrible « *je savais bien que je méritais la punition - maintenant je sais de quoi je suis coupable* », enfin

---

[1] On le voit dans les conduites d'autoaccusation de la forme délirante de la mélancolie. Elles amènent en psychiatrie des personnes venues auprès de la police s'accuser de crimes aussi terrifiants qu'imaginaires, en réclamant d'en être punies.

[2] Voir le chapitre 5.

sortir du cauchemar ! Plus d'un est monté sur l'échafaud pour l'apaiser et accorder enfin son intime croyance, clairement ou vaguement consciente, avec la loi énoncée des hommes.

La culpabilité est habile à détourner à son profit les ressources d'intelligence et de créativité de son hôte. Certains s'inventent de fausses personnalités, comme Vlada l'ingénue, une consultante, qui se donne des airs sadiques et pervers, se trouvant ainsi de bonnes raisons de se sentir coupable. Elle ignore que les vrais pervers se caractérisent par l'absence du moindre sentiment de culpabilité. D'autres se parent de costumes d'ignominie, comme Birdy le buveur, autre consultant, dont on ne sait plus s'il se sent coupable de boire ou s'il boit pour justifier son sentiment de culpabilité. Cercle vicieux. D'autres encore, quand leur valeur survit à la négation et aux échecs ou émerge à quelque occasion, la baptisent orgueil et s'en fustigent pour pouvoir continuer de se sentir coupables. On y reviendra.

Pierre, dont la vie est depuis longtemps habitée par la dépression, est hanté par un tribunal permanent. Où qu'il aille, la Cour est là, siégeant sans désemparer, avec juges, procureur et greffiers. Quand on lui demande où elle s'est installée, il répond sans hésiter : « *sur mon épaule !* ». Comme un ouistiti sur l'épaule d'un joueur de limonaire, c'est souvent là qu'on le retrouve, le sentiment de culpabilité, faisant courber l'échine et mollir les jambes. Chacun décrypte du premier coup d'œil ce langage corporel et se demande de quelle faute cet homme porte le poids.

Un jour, Pierre sent la culpabilité peser sur ses épaules comme la bouteille d'oxygène du plongeur, tout aussi lourde mais indispensable. « *Si je la dépose,* dit-il, *comment pourrai-je respirer ? Moi, c'est pendant les vacances que je peux la déposer... Et mes vacances je dois toujours les passer près de l'eau. Mes angoisses, mes inhibitions, je les sens beaucoup moins...* » S'il faut une bouteille pour survivre à l'air libre, c'est bien sûr dans l'eau qu'on pourra s'en passer. Comme un animal aquatique obligé de vivre à l'air libre. Hasard, cette histoire d'eau ? Au lieu d'oxygène, ladite bouteille contient peut-être un élément liquide. Et qu'en est-il du cordon qui la relie à lui ? Quand dans la suite du travail je suggère à Pierre de vivre la section du cordon, les inquiétudes émergent: « *je risque d'être encore plus flemmard et je ne ferai plus attention aux autres* ». La culpabilité, comme ersatz de cordon, l'assure qu'il y a toujours quelqu'un, ne serait-ce que comme juge ou comme procureur, quelqu'un pour qui l'affaire n'est jamais classée, qu'il y a des règles, même si elles lui restent inconnues. Protection contre la solitude ?

On voit comment le sentiment de culpabilité entretient l'ambiguïté entre l'isolement et la solitude[1]. Le sentiment d'isolement tire sa force du mélange intime qu'il réussit entre la douleur – vraie - de se sentir à l'écart et la conviction que l'autre est toujours là quelque part – puisqu'on en est maintenu éloigné. La culpabilité représente une des façons de s'en recréer la présence fictive. Le sentiment d'isolement, qui dit « *il y a quelqu'un quelque part dont je suis coupé, isolé* » est bien une protection contre la solitude, qui dirait « *il n'y a personne nulle part...* ». Comme le sentiment de persécution, dont la culpabilité est l'image inversée. En sortant de l'isolement on peut entrer dans la solitude, dans un espace personnel dont le propre n'est pas qu'on y soit éloigné des autres, ni qu'on y soit hanté par leur absence, mais qu'on y est proche de soi, avec soi, chez soi, qu'il y ait ou non quelque autre compagnie.

La psychologie des profondeurs, qu'ont bâtie Freud, Jung et leurs disciples, fait du sentiment de culpabilité le stigmate des désirs interdits et refoulés dans l'inconscient, constitutifs de ce qu'elle appelle le complexe d'Œdipe. Elle l'explique par les concepts de surmoi, d'idéal du moi, de moi idéal, d'imagos parentales, de peur de castration. La culpabilité est une valeur sûre en psychanalyse qui voit dans le juge omniprésent le surmoi, image des parents intériorisés avec leurs codes et leurs règles de conduite.

Les valeurs, ou non-valeurs, des parents sont prises par l'enfant comme celles de la normalité et il les fait siennes. Le lien de dépendance et d'amour qui l'attache à eux le rend profondément perméable à tout ce qui en vient. Quand les valeurs parentales enchaînent la personne et continuent de se faire entendre aujourd'hui encore, leur pesanteur témoigne qu'en grandissant la personne n'a pas su ou pas pu s'en affranchir. Quand

---

[1] Voir le chapitre 13.

elle dit pour se justifier « c*'est mon éducation!* » ou « *chez moi on disait comme ça !* », elle manifeste qu'elle n'est pas encore parent d'elle-même, c'est-à-dire adulte, façon pour elle de garder ses parents présents contre toute séparation, tout abandon, toute émancipation. Pour être toujours en risque d'être pris en faute, il faut qu'il y ait un code des valeurs et que quelqu'un l'ait édictée. Double assurance - tant pis si l'on est indigne de l'un comme de l'autre.

Comment vivre, quand le simple fait de s'entendre respirer engendre la culpabilité, comment aller vers l'autre quand on se sent coupable de seulement être vivant ? On construit sa vie en forme de prison, pour obéir à la culpabilité de désirer être en relation et sur toute relation, sur tout plaisir plane l'ombre de l'interdit. Ainsi la culpabilité permet à la personne de maintenir la présence virtuelle d'un censeur putatif et de croire en un système éthique auquel elle se soumet. Elle aide à vivre, jour après jour, quel qu'ait pu être le passé. Elle fonctionne comme une automédication, en installant un système protégé de relations avec soi et avec les autres. [1] Protégé de quoi ? Sans doute de la bascule dans un puits d'expériences angoissantes, comme celles

---

[1] A l'autre extrémité de l'éventail des romans de culpabilité, celle-ci devient une accusatrice extérieure qui infiltre tout le réseau relationnel. « Comment me protéger des autres, qui me croient coupable, moi l'innocence faite homme, et qui ne cessent de me persécuter, sans que je puisse me faire entendre ? » pense cet assiégé. Il bâtit sa vie en blockhaus pour verrouiller toutes ses relations et tout regard porté sur lui le souille d'un soupçon dont il doit se défendre. Malheur à celui qui ferait naître un désir au sein du blockhaus. Le danger ne pouvant venir pour tout assiégé que de l'extérieur, il s'opère un double mouvement d'inversion. Faire basculer hors de lui l'émoi dangereux et accuser l'autre d'en être le siège. Et, pour plus de sûreté, le transformer en menace : ce désir ne vient pas de moi et ça n'est pas de l'amour, nous fait savoir l'occupant du blockhaus. Il pourrait ajouter : « *tout le bien qu'on me veut, c'est du mal* ». La culpabilité projetée sur l'image du monde maintient la présence virtuelle de justiciers injustes et d'un système éthique dont il se défend en le diabolisant. On aura reconnu le tableau de la projection, de la persécution, de l'organisation psychotique. J'en parle pour montrer que la culpabilité peut mener aux frontières où le monde de la dépression côtoie celui de la psychose. La souffrance dépressive peut se protéger sous une organisation défensive psychotique. Ainsi, parfois, en sortant d'une organisation psychotique, on peut découvrir la dépression qu'elle masquait.

de la liberté, de l'amour partagé, de l'orgasme ou de la solitude, pour en citer quelques-unes que met à jour le processus thérapeutique. Quand on s'approche trop près de ce puits, ou qu'on s'engage dans une voie qui pourrait y mener, l'alarme automatique se met en marche et le procureur un temps assoupi se réveille... « pour le bien » de la personne.

La fonction est respectable tant qu'elle est plus structurante que mutilante. Les circonstances paradoxales déjà évoquées[1] viennent chahuter la « tranquillité » dépressive en réveillant des germes de vie enfouis, protégés sous des couches de culpabilité. C'est la rencontre amoureuse qui fait vibrer l'être de chair et de désir jusqu'à fissurer l'édifice protecteur. C'est la proposition de prendre aujourd'hui et au grand jour une responsabilité entière de sa vie qui ébranle les murs du tribunal. C'est dans tous les cas le risque de sortir dans la lumière.

Si la culpabilité colore l'expérience vécue du dépressif, *l'autodénigrement* imprègne tout son discours[2], enclenchant souvent la thérapie par un « *je n'arrive à rien...Je suis un minable, tout ce que je fais est merdique... Et c'est ma faute. Je fais souffrir les autres, je les entraîne dans mon échec.* »

Paradoxe qu'un fatigué, pour qui tout semble effort, qui dispose de si peu d'allant dans son quotidien, mobilise tant d'énergie obstinée pour déjouer toute infirmation de son credo ! Lui qui, par l'inertie dont il se plaint, confirme chaque jour que le ralentissement psychomoteur reste un symptôme majeur de la dépression dans toutes ses formes, quelle force il met à se dénigrer, disséquant avidement situations et paroles pour en nourrir le sentiment de son infériorité. S'il réussit, c'est par hasard, il n'y a aucun mérite. Si on le loue, il y a erreur sur la personne, il usurpe la place de quelqu'un d'autre. Dieu merci, cela ne va pas durer, son imposture sera vite démasquée. Et si on l'aime, quelle galère! L'autre a intérêt à s'accrocher, à moins qu'il ne décroche très vite. Il ne saurait être aimé, l'autre devra se rendre à l'évidence. Comme l'illusion va bientôt se dissiper, autant en

[1] Voir le chapitre 6.
[2] Culpabilité et autodénigrement sont intimement liés. Je les aborde séparément pour la clarté de l'exposé.

devancer l'échéance et décourager ce pauvre aveugle épris de lui ! Et d'une façon qui lui confirme, en laissant le goût de l'échec, que sa destinée est bien d'être un *loser.* Avec tant de travail, pas étonnant qu'il soit fatigué.

Il lui faut sans relâche organiser son propre échec. Si on n'y prenait garde, on risquerait de réussir : seul celui qui possède les moyens de la réussite peut s'offrir une bonne conduite... d'échec. On met en veilleuse ses capacités, au risque, le jour venu, de ne pas pouvoir les ranimer. On se fait violence, on s'impose un handicap[1]. Comme le dit Jef, un expert en la matière: « *j'ai souvent fait en sorte de réussir moins bien que ce que je pouvais faire* ».

Quelle preuve faudrait-il pour convaincre l'autodénigreur que louange et amour sont bien adressés ? Mais l'attend-il, la preuve ? A le voir récuser chaque confirmation qui se présente, on finit par en douter. Ce qui caractérise cette preuve, ne serait-ce pas qu'elle est, par définition, impossible à administrer ? Elle l'est, parce que s'il la recevait, son système s'écroulerait. Il serait privé du plaisir subtil, tiède et amer, qu'il a à repasser régulièrement une couche de dénigrement sur son autoportrait. Quel sel aurait encore la vie s'il ne pouvait plus dresser les plans de ses échecs, ni retourner le couteau dans la plaie de ses carences et de ses défaillances ? Il faut les voir tomber comme des mouches, ses collègues en dépression, quand leur arrive la tuile innommable, celle qui proclame qu'ils ont réussi, qu'ils ont droit au bonheur.

Plaisir *masochiste* de se complaire à la contemplation de son échec. Voilà lâchés les mots qui fâchent : plaisir, masochiste, complaisance. Aussi choquant que soit pour lui ce terme de plaisir, alors qu'il souffre de vivre ainsi, s'il s'examine en conscience, il ne pourra le récuser. Peut-il qualifier autrement l'émoi intime qu'il ressent à se raconter ainsi ? Peut-il nier que ça grince quelque part quand il imagine de s'en priver tout à fait ?

---

[1] L'autodénigreur se souvient-il, du fond de sa névrose, que le mot *handicap* a d'abord désigné le poids qu'on met aux chevaux plus doués pour égaliser les chances de tous lors d'une course. Notre *loser* serait-il si sûr de gagner qu'il doive s'imposer ce subterfuge ?

Un émoi intime, éprouvé de soi à soi, qui de ce fait traîne des relents de plaisir solitaire. Beaucoup qualifient leur activité intérieure ininterrompue de masturbation intellectuelle. Le mot n'est pas mal choisi. Il rend compte, dans le décalage entre la plainte douloureuse à usage externe et le plaisir morbide à usage interne, de cette accusation, si souvent ressentie et lancée par l'entourage, d'attitude perverse. Elle ne l'est pas au sens d'un plaisir lié à la domination sur autrui. Elle l'est cependant, au vu du guet-apens relationnel que ce décalage et la complaisance dressent pour le partenaire et l'entourage. Et dans lequel se prend le dépressif lui-même, tant qu'il adhère à son propre roman et qu'il n'a pas entrepris son examen de conscience ou… d'inconscient.

Dans l'état aigu, la souffrance est trop massive pour que le plaisir y ait toute sa place, mais dans la dépression *durable,* en revanche, le plaisir joue un rôle essentiel pour faire perdurer l'organisation dépressive. C'est le plaisir attaché à un symptôme, quel qu'il soit, quoi qu'il en coûte, qui le fera le mieux résister au changement. Les psychanalystes parlent de narcissisme et d'auto-érotisme. Le terme est à prendre au sens d'*amour de soi* voire d'*amour de soi à soi*. S'il renvoie au plaisir, qui reste secret en tant que tel, de se dévaloriser tout en sachant par devers soi la grande valeur qu'on a, il parle, au-delà de toute connotation sexuelle, d'amour.

Quand le dépressif au long cours poursuit son examen intime, il découvre un sentiment d'orgueil tout aussi indéniable, qui étonne quand on considère sa proclamation initiale de nullité. Derrière la complaisance masochiste, se dévoile un bloc qu'il ne peut nommer autrement qu'orgueil. Comme si, sur scène, il jouait avec délectation à se traîner dans la boue et que, dans la coulisse, il se gonflait d'orgueil - deux versions du même film, l'une à usage public, l'autre à usage privé. Même quand il rumine, seul dans son coin, sur la faillite de sa vie, il y a place quelque part pour un public imaginaire à qui s'adressent ses complaintes. Quant à la certitude de sa valeur, elle ne peut le gonfler d'orgueil que quand il se sait totalement seul à la contempler, secret qui n'éclate que dans l'espace imaginaire où il déploie ses triomphes et sa célébrité. L'étonnant biface formé par l'association de l'autodénigrement complaisant à usage public, « je suis un minable raté », et de l'orgueil à usage strictement intime, « je suis un héroïque méconnu», je le nomme *masorgueil*.

Ceux qui connaissent notre dépressif le savent orgueilleux. Ils connaissent sa difficulté à accepter l'apprentissage par l'erreur. Qu'une remarque pointe à haute voix ce qu'il ne cesse de se dire et de proclamer à la face du monde, et le voilà profondément ulcéré. La louange lui est suspecte, mais la critique le blesse. Il ne cesse de se vautrer dans de supposées défaillances, mais il tremble de se montrer sujet à l'erreur.

Le masorgueil résulte d'une alchimie dont on peut essayer de reconstituer la chronologie, avec toutes les réserves qu'impose une telle tentative. La première étape est une inversion de valeur qui opère sur le fond, car elle se déroule dans la profondeur de la conscience, autant que sur le fonds, sur la richesse qui gît au sein de chacun. Le sentiment qu'on vaut quelque chose se change en conviction de ne pas mériter l'amour ni même de vivre. Ce qu'il reste quelque part de foi en soi ne peut être que de l'orgueil, un sentiment diabolisé, et qu'on est de ce fait fondé à combattre. Il renforce circulairement le sentiment de la faute et le justifie, permettant de s'offrir en prime les fruits pimentés du plaisir masochiste. Nouveau tour de passe-passe : le manteau de l'autodénigrement recouvre l'orgueil et le masque et, couche supplémentaire de camouflage, réalimente le sentiment de culpabilité.

Ces camouflages imbriqués témoignent par leur complexité du double mouvement - dénégation de soi-même en même temps que persistance du sentiment de sa valeur - qui forme la matrice des romans à double face et des rêves de grandeur[1]. On comprend que l'événement qui semble réaliser ces rêves mette à mal l'ensemble du roman et puisse en précipiter certains dans la dépression *critique*, voire dans l'implosion psychotique.

---

[1] Le masorgueil trouve son expression la plus frappante dans le délire de persécution, vraie mégalomanie masochiste se déployant dans un univers virtuel. On le retrouve au cœur de tous les grands thèmes délirants, persécution, érotomanie, délire mystique, délire de grandeur, etc. Ainsi la problématique de la valeur et de l'amour de soi nous conduit également aux abords du monde de la psychose.

Le roman dépressif donne une identité (le *loser*) et construit une biographie, l'histoire des malheurs, que chaque événement, chaque jour, remodèle, en la confirmant sans cesse. Il intègre les aspects visibles et les aspects cachés, le public et le privé, la partie émergée et la partie immergée de l'iceberg. C'est un roman à double entrée. D'un côté il est à usage privé : le dépressif se le lit et se le ressert à satiété, en insistant sur les aspects qu'il est seul à connaître. De l'autre côté, il est à usage public. Il peut même être servi à la demande, en particulier à celle, supposée, du psychothérapeute, mais celui-ci le reçoit tel quel, comme un tissu dont la trame montre ce qu'on tient à faire voir tandis que la chaîne abrite tout ce qui le tient ensemble.

Le roman tient sa cohésion de l'enchevêtrement des tendances contraires, qui se dévoilent à travers rêves et fantasmes, et dont le thème le plus spécifique est celui du héros caché. Derrière tout dépressif, se cache un héros intime. Si on le cherche, on le débusque toujours quelque part, quel que soit le niveau de la personnalité ou le champ relationnel où il se cache, quelle que soit la forme imaginaire dont il se revêt.

Là, il sera le héros jamais advenu de notre enfance, jumeau entrevu – apparu parfois dans des rêves dont le sens ne se dévoilera que bien des années plus tard - à jamais interdit de séjour et qu'on trouve enfermé dans un lieu si obscur ou si inattendu qu'il ne risquait pas d'y être découvert. Comme un trésor si bien caché qu'on a oublié jusqu'à son existence, tandis qu'on se débat aujourd'hui dans la pauvreté.

Là, ce sera le statufié, le héros que parents et ancêtres attendaient que nous soyons, celui qui mettrait fin à l'ancestrale fatigue de vivre. Devenu statue, genre statue du Commandeur, il se dresse en référence incontournable de ce que nous aurions dû ou pu être, image de ce qui nous était promis. Il nous rapetisse et nous culpabilise d'autant, chaque fois que nous y jetons les yeux. Devant notre refus de nous couler dans le moule proposé, il ne nous aura été laissé d'autre liberté que d'en choisir la figure antinomique, celle du antihéros, du décevant, qui nous fait prendre, dans la distribution sociale des rôles entre perdants et gagnants, victimes et bourreaux, le visage du héros négatif.

Le héros caché sera peut-être notre conjoint, que nous aurons investi, avant même de le connaître, de la charge héroïque de nous animer et le hasard, ou la providence, nous fera précisément rencontrer la personne qui est depuis toujours prête à se charger de cette mission salvatrice. Mais si nous nous chargeons désormais de nous sauver nous-mêmes, que va-t-elle devenir ? Va-t-elle remiser sa mission pour nous accompagner ou trouvera-t-elle quelque autre malheureux à animer ?

Qu'il soit de l'intime, du conjugal ou du social, le héros, quand il n'est pas de pierre, est fait de vent, surgissant dans les rêveries et autres fictions où l'on se complaît. On s'y retrouve aventurier, juge implacable, chevalier sans peur et sans reproche, Zorro le vengeur (de soi-même) masqué, Superman jailli d'un minable couleur de muraille[1]. Le masque et son double sont les protagonistes du grand jeu ancré en soi de la réussite et du malheur. Le visage de Jean-qui-gagne est aussi aliéné que celui de Jean-qui-perd : quand on quitte l'un, nommément la dépression, pour devenir soi-même, il faut quitter l'autre, à savoir le héros de marbre[2], et il coûte de sortir de l'ombre.

Le *masorgueil*, c'est le va-et-vient entre le héros et le perdant, c'est leur mariage gardé secret – ce qui explique ce que peuvent ressentir de manipulation les proches du dépressif, alors qu'il n'y met pourtant aucune malice.

Une telle organisation vise à protéger une valeur précieuse, à l'image du clochard qui cache son magot sous ses haillons. Que ce soit par sa face visible, l'autodénigrement, ou par sa face cachée, celle du héros masorgueilleux, la position dépressive n'est pas seulement l'intériorisation passive d'un surmoi parental dévalorisant et culpabilisant. Elle vise à assurer une protection contre un anéantissement éventuel, d'où qu'il vienne. Stratégie du profil bas. Montrer de toutes les façons qu'on ne saurait avoir le dessus, couper court aux jalousies de

---

[1] Superman, dont le double humain est un très banal Clark Kent, est apparu dans un *comic* américain en 1938, issu de l'imagination de J.Siegel et J.Shuster. Zorro, double justicier du très effacé Don Diego de la Vega, est né en 1919 sous la plume d'un J.McCulley. Tous deux ont depuis longtemps échappé à leurs auteurs pour entrer dans la mythologie du 20° siècle.

[2] Qu'on pense aux avatars de *L'homme de marbre*, premier film d'A. Wajda (1977) sur la dérision du héros stakhanoviste.

ceux dont on est dépendants, ne pas manifester ce qu'ils pourraient percevoir comme volonté d'entrer en compétition. Et si on ne peut échapper à la confrontation, y être perdant. Les spécialistes parlent de conflit œdipien, de menace de castration, questionnement dont on ne peut faire l'économie, mais les mots sont tellement banalisés que plus d'un consultant s'en sert pour désamorcer la bombe tombée dans son jardin: «*je vous vois venir... vous allez me dire que c'est œdipien...* ». Il serait réducteur de penser que cet affrontement, inconsciemment désiré, culpabilisé et évité, renvoie simplement à une rivalité sexuelle, car il s'agit d'une stratégie de la dissuasion, visant à préserver l'essentiel : ne pas s'exposer, ne pas raviver la peur.

Quelle peur ? Dans la dépendance où est l'enfant vis-à-vis de ses parents, il ressent comme une nécessité vitale de devoir les protéger et en l'occurrence de les protéger de leurs propres peurs. Ce qui a pu prendre bien des formes, comme d'étouffer en soi les formes les plus manifestes de la vie ou de faire siennes les valeurs de dévaleur de soi. Chez le dépressif aujourd'hui, la peur prolonge et réactualise celle que cet enfant, du fait d'être ce qu'il était, ou simplement de vivre, engendrait ou ranimait chez ceux dont il dépendait. S'il persistait dans l'affirmation de sa pulsion de vie, il risquait de la voir assimilée à une manifestation d'agressivité. Face au danger de perdre ses parents, toute affirmation de cette pulsion se trouvait définitivement assaisonnée d'un lourd parfum de culpabilité[1]. Dans ce monde règne en maître la peur de la vie et du désordre que la vie vient mettre dans tous les ordres établis, par le sexe, le plaisir, la curiosité, la désobéissance, l'indiscipline. Tout ce dont les parents veulent se protéger ou protéger leurs propres parents, encore présents en eux – car, quand les personnages du monde caché prennent la parole, on découvre que ces parents, craints et apparemment tout puissants, sont eux-mêmes dominés par leurs peurs, voire leurs terreurs, bien souvent venues elles-mêmes de plus loin[2].

---

[1] Et qu'en est-il de l'enfant caché, juif, tutsi ou bosniaque qui, manifestant sa présence par des pleurs ou un cri, condamne à mort toute sa famille avec lui. Il a appris la survie par le silence.

[2] Voir les chapitres 8 et 10.

Ne pas entrer en rivalité, décourager l'hostilité des autres, mais aussi éviter d'être l'objet de leur amour quand notre instinct y perçoit du danger. Ce n'est pas dans le désamour ou le mépris que le masorgueil se forge le plus volontiers. Ces sentiments engendrent plutôt le désir de nuire, de rendre ce qu'on a reçu et la conviction que tout n'est que nuisance. Le discours d'autodénigrement, paradoxalement, s'enracine volontiers dans un terreau tout différent. On a été rarement nié ou rabaissé, on a été plus volontiers adulé, mais d'une façon telle que l'objet adoré disparaît dans le culte et n'existe plus par lui-même : le sujet est dépossédé de lui-même en devenant objet de l'adoration.

Yvon a d'abord recours aux explications habituelles pour justifier sa pusillanimité : « *j'ai tellement peur de décevoir, tellement peur qu'on n'aime pas ce que je montre... Je vais lamentablement échouer, autant m'abstenir !* » Il découvrira que le seul risque qu'il prend en y allant, c'est de gagner. Ne pas se battre et être sûr de perdre confirme son identité de perdant. Risquer de gagner, d'être aimé, tel semble bien être le danger majeur, au point qu'Yvon comme beaucoup d'autres, semble d'abord désireux de s'y soustraire « *je voudrais être transparent, disparaître...* ». Serait-ce, paradoxe à la Gribouille, pour échapper à l'anéantissement dans un amour dévorateur ?

Les vivants utilisent quantité de ruses pour sauver l'essentiel, faire le mort, se confondre avec l'environnement ou au contraire arborer une identité dissuasive toute dans l'apparence. C'est ce que fait l'animal humain quand son instinct de conservation lui dit qu'à s'exposer au désir de l'autre il court le risque d'en être possédé ou vampirisé. L'autodénigrement, c'est la défense style « *je ne suis vraiment pas bon à consommer, si tu me gobes tu seras malade...* ». L'enjeu est de taille. Quand quelqu'un dit « *je suis minable* », il dit certes, dans le présent de la rencontre, « je suis bien malheureux et bien à plaindre » et « n'attendez rien de moi », mais aussi « ne me croquez pas, vous aurez du mal à digérer ».

La statue de pierre offerte à l'amour prédateur sert dans cette stratégie et elle en fait payer le prix. Érigée pour provoquer l'admiration de l'autre et fixer son désir, l'immobiliser, et ainsi s'en protéger, elle s'est bâtie au prix de l'abdication de soi.

Dans l'ombre de la statue, la conscience que le dépressif garde confusément de sa valeur intrinsèque, mise à l'abri, ne peut que se transformer en orgueil. Ainsi s'entretient l'alchimie du masorgueil, dans un remugle de mutilations, de souffrance enfouie et de culpabilité de s'être laissé mutiler, et d'en avoir étouffé la souffrance.

Mais, aussi enfoui soit-il, le désir n'en continue pas moins à presser. La profession de foi du dépressif, son « *je suis minable !* » répond aussi à un interlocuteur virtuel, caché dans les replis de sa conscience, qui a le front de dire « *tu es quelqu'un de bien* » ou « *tu mérites d'être aimé* » et dont la parole se fait de plus en plus pressante à mesure que le processus thérapeutique ravive le conflit. Les résistances que ce travail fait surgir prennent un tour inattendu qui fait ressortir la double face du masorgueil. Quand on ramène au jour la valeur, c'est-à-dire l'estime de soi sans forfanterie ni fausse humilité, et qu'on entrevoit de faire tomber la statue, c'est-à-dire de descendre de son piédestal l'homme de bronze qui servait à nous rapetisser, le consultant ne peut retenir les mots qui jaillissent avec tant de force et de constance : « *égoïste !* » et « *banal !* ».

Égoïste ! Comme si l'instance morale (le surmoi), garante des valeurs du collectif social et de ses intérêts, réagissait brutalement à l'affirmation vigoureuse de la valeur personnelle, c'est-à-dire de l'amour de soi, ainsi proclamé fautif. S'occuper de soi, se donner assez d'importance pour prétendre sortir de la souffrance et de l'aliénation, c'est verser dans le péché d'égocentrisme, et se heurter au mur séculaire des valeurs morales[1]. La tentative d'émancipation sera d'autant plus diabolisée que la personne se sera montrée jusque-là conciliante, effacée, voire soumise. S'entendre traiter d'égoïste, par soi-même qui plus est, et l'assumer, est un des moments-clés de la thérapie, celui où chancellent les figures auxquelles on s'est identifié jusque-là. L'altruisme dont on se réclamait était en réalité un *altérocentrisme* où le centre était l'autre avec ses désirs, ses attentes et ses peurs.

Mais l'humilité, l'effacement dont on se prévalait sonnent étrangement quand jaillit le mot qu'on n'attendait pas ici,

---

[1] Voir les chapitres 1, 2, 18 et 21.

« banal ». Confrontée à ce renversement, Marguerite l'a crié dans la souffrance : «*je viens de ressentir la tragédie d'être banale !* » A quoi Claude, qui pourrait servir de parangon du masorgueil, répond dans une illumination, dès notre deuxième rencontre : « *j'ai peur de découvrir ma banalité !* » Cri du masorgueil qui dit tout : le désarroi de Claude, les renoncements qu'il entrevoit, la disparition du héros caché comme de l'auditoire imaginaire. L'aboutissement du processus est d'accéder à l'humanité pure et simple et d'accepter la réalité d'exister. À l'instar du mécanisme sous-tendant le masorgueil, qualifier de banale l'humanité, ni ange ni démon, qu'on découvre ainsi est une façon de négativer le processus, d'en rendre plus sacrificielle l'assomption et de tenter de revenir au masochisme. Est-ce le hasard ou la nécessité qui amènent ici tant de termes du vocabulaire religieux ?

Il faut du temps pour que le moralisateur installé dans la place cesse de dire « *tu deviens orgueilleux* » quand on prend de la surface ou de l'épaisseur, ou, à l'inverse, « *tu deviens banale* » quand il faut laisser le masorgueil se dissoudre dans la condition commune.

L'antagonisme entre l'amour de soi et ce qui s'y oppose est au cœur de la dynamique dépressive. Il sous-tend ces deux symptômes constants de la dépression, qu'elle soit de nature critique ou durable : le sentiment de culpabilité et la mésestime de soi. Mais il est aussi le ressort du processus psychothérapique et ses péripéties expliquent les avancées et les reculs du travail, jusqu'à son issue.

Le thème du double-héroïque-d'un-personnage-ordinaire se déploie bien au-delà du laboratoire psychothérapique, montrant comment la problématique individuelle et les créations du collectif peuvent résonner ensemble et comment le roman dépressif personnel rejoint le discours de la société sur elle-même.

Depuis les années 1920 outre-Atlantique, et depuis quelques décennies chez nous, l'idéal de la réussite et du bonheur individuels, ce que l'on a coutume d'appeler le rêve américain, occupe une surface toujours croissante. Or la réussite n'a de signification qu'en contrepoint de l'échec. La réussite comme l'échec n'ont peut-être pas plus de réalité, l'essentiel étant qu'on y croie et qu'ils fassent couple. Qu'on songe au Japon, où la course à la réussite, ou à l'image de la réussite, s'accompagne d'une telle traînée de suicides... réussis. C'est en réalité un choix alternatif : il n'y a que deux modèles disponibles. Les échecs balancent les réussites. Comme si l'équilibre énergétique du système demandait que le modèle de la réussite soit balancé par un contre-modèle d'échec et de malheur. Un contre-idéal ?

L'image la plus antinomique du déprimé est celle du héros, sûr de lui et de son droit, qui ne connaît ni l'échec, ni le doute, ni les lamentations. Pourtant il n'y a pas de Superman sans Clark insipide et banal, pas de Zorro sans Don Diego, que tout le monde voit comme un homme inoffensif, pour citer les plus emblématiques de ces figures. N'éprouvent-ils pas quelque jouissance à berner ainsi leur monde, à le manipuler pour tout dire, n'y a-t-il pas quelque perversité à proclamer une vérité dont on jouit intérieurement de la savoir fausse ?

Il n'y a pas plus de déprimé sans héros caché que de héros sans dépressif virtuel. Comme en témoigne un livre récent dans lequel une figure de la presse parisienne raconte son parcours dans la dépression[1]. Qui aurait pu faire un rapprochement entre Philippe Labro et un dépressif ?

D'ailleurs, comment comprendrait-on que tant de personnages de *losers* soient les héros de l'histoire, dans les histoires que nous nous racontons, dans les livres, les films, sur scène, depuis un petit siècle.

---

[1] *Tomber sept fois se relever huit fois* de Ph. Labro, 2003. Ce livre est intéressant par sa description du parcours dépressif, qui abonde en notations fines et justes. Il reste discret cependant sur le nœud des contradictions intimes. Au terme d'un parcours fait jusque-là de réussite, l'auteur se voit proposer des responsabilités à un niveau notable de visibilité et de pouvoir. On croit comprendre que c'est là que s'origine l'invasion dépressive : comme si le héros ne pouvait aller plus loin sans se trahir lui-même, et que le goût du succès de son ego, de son personnage, ne laissait d'autre recours au pilote intime de sa vie que de démentir la réussite par la chute dans la dépression aiguë.

CHAPITRE 10

SAUVER QUELQU'UN D'UNE DÉPRESSION PROFONDE

Oui, on peut sauver une personne qui est en dépression profonde, une personne qui ne demande aucun soin, qui n'aspire qu'à la mort, vers laquelle elle se laisse glisser, quand elle ne s'y précipite pas. Devant une telle situation, on peut, et on doit, mettre en œuvre les procédures prévues par la loi pour soigner les gens malgré eux, quand leur état les met en danger de mort ou menace leurs proches. La solution, extrême, passe par la contrainte, par l'hospitalisation dite à la demande d'un tiers (H.D.T.), qui permet d'hospitaliser et de soigner quelqu'un sans son consentement, voire contre son gré.[1] De cette façon, on peut sauver quelqu'un, comme on sauve celui qui se noie[2], tant il est vrai que dans les formes extrêmes de la dépression, en particulier celles qui surviennent dans le cadre d'une psychose maniaco-dépressive, l'idée même de se soigner a totalement

[1] Voir le chapitre 8 sur l'hospitalisation par contrainte.

[2] En l'assommant au besoin, pour l'empêcher de se débattre et de rendre son sauvetage impossible.

disparu. Il arrive que la personne, une fois sortie de la dépression, remercie son sauveur. Parfois non…[1]

La réponse qu'on vient de lire est rationnelle, mais dans le titre du chapitre, on entend l'émotion, la souffrance, la requête de celui ou celle qui s'interroge. Dans cette phrase toute simple, transparaît l'épreuve traversée par celui, celle qui n'a pas pu sauver l'homme ou la femme qui s'est enfoncé(e) dans la dépression jusqu'à, peut-être, ne jamais en sortir et, sans doute, mettre fin à ses jours. Et affleurent les sentiments si mélangés que provoque le drame. Le mari dont la femme s'est noyée, l'épouse dont le mari s'est pendu, sans qu'ils aient pu empêcher le geste fatal, sont envahis de sentiments contradictoires. A la douleur d'avoir perdu un être proche, se mêle la culpabilité de n'avoir rien vu venir, ou de n'avoir pas prêté suffisamment d'attention à certains signes, ou d'avoir voulu les banaliser.

Et déjà le sentiment se mâtine d'un certain ressentiment. Pourquoi ne m'a-t-il rien dit ? Comment a-t-elle pu vivre à mes côtés, dans cette souffrance, sans me faire confiance ? Étions-nous étrangers à ce point ? Et l'amertume de « tout ça pour ça », tous ces efforts pour finir par ne pouvoir rien y faire. L'impuissance, l'échec : n'ai-je pas assez aimé ? Et… m'aimait-il ?

Et s'y mêle peut-être le soulagement – mais comment se l'avouer, à qui le dire – d'être enfin déchargé du poids d'avoir à porter l'autre, après ces semaines, ces mois, ces années peut-être, vécues avec une épée de Damoclès au-dessus de la tête. Sans parler de ces moments – qu'on ne peut oublier maintenant - où l'on s'est surpris à souhaiter que ça s'arrête, qu'il le fasse enfin, le geste fatal.

Au vide creusé par le départ du conjoint, au vide de l'amour sans vis-à-vis, s'ajoute le vide de la personne à secourir, qui laisse le survivant les bras ballants. Que va-t-il faire maintenant de sa disposition si forte à courir au secours de l'autre. Porter quelqu'un, avec l'ambition de le sauver, grandit le porteur et plus le sauvetage est difficile, plus le sauveteur a

---

[1] On dit que pour les Chinois, celui qui sauve quelqu'un du suicide devient responsable de lui toute sa vie. Le sauveur, pas le sauvé. L'idée a inspiré plus d'un cinéaste, pour un scénario de comédie.

de mérite. Difficile de retomber dans le quotidien où l'on n'a que soi-même à porter. Et d'ailleurs, va-t-on y arriver ? Peut-être était-ce de porter l'autre qui faisait tourner le moteur.

Un doute surgit. Et si on avait jeté son dévolu, très vite, dans le temps même de la rencontre, du coup de foudre, sur un être à sauver, dont la faille profonde était déjà perceptible par quelque sixième sens ? Doute vite enfoui – au risque d'aller à la recherche d'une nouvelle âme à sauver, et de s'étonner de tomber toujours sur des dépressifs, grands ou petits. Avec la répétition, le doute revient et se travaille, quand l'imbroglio des sentiments conduit dans un lieu où toutes les questions, même les moins reluisantes, peuvent être posées. On y découvre la place particulière qu'a tenue la dépression depuis longtemps dans la vie du sauveur, avant même de se faire conjoint - ou accompagnateur professionnel - de déprimés et de dépressifs.

Le destin d'un enfant dont un des parents ou les deux connaissent la dépression n'est pas toujours de devenir lui-même dépressif. Impertinence de la transmission génétique : on hérite aussi souvent de la mission de sauver les dépressifs que des gènes de la dépression elle-même. L'enfant de dépressifs endosse la mission d'être antidépresseur, l'étant d'abord de ses parents, ou d'un des deux, pour l'être un jour de ceux qu'il rencontre dans sa vie, jusqu'à les choisir comme conjoints, ou peut-être de vivre des heures, voire des jours avec eux comme patients.

La prescription a peut-être même été clairement énoncée. Il était un temps où les médecins le disaient : la meilleure solution pour que cette femme (re)prenne goût à la vie, c'est qu'elle ait un enfant. En s'occupant de lui après l'avoir porté, elle oubliera ses (petits) soucis, disait-on. En réalité, c'était bel et bien l'enfant qui portait sa mère. Comme d'autres enfants ont pu porter leur père, qui ne pouvait être homme et responsable que par cet enfant qui le faisait père, et éventuellement père de caricature, violent et tyrannique[1]. Comme d'autres venaient pour racheter la faute des ancêtres ou leur fatigue de vivre.

---

[1] Père alcoolique, qui est pour certains hommes une des façons de vivre la déréliction.

L'enfant antidépresseur n'a pas le droit d'être déprimé pour son propre compte. Comment traversera-t-il les passages nécessairement dépressifs qui accompagnent toute séparation, toute phase de transformation ? Se transformera-t-il à son rythme ou sera-t-il tout de suite et à jamais adulte ? Il n'a pas le droit d'être à l'écoute de ses propres besoins, il doit assurer la sécurité des tâches quotidiennes, ne pas faire de bruit (maman dort), ne rien demander (ton père est fatigué), être responsable (je sors, surveille ta mère), se taire (si vous continuez à être insupportables, je me jette par la fenêtre). Quelle rancœur, quelle violence s'emmagasinent dans son cœur, au risque qu'un jour le dépressif choisi comme conjoint, ou l'enfant venu pour combler un manque, lui servent à régler tous les arriérés. Car le dépressif est le conjoint rêvé pour celui qui ne peut aimer qu'en étant infirmier, ou garde-malade, ou consolateur ou, au contraire, en jouissant de faire souffrir et de rabaisser son partenaire.

Que devient le sauveur quand son protégé, par exemple le dépressif que nous suivons en psychothérapie, émerge de sa dépendance et prétend se prendre en charge et que se réveille le feu intérieur ? Le sauveur voit se profiler le vide, où risque de jaillir tout ce qu'il y a de dépression dans son l'histoire, quitte à devoir démêler dans ce fatras ce qui lui revient de ce qu'il en a pris sur lui.

Car c'est aussi courir un risque que d'assister et d'accompagner, avec les meilleurs sentiments du monde, son proche dépressif, conjoint, grand enfant, parent, alors qu'on est soi-même adulte et peut-être aussi parent. Comme par un noyé qui se débat, le sauveur risque d'être entraîné dans la dépression et dans son tourbillon annihilateur, jusqu'à devoir en venir à certaines extrémités : abandonner l'autre en y mettant, ou pas, les formes ; se faire hospitaliser soi-même et se mettre en congé d'accompagnement ; ou à l'inverse s'organiser une deuxième vie ; ou encore, au pire, en venir à l'homicide « altruiste », voire au suicide à deux ou collectif.

Le sauveur se trouve en devoir de devoir se sauver lui-même. Après tout, peut-il dire un jour, c'est ta souffrance, c'est ta vie, c'est ta mort. Dois-je y aller avec toi et m'y perdre pour que tu sois assuré(e) de mon amour ? Ne sera-ce pas encore la preuve qu'il n'y a personne en dehors de ce gouffre ? Non ! C'est ta souffrance. Je l'accepte, j'accepte qu'elle prenne cette place dans ta vie, pas dans la mienne. J'aime ce qui est vivant en toi, pas ce qui est terrorisé de vivre.

Peut-être cette prise de position d'une personne aimée/aimante sera-t-elle le premier point d'ancrage pour que le vivant se réanime.[1]

Quand le mot de sauveur vient dans le discours sur la dépression, on peut gager que celui de Sauveur ne doit pas être loin. Certains diront que seul le Sauveur peut sauver quelqu'un, aussi désespéré que soit son état. D'autres penseront que, si c'est le cas, le Sauveur a besoin pour se légitimer qu'il y ait des êtres en perdition, voire un Satan pour les tenter. Dieu et Satan comme les deux faces d'une même réalité, ne pouvant exister l'un sans l'autre – cela nous rappelle quelque chose...[2]

Et quand le Sauveur a été mis à pied par les hommes, qu'il a été prié de s'occuper de ses affaires et de laisser les hommes s'occuper des leurs, qui pourrait le remplacer ? Des hommes et des femmes du commun ?

---

[1] Je parle ici du proche du dépressif, celui qui lui est lié par un lien d'amour, d'affection, d'amitié. Le danger d'être entraîné dans la spirale dépressive est à la mesure du lien. Le risque que court le psychothérapeute d'y être pris est abordé dans plusieurs endroits de cet ouvrage, car il pèse sur sa capacité à accompagner son consultant dépressif.

[2] Voir les chapitres 1, 2, 18.

CHAPITRE 11

EFFICACITÉ DE LA THÉRAPIE ET DÉPRESSIF INACCESSIBLE

Le psychothérapeute ne peut être « efficace » qu'en n'ayant pas souci de l'être, mais en restant toujours au contact du vivant, chez l'autre comme en lui-même.

Comme tout le monde, le psychothérapeute en formation connaît des personnes en dépression et il se sent par avance écrasé par leur poids et leur inertie. Il craint les interférences de sa propre dépression avec celle de son consultant. Il appréhende la responsabilité de ne pas savoir gérer le problème du suicide. Sans compter la pression des autres corporations : elles attisent le feu en utilisant l'argument du danger suicidaire pour essayer de disqualifier le psychothérapeute non médecin. D'où l'apparition de ce petit mot, *efficace*, inhabituel dans le vocabulaire de la psychothérapie. L'appropriation médicale de la dépression risque de déteindre sur le psychothérapeute et de lui faire oublier la spécificité de son métier. Le psychothérapeute n'est pas préoccupé de guérir, comme peut l'être le médecin, mais d'aider son consultant à retrouver l'accès à ses propres ressources, à travers la jungle où se débattent son esprit, son âme et son corps. Ainsi le dépressif se guérira-t-il, s'il le faut.

La question de l'efficacité de la psychothérapie ne porte pas sur un petit passage dépressif, qui se satisferait d'une tape sur l'épaule et d'une écoute amicale, ni d'une réaction dépressive à un mauvais coup du sort, qui demande présence discrète et compassion. Ce n'est pas non plus le mélancolique prostré, mutique, qui ne demande rien, si ce n'est la mort, seul traitement possible de sa souffrance, et qui ne consultera ni un psychothérapeute, ni même un médecin.

Le psychothérapeute soucieux d'efficacité s'inquiète d'une « vraie » dépression, venue sans cause apparente, bien installée et se moquant de toutes les bonnes intentions du monde. Elle a tout du pathologique, elle présente tous les signes de la dépression *critique* et le praticien a le sentiment de se heurter à un bloc de négativité. Que faire ?

Le thérapeute sait que cette dépression sans cause est une pure création du vivant, qui ne doit rien à un agent ou à un événement extérieur. Et de même qu'il accompagne toute personne en difficulté avec les mouvements du vivant en elle, il peut aider le dépressif. Celui qui vient, même s'il est en dépression profonde, caractérisée, vient. S'il n'exprime que tristesse, ses jambes l'ont mené jusque-là. Faisons confiance aux jambes et à ce qui les a mises en mouvement, à savoir le souci de prendre soin de soi, donc, en dernière analyse, l'amour de soi.

Le travail habituel du psychothérapeute, qui prend appui sur la parole, est difficile car fait défaut ici tout recul sur soi. Le mental est hypnotisé par son propre discours. La formule qui guide le psychothérapeute avec tout consultant – *aller jusqu'au fond pour ouvrir l'accès au fonds* - est d'autant plus pertinente ici que l'inertie, la pesanteur semblent tout naturellement conduire le déprimé et ses interlocuteurs jusqu'au fond. Le meilleur allié du thérapeute est la *force* d'inertie, qui invite à aller au cœur du mouvement dépressif et à y être présent avec le déprimé, là où il n'y a plus personne, là où personne d'autre ne peut l'accompagner et où lui-même ne peut aller seul sans se perdre. En ne craignant aucun mot, ni aucune image, ni aucun mouvement intérieur – tout en restant attentif à garantir la sécurité et l'intégrité de chacun dans ce cadre.

Il s'engage alors un travail de patience et d'humilité, pour laisser émerger le mouvement vivant tel qu'il vient, dans sa logique propre, et pour l'accompagner jusqu'à ce qu'il puisse reprendre son cours d'une façon différente. La démarche demande l'audace d'aller dans des zones difficiles de l'inconscient, où se rejoue la dialectique de la vie et de la mort, au risque d'y rencontrer ses propres vertiges.

Ce que j'entends par humilité, par audace et par le pari sur le fonds dont toute personne est porteuse, une vignette, que je tire de mon expérience hospitalière, vient l'illustrer ici. Elle concerne certes une patiente maniaco-dépressive et qui n'était pas venue d'elle-même à l'hôpital, mais la richesse de son enseignement est telle que je l'estime pertinente pour toute démarche psychothérapique.

Nous étions dans le même hôpital[1], dans le même service, Marie comme maniaco-dépressive hospitalisée, moi-même comme psychiatre. Elle avait fait de nombreux séjours en psychiatrie pour cette affection. Cela faisait plusieurs mois qu'elle était hospitalisée, ne sortant de son état mélancolique que pour de brefs passages maniaques[2]. Les traitements chimiques ne mordaient guère et les électrochocs n'avaient donné aucun résultat probant. Ce jour, ayant décidé de faire la tournée de ceux qui se faisaient quelque peu oublier, j'entrai dans sa chambre. Elle reposait sur son lit, pâle, amaigrie, inerte, indifférente. Allais-je lui demander comment elle allait ? Cela aurait été hors de propos, voire inconvenant, tellement la réponse était évidente. Elle était mutique et au fond du trou. Il semblait déplacé de poser quelque question que ce soit, de faire le docteur ou même l'âme charitable.

Je ne pouvais pas repartir non plus, cela eût été fuir – on n'a de ces lâchetés que dans la vraie vie. J'ai eu besoin de lui parler, à elle précisément. Je me suis assis au bord du lit et je me suis mis à parler sans savoir où j'allais. Je lui ai raconté mes propres passages dépressifs, jusqu'où ils m'avaient fait couler, comment j'avais trouvé moyen d'en sortir, comment je m'en débrouillais aujourd'hui. Je parlai aussi longtemps que j'en ressentis le besoin, puis je la laissai sans autre forme de procès. Le lendemain elle était debout, habillée. Deux jours après, elle mangeait et parlait avec les autres, le quatrième jour elle demandait sa sortie de l'hôpital, disant qu'elle n'avait plus rien à y faire. Après avoir différé notre accord quelques jours, nous avons accepté. Je l'ai souvent revue par la suite en consultation de postcure, au dispensaire de son domicile. Elle n'a jamais reparlé de cet épisode et pendant les quelques années où je suis resté dans ce service, elle n'a pas rechuté.

---

[1] Hôpital Pasteur, Centre Hospitalier Régional Universitaire de Nice.
[2] Voir le chapitre 8 pour le sens de ces termes.

Il fallait l'humilité de ne plus être le médecin, l'expert, celui qui regarde par-dessus la barrière. Et il fallait l'audace de transgresser les règles, comme celle qui veut qu'on sépare la vie personnelle de la vie professionnelle : le thérapeute n'a pas à parler de lui au patient. Si je prenais la parole dans ce désert relationnel, ce ne pouvait être qu'une parole pleine, c'est-à-dire une parole non dite encore. Ce ne pouvait être de la parole instrumentalisée pour produire quelque effet chez l'autre, et encore moins une parole de convenance, du bruit. Rien là-dedans, faut-il le préciser, n'était calculé, il n'y avait ni procédé, ni manipulation et il ne fallait pas qu'il y en eût[1]. *Quelque chose* dans la situation fit que c'est de ma dépression que je parlai, et peut-être même du fond de ma dépression, où qu'elle se cachât au fond de moi.

C'était rejoindre les fondamentaux de la psychologie humaniste, inspirés de l'enseignement de Carl Rogers : ne pas avoir d'intention sur l'autre, ne pas faire de choix pour lui, trouver une langue commune qui parle d'inconscient à inconscient. Je dirais aujourd'hui, vingt cinq ans après, que c'est de ce fond que ma dépression *me* parla et que Marie l'entendit *pour elle*. J'ajouterai même que c'est de cette remontée du fond que se produisit une ouverture du fonds, c'est-à-dire un accès à ses ressources, autrement plus efficace que toutes nos tentatives thérapeutiques antérieures. Un déclic, quelque part, avait remis en route la chaîne de fabrication de ses auto-antidépresseurs, par une cascade de réactions et de liens dont tout m'échappait, et où pourtant j'avais ma part d'avoir été comme je l'avais été, en ce lieu, en ce moment. Qu'on le dise en termes de chimie molécu-

---

[1] Une histoire juive, issue de la tradition hassidique des rabbins thaumaturges, insiste sur ce point. On dit qu'une femme stérile vint voir un maître fort connu, le Baal Chem Tov, pour qu'il intercédât en sa faveur et qu'elle pût enfanter. Le rabbi lui raconta que sa propre mère, qui par ailleurs ne pouvait avoir d'enfant, avait un jour de froid rencontré un vieux rabbin. Elle lui avait donné son manteau et… elle était tombée enceinte dans les jours suivants. La femme stérile revint le lendemain voir le Baal avec un manteau, mais le maître lui dit « ma mère ne connaissait pas cette histoire ! » En parlant avec Marie comme je l'avais fait, c'était sans aucune intention, c'était *gratuit*, je n'avais pas encore écrit cette histoire.

laire ou en termes d'alchimie relationnelle, ne parle-t-on pas de la même chose ?

L'autre grand enseignement de ce moment était, en effet, que j'aie pu me laisser entrer dans la « magie » de l'instant, dans une conjoncture telle que j'en ressente comme nécessaire, et juste, de me comporter de cette façon et de dire ces mots, qui ne m'étaient dictés ni par le raisonnement, ni par une vision consciente de l'ensemble des paramètres, ni même par l'expérience, sinon celle d'avoir précédemment fait confiance à cette nécessité. Je dis *magie* pour évoquer un mystère dont on doit accepter de se laisser porter, sans pour autant me dire magicien, ni évoquer un savoir ésotérique, c'est-à-dire secret. Dans ce mystère, un rôle majeur revient au fait de nous être rencontrés, Marie et moi, dans une vérité qui nous dépassait, sortis des identités que nous nous donnons, moi celle de psychiatre, elle celle de malade, voire même de mélancolique à contrat indéterminé. Une rencontre, donc, fondée sur le socle de notre souffrance, que nous ne chercherions pas à fuir, et qui nous ramenait aux choix premiers auxquels nos vies nous avaient confrontés. Elle nous ramenait par là même à l'amour de nous-mêmes qui les avaient inspirés et qui pouvait aujourd'hui nous donner l'impulsion de repartir d'un autre pied.

Comment puis-je être efficace ? demande l'apprenti en psychothérapie. En n'ayant pas le souci de l'être, car ce serait réactiver, dans les profondeurs où l'inconscient de son consultant perçoit les enjeux, les jeux du pouvoir et de la domination. Ce serait vouloir quelque chose pour l'autre, à sa place, pour son bien. Avec la meilleure intention du monde, celle dont l'enfer a fait son pavage… Une telle position exige une formation rigoureuse, techniquement et éthiquement, qui passe par une implication personnelle dans l'apprentissage des processus psychothérapeutiques.

Comment *?* Si le psychothérapeute n'utilise pas la chimie des médicaments, ni le dialogue, qui avorte si vite dans la dépression profonde, installée, comment va-t-il faire ? Comment rejoindre le déprimé, là où il est, là où bat le cœur de la dépression ? Et dans cet espace-là, comment communique-t-on ? Le sujet comporte des aspects techniques et si propres à chaque thérapeute qu'il est abordé à part, au chapitre 20.

CHAPITRE 12

LE SUICIDE, DANGER ET RESSOURCE[1]

Doit-on toujours craindre le suicide ? Non, mais il faut toujours être prêt à en rencontrer la dynamique et à l'accueillir.

Sur le paysage dépressif plane l'ombre de la mort, qu'elle soit courtisée par un esprit persuadé de l'avoir méritée – ou rassuré de la savoir toujours à ses côtés - qu'elle soit souhaitée par une âme qui finit parfois par exaucer son vœu ou qu'elle engourdisse un corps prêt à s'y lover et qui mourrait d'abandon si autrui n'en prenait soin. Devinée sur le visage endeuillé, c'est dans les mots du suicidaire qu'elle s'impose.

Le suicide est toujours présent, soit à l'horizon immédiat de la dépression *critique,* soit comme recours toujours possible dans la dépression *durable*, soit dans le silence inquiet de l'entourage. Si le mot, autant que la chose, est ce qui nous bouscule le plus dans la rencontre avec la dépression, la question de la mort est, de façon générale, toujours présente en thérapie. Entreprendre une thérapie c'est investir tellement de soi, en argent, en temps et en émotion, qu'il y faut de bonnes raisons. Le ferait-on si l'on n'avait jusque-là survécu, et survécu en *sous-vivant*, ce qui était un compromis entre mourir, qu'on n'a pas choisi puisqu'on est vivant, et vivre pleinement, ce qui n'a pas été possible, quelles qu'en aient été les raisons. Et voilà qu'émerge une exigence: on ne peut plus se contenter de la simple survie. Il en résulte que la thérapie fera presque naturellement ressurgir, à un moment ou un autre, l'actualité d'un choix qui peut se présenter comme une alternative entre la vie et

---

[1] Le thème de ce chapitre est lié à celui du chapitre 14 sur les rapports de la dépression avec le deuil et la peur de mourir.

la mort. Il n'est jamais exclu que le choix puisse aller vers la mort, mais le contrat thérapeutique se fonde sur une alliance entre le désir de soin du client et l'offre du thérapeute, pari implicite mais puissant sur la vie.[1]

Exercice toujours difficile pour le déprimé, que de parler de sa pulsion suicidaire, parce que le geste a longtemps été générateur d'opprobre et d'exclusion, et parce qu'il veut en protéger son interlocuteur, surtout quand c'est un proche.

Quant au thérapeute, peut-il entendre certains mots comme si c'était la première fois, dépouillés de sa peur et de ses souvenirs ? La simple évocation de l'idée de suicide dramatise les enjeux, introduisant une menace, interpelant la compétence du thérapeute, jusqu'à obscurcir sa clairvoyance et sa rigueur. Parler suicide dans un contexte thérapeutique, et *a fortiori* l'agir, c'est y projeter un missile susceptible d'avoir des effets contre-transférentiels lourds[2]. Si le suicide porte une telle charge explosive, ce n'est pas seulement par les émotions qu'il suscite en nous, et par le climat d'urgence et de danger qu'il installe, c'est aussi par la violence des forces qui le sous-tendent. *Suicide* ou « *je veux mourir* » sont de ces mots qu'il faut savoir entendre quand ils ne sont pas dits. Et quand ils sont dits, il faut pouvoir les écouter autrement qu'ils ne sonnent. Peser le risque suicidaire reste toujours délicat : il faut pouvoir entendre le mot, sans

---

[1] Il m'arrive de prévenir explicitement mon consultant de ce risque, quand je le sens présent. Les remaniements que la thérapie va nécessairement entraîner peuvent aussi présenter un risque pour une personne de l'entourage du consultant, quelqu'un, par exemple, qui serait dans un lien de grande dépendance affective avec lui, comme une mère âgée. Risque éventuellement fatal, si le lien venait à se rompre. Quand je le pressens, on en parle avant de s'engager dans le travail. Et s'il est arrivé, en effet, qu'en cours de thérapie la mère meure, c'est souvent dans un climat de sérénité, et après une rencontre enfin advenue avec son fils ou sa fille, comme si elle s'autorisait, n'étant plus indispensable, à partir.

[2] Le *contre-transfert* désigne, dans le cadre thérapeutique, à la fois ce que le thérapeute projette de lui dans la rencontre et ce que le travail du consultant remue en lui. C'est en même temps un indicateur précieux des mouvements intimes du consultant, un révélateur très sensible du dialogue qui s'instaure d'inconscient à inconscient. L'essentiel est de le dégager des interférences personnelles du thérapeute. Pour le *transfert*, voir une note bas de page du chapitre 20.

que nos craintes nous en fassent surestimer le risque, mais aussi sans que notre désir de rassurer nous le fasse sous-estimer.

Le corps est en danger de mort dans la dépression, plus que dans tous les états de souffrance morale, sans que ce soit par un processus biologique. Il n'est le siège d'aucun processus organique fatal : pas de cancer, pas de dépression immunitaire, pas de défaillance viscérale caractérisée[1]. Si c'est le cas, la dépression sera considérée comme réactionnelle, c'est-à-dire comme pleinement justifiée par le contexte.

Il arrive même que le dépressif, tout en proclamant sa lassitude et son aspiration à mourir, craigne que son corps ne l'entende trop bien… Paradoxe. Guéri d'un cancer du testicule et venu soigner sa dépression bien réelle, Frédéric exprime sa tentation suicidaire en ajoutant « *pourvu que mon corps ne me prenne pas au pied de la lettre* ». Une fois sorti de la dépression morale, voilà qu'apparaissent des métastases. Irma sombre dans la fatigue et le dégoût de vivre, mais elle angoisse à l'extrême quand elle va chercher le résultat des examens prescrits par son médecin. Comme si le dépressif craignait que son corps ne lui vole la mort qu'il veut être seul à se donner.

Mû par l'obsession de la faute et de la sanction, l'esprit s'affronte au corps et semble vouloir le punir, comme s'il se retournait contre lui. Il trouve deux façons de le faire mourir : en l'abandonnant ou en le tuant. La plus évidente est la pulsion à se donner la mort, qui s'impose à la conscience, comme si une volonté autre prenait possession de la personne, une volonté sourde de lui faire du mal, un sadisme retourné contre soi qui va au-delà du masochisme. Pour que le corps meure, il faut le tuer, presque à son *corps défendant*, comme le dit si bien l'expression. On est surpris de voir comme le corps peut parfois résister à la volonté de le détruire en survivant à des tentatives de suicide réalisées d'une façon déterminée. Je ne parle pas des tentatives ambivalentes, quelques comprimés avalés cinq mi-

[1] Reste le problème, qu'on ne résoudra pas ici, des équivalents suicidaires que peuvent représenter des maladies graves, un cancer, une maladie auto-immune, alors que la personne ne présente ni vécu ni discours proprement dépressifs (voir le chapitre 5).

nutes avant le retour prévisible d'un proche, mais de cas dramatiques où le corps survit à des tentatives graves, défenestration, armes à feu, précipitation sous une voiture. Beaucoup de suicides ont été conçus, préparés et effectués avec des moyens appropriés, dont pourtant le corps réchappe !

Les statistiques[1] affirment que le risque de mort par suicide est plus élevé chez les dépressifs que dans le reste de la population. Lapalissade, puisque ce sont les dépressifs qui se suicident. J'ai cependant toujours été frappé, autant comme psychiatre hospitalier que comme psychothérapeute, par le nombre de tentatives sérieuses qui échouent, alors qu'il en faut si peu pour tuer un homme. Comme si ce n'était pas à proprement parler la mort physique qui était souhaitée, mais la mort de ce qui fait souffrir la conscience, voire de la conscience elle-même. Mourir, ou dormir ?

Il est une autre façon de mourir dans les états dépressifs, qu'on ne voit plus aujourd'hui car on y veille : la mort par dépérissement[2]. Les signaux corporels qui témoignent des besoins vitaux du corps continuent d'être émis, mais ils ne sont plus pris en compte. Le taux de sucre baisse dans le sang et, chez tout le monde, cela donne faim. Pas chez le déprimé : grève des capteurs, interruption des circuits entre le cerveau végétatif et le cortex, quel que soit le mécanisme, le message ne parvient pas à destination.[3] Le corps est si peu entendu qu'on peut aller jusqu'à le laisser mourir non de faim, mais de dénutrition. En l'abandonnant ainsi, en ne prenant plus soin de lui, on rejoue ce que vivent les nourrissons hospitalisés qui dépérissent et meurent même, faute de présence maternelle et malgré les soins médicaux[4]. On a renoncé à être parent responsable de soi-même, comme si par quelque tour de notre scène intérieure, les nourriciers, le père, la mère, en avaient disparu. Ou que la dépression révélait qu'ils n'y avaient jamais été pour de bon. Carence fatale.

---

[1] Par exemple le rapport Boutin déjà cité : 10 à 20000 personnes se suicident chaque année en France et 500000 déclarent avoir déjà fait une tentative.
[2] Mais parfois on retrouve chez elle une personne morte depuis longtemps et dont le voisinage dit : « c'est vrai qu'elle avait l'air triste… ».
[3] Voir le chapitre 19.
[4] Voir le chapitre 6, sur la dépression anaclitique.

C'est ainsi que meurent les hommes, dans les temps et les sociétés où ils sont si fort attachés à leur environnement, humain et culturel, que, quand celui-ci vient à leur faire défaut, en les bannissant ou en étant détruit, ils s'écroulent sans pouvoir se relever.[1]

L'approche du psychothérapeute est fondamentalement différente de celle du médecin ou du psychiatre. La préoccupation légitime et respectable du médecin est d'éviter le suicide en prenant toutes les mesures pour l'empêcher. Il serait fautif de ne pas le faire. Celle du psychiatre, tout aussi légitime et respectable, est d'entrer dans la compréhension du phénomène pour le prévenir mais, plus proche du monde intérieur de son patient, il sera attentif à la nécessité de nouer une alliance thérapeutique et de laisser son patient en parler librement.

Le psychothérapeute sait qu'il y a des médecins et des psychiatres et saura le rappeler à son consultant, s'il pense que la situation relève de leur compétence, mais le plus important pour lui n'est pas d'éviter le suicide. Le dire ainsi choque, et il y aurait beau jeu à pervertir mon propos en isolant cette phrase. Ce n'est pas ainsi que la question se pose. Si la question se pose pour le psychothérapeute en termes d'éviter le suicide, mieux vaut qu'il passe la main.[2] En créant un espace thérapeutique, il y invite toutes les forces qui habitent le patient, quelles qu'elles soient, à commencer par celles qui semblent vouloir tendre à sa destruction. Mais il prend les précautions nécessaires, avec le consultant, pour qu'en s'exprimant elles ne rendent pas le travail impossible. Le contrat thérapeutique sous-entend que la sécurité et l'intégrité du consultant comme celles du thérapeute soient respectées à tous points de vue. S'il le faut, cela sera dit explicitement.

Comment se pose donc la question du suicide ?

Le psychothérapeute tente de contacter l'énergie là où elle est, et sous quelque forme qu'elle se présente, même la plus

---

[1] Voir les chapitres 13 et 21.

[2] Certaines écoles obvient à cette difficulté en demandant au patient de s'engager par contrat à ne pas tenter de se suicider, ce qui a l'intérêt de libérer le thérapeute d'une épée de Damoclès.

« négative », car le suicide n'est pas installé de façon univoque du côté de la mort. Il est porteur d'une force qui, si on réussit à l'articuler avec la dynamique du désir de guérison, en constitue une ressource appréciable. On aurait tort de le traiter en ennemi.

Le déprimé[1] est aspiré par un mouvement inéluctable vers le néant qui le laisse impuissant. Il est pris dans une dynamique d'immobilité[2], *animé* par la force *d'inertie*. Paradoxe : on parle d'absence de désir, de vide, mais peut-on dire qu'il n'y ait rien quand l'esprit est hanté par des images de glissement, et les membres par la sensation du poids. Quand la personne est invitée à exprimer ce qui l'habite et à laisser parler le mouvement en elle, elle souhaite dormir, se rouler en boule, couler, mouvement paradoxal qui tend vers le non-mouvement, vers l'arrêt dans un temps suspendu. Le déprimé tend à se laisser glisser dans un présent total – un présent dont pourtant il semble absent.

Voici Laure. Elle est sortie de la dépression aiguë pour laquelle elle était venue il y a quelques mois. Elle se décide enfin à faire pratiquer l'intervention chirurgicale dont le médecin avait posé l'indication et dont l'annonce l'avait précipitée dans l'état dépressif. Il s'agissait d'une ligature des trompes après un troisième et difficile accouchement.[3] Mais voilà qu'elle panique devant la perspective de l'anesthésie générale. Ce n'est pas la peur de l'accident éventuel, mais la peur de ce qui, en elle, pourrait décider de ne pas la faire revenir : *« quelque chose qui me pousse à... pas à me tuer, non, pas du tout, mais à ... m'arrêter, oui, m'arrêter, c'est ça ! Et si je suis déjà endormie, quelle tentation de ne pas revenir ! »*

L'intervention décidée, elle met à profit la séance qui la précède pour se risquer à explorer sa peur et elle rencontre une tristesse intense, mais chaude et émouvante comme une douleur familière. Je la revois après l'intervention. Elle en est donc revenue. Elle cherche le mot juste : « *je reviens avec quelque*

---

[1] On est dans le cadre de la dépression *critique* ou état dépressif majeur.

[2] Encore un oxymoron.

[3] Sa dépression, *critique* sans discussion, correspondait à une vacillation forte de son identité : elle ne pourrait plus être une porteuse d'enfants - mission familiale -, elle avait à en faire le deuil et à trouver son identité propre.

chose de grave, pas grave dans le sens de grave, mais grave dans le sens d'être dans mes chaussures, comme on dit ». Je lui trouve en effet une gravité nouvelle. Je ne peux m'empêcher de faire les liens que les mots invitent à faire, que je lui sens ce jour un centre de gravité et que de ce contact avec son fond elle est revenue avec du fonds. Si je me laissais aller, je parlerais même de gravidité, mais la question a été trop délicate pour elle. Du sens caché se glisse toujours dans les jeux de mots, mais aujourd'hui je ne m'y hasarde pas. Un autre jour peut-être.

Voici maintenant Madeleine. Quand elle met le pied dans mon atelier, elle a tout de l'état dépressif majeur, la souffrance, la prostration, la tristesse, les antidépresseurs, des antécédents nombreux et même un conflit professionnel récent où elle s'est sentie humiliée. Que souhaite-t-elle ? « *C'est l'angoisse, les idées noires... euh, c'est-à-dire... pas vraiment mourir, mais... dormir profondément, ne plus être là, ne plus rien sentir, l'anéantissement.* » Madeleine dit clairement le mot, beaucoup le disent autrement, comme Martine : « *je ne veux pas mourir, je voudrais être morte...* ». Vivant, ça n'est jamais arrêté, et *mourir*, c'est encore un processus du vivant. *Mort*, on en est enfin sorti.

Est-ce de cela que parlent les hommes et les femmes qui parlent à longueur de plainte de se laisser couler, ou ceux qui mettent en scène, dans l'acte suicidaire, le corps qui tombe, qui coule, qui s'endort. Dans les suicides imaginés et rêvés, souvent, avant d'être accomplis, noyade, pendaison, précipitation sous un train ou une voiture, défénestration, la force motrice est le poids du corps. Ils le laissent obéir à la gravitation universelle, comme pour montrer ce que produit notre corps-matière quand du désir humain ne vient pas y mettre son intention. Le tissu qui a été du vivant, de l'improbable, s'abandonnerait à ce que les physiciens nomment de l'entropie. La dépression, tentation douloureuse du néguentropique de retrouver l'entropie.[1]

Après grave, gravité, gravidité, voici gravitation. Les formes sévères de la dépression *critique* proposent tant

[1] L'entropie est l'état de non-organisation, de désordre vers lequel tend la matière en dissipant son énergie. La néguentropie correspond, à l'inverse, à la concentration d'énergie dans l'organisation.

d'images et de sensations de la profondeur et de la pesanteur que s'impose, presque naturellement, la pensée de la naissance. Au moment où l'être arrive à la lumière, il naît au monde de la gravitation. Le poids du nouveau-né est pour tous une donnée si essentielle de son nouvel état qu'il fait partie, avec le sexe et le prénom, des informations qui sont aussitôt communiquées *urbi et orbi.* Alors qu'il présente peu d'intérêt objectif par lui-même, sauf dans des cas très particuliers, nul n'omettrait de le mentionner.

Oxymoron, ambivalence, paradoxe. Rage et colère ne sont jamais loin du désespoir et le suicide porte toute la violence de l'homicide. Quand on propose au déprimé de décrire son suicide fantasmé, on est surpris : on s'attend à le voir couler, mais son corps se met en mouvement, la force retenue dans les muscles noués et dans les attitudes gelées explose dans les gestes et les impulsions. L'écart entre la pensée suicidaire et la réalisation de l'acte témoigne de l'ambivalence qui s'attache au suicide. Autant le fantasme est dans la violence et l'homicide, comme le montre sa simulation, autant son exécution est en comparaison pleine de mansuétude. On s'imagine porter cinquante coups de poignard, déchirer les chairs, frapper à mort, et on se fait glisser dans le néant par le sommeil, la noyade ou par l'instantané de la pendaison ou de l'arme à feu.

Comment libérer la force prise dans le réseau des ambivalences, dans le jeu complexe des différentes instances qui peuplent le monde intérieur du dépressif ? Comment la réintégrer, voire l'intégrer, au service de la personne ? En reconstituant l'ensemble du discours que profère le suicidaire, de façon qu'il puisse l'accueillir entière, avec son poids de mort… et de vie.

Quand il dit « *je veux mourir !* », son ton et la dramaturgie invitent à compléter la phrase et à l'entendre comme un « *non ! Je veux mourir !* ». Le « non ! », muet mais ferme, fait sonner la phrase comme la seconde réplique d'un dialogue. La première n'en est pas parvenue à la surface et je la perçois, loin dans la profondeur, incontournable, disant quelque chose comme « *vivre !* », peut-être même sans mots, mais si pressante. En y prêtant attention, ce qui pouvait être perçu comme un inquiétant symptôme de maladie, prend une dimension différente. On voit les forces qui s'affrontent dans le cœur du consultant et comment le conflit fait monter sa peur.[1]

De même qu'il s'agit d'entendre la phrase dont le *je veux mourir* est la réplique, de même il faut dérouler les configurations où ce verbe, *mourir,* prend place et les mettre en résonance avec une autre formulation, aussi souvent entendue : « *je veux me tuer* ». Dans « *je veux mourir* » ou dans « *je veux me tuer* » chacun des mots renvoie à des questions en cascade. Le va-et-vient entre les deux verbes, si habituel dans le discours des suicidaires, parle d'un jeu complexe entre les intentions et les personnages.

Qui est le « *je* », qui se présente comme le sujet de la phrase ? Cache-t-il quelqu'un d'autre ? Qui est « *moi* », son objet ? Qui est le meurtrier potentiel, qui est la victime, à qui appartient le vouloir de « *je veux* » ? Et si ce n'est un vouloir, de quel mouvement intime est-il question ? Si c'est « *me* » tuer, il s'y fait entendre la force d'un désir qui met en scène deux protagonistes. Sous le discours et le mettant en action, il y a un fantasme[2] qui combine des mots, des mouvements, des émotions pour en faire le script d'une histoire dont le thérapeute s'attache à faire apparaître le texte et à identifier les acteurs.

La puissance du désir de meurtre, alors que le dépressif est lui-même, moteur en panne, si dépourvu d'allant, pourrait le renvoyer au désir d'un autre, ou d'une lignée, qui l'auraient colonisé, auxquels il aurait remis la distinction du bien et du mal, et qui aujourd'hui le condamneraient[3]. Auquel cas le « *je* » meurtrier n'est que le bras de tous ces Autres, l'exécuteur testamentaire du verdict familial, dont il est la victime, ayant, par son comportement, justifié la condamnation. Meurtre qui s'accomplit dans le suicide, crime parfait d'un meurtrier qui a semé et cultivé le sentiment de culpabilité, pour en faire le moteur du

---

[1] Voir au chapitre 9 une autre occurrence où la profession de foi du dépressif renvoie à un dialogue enfoui de même nature.

[2] C'est-à-dire une scène donnée quelque part en images. On pourrait dire une *gestalt*, un *champ morphique*. Le rapprochement de ces termes ferait se récrier les théoriciens des différentes écoles, mais je crois que ce qui les sépare est moins intéressant que ce qui les rapproche.

[3] Voir le chapitre 8.

geste fatal et rester lui-même au-dessus de tout soupçon. Le meurtrier effectue à distance, dans le temps comme dans l'espace, la mise à feu d'une bombe que l'immolé a portée en lui depuis toujours, sans le savoir. Seul pouvait l'évoquer le sentiment diffus d'une menace pesant sur lui, ou d'un danger dont il se sentait porteur[1]. Certains enfants réalisent, adultes, par le geste suicidaire, le vœu qui a hanté leurs parents et contre lequel ils ont lutté, dans la douleur, en se construisant retardés, déprimés ou psychotiques[2].

Dans tous ces cas, le « *je* » acteur du geste réalise le désir homicide d'un autre, terminant le travail de négation, d'humiliation commencé depuis longtemps, comme les rescapés des camps d'extermination nazis qui se suicident des années plus tard, ne pouvant davantage vivre avec la culpabilité d'avoir survécu[3].

A l'autre extrémité de l'ambivalence, *je* peut être celui qui, en s'engageant dans la thérapie, a décidé de sortir des aliénations dans lesquelles il a failli se perdre et où il ne se reconnaît plus. La dépression *durable* ne peut plus l'en empêcher, la dépression *critique* l'y contraint. Sans savoir vraiment qui il est, il commence à voir qui il n'est pas, qui il ne veut pas être. Un *je* chassant l'autre, jusqu'à peut-être vouloir, de rage et de désespoir, tuer ce faux lui-même. Il arrive même que le retour à la vie vienne aggraver le risque de suicide ou de mort, en ravivant le

---

[1] Un film de Michel Deville, *Dossier 51* (1978), construit une fiction politique sur ce thème du suicide télécommandé. On y voit les agents d'un service secret provoquer la mort d'un haut fonctionnaire sans y toucher, en enchaînant, de loin, des événements qui font remonter à la surface de sa conscience un explosif enfoui depuis longtemps. En allumant au bon moment la mèche de la culpabilité, ils mènent leur cible au suicide.

[2] Un film, là encore, en illustre la fatalité. Dans *The Hours,* (St. Maldry, 2003) c'est la trajectoire tragique de V. Woolf que déroule un scénario subtil. Virginia Woolf, une des grandes écrivaines anglaises, se disait porteuse d'une « mélancolie de naissance ». Elle se noya volontairement à 59 ans.

[3] Le mystère entoure encore la mort de P. Levi, retrouvé mort, à 68 ans, au bas de son escalier, lui que Auschwitz a hanté toute sa vie, ou celle de B. Bettelheim, qui s'est asphyxié à 87 ans, après avoir bâti sa vie sur l'expérience de Buchenwald. Auschwitz était un camp d'extermination lors de la seconde guerre mondiale et Buchenwald un camp de concentration.

feu du combat que se livrent les différents programmes dont la personne est faite.[1] L'envie de se tuer peut relever du désir de guérir, C'est ce paradoxe qu'illustre Véra[2].

« *Il y a quelques jours,* » me dit-elle « *j'ai eu vraiment des idées de suicide. J'étais prise de l'envie de tuer cette petite vie, qui m'enferme, qui m'étouffe. Les choses ne changent jamais, tout se répète sans cesse, j'en avais marre, je voulais mourir.* »

Elle parle de tuer et de mourir. Veut-elle tuer ce qu'à d'autres moments elle dit vouloir guérir, ou veut-elle mourir ? Elle peut écarter la question en arguant que la meurtrière et la victime se trouvent si intimement liées qu'il est difficile de tuer l'une sans porter atteinte à l'autre et qu'y réfléchir est pure spéculation intellectuelle. La tentation pourtant du meurtre se précise - et le débat ne peut plus être évité - quand il apparaît qu'être une *malade* est une de ses identités, et qu'il en est d'autres, bâillonnées ou non advenues. Voir clairement que son être ne se confond pas avec la malade, qui, dit-elle, lui a fait perdre toutes ces années et volé une partie de sa vie, fait naître des désirs assassins envers cette forme d'elle-même, aliénée aliénante.

L'ambiguïté plane sur le suicide des victimes de viols et autres agressions graves. Vient-il achever la dissolution de l'être atteint en son plus intime et délogé de son espace le plus personnel ? Vise-t-il à tuer le « négociateur », cette partie de la victime considérée comme traître, qui s'est abaissée pour sauver quelque chose et qui ne garde que la honte ? Le retour à la vie ne passe pas par la punition, par « *tuer la pute* »[3].

Véra qui se soigne voudrait tuer la Véra de souffrance et de petitesse, pour délivrer l'être de vie et de beauté qui est là, elle ne peut plus l'ignorer. Veut-elle tuer la petite vie qu'elle vit pour accéder à La vie ou à la Vie? Des majuscules ? Véra est catholique fervente. Elle porte sur sa vie le regard de la foi. Prier ne lui est pas un vain mot et son désir de mourir lui pose

---

[1] Voir le chapitre 6.

[2] Je reprends ici brièvement l'exemple de Véra exposé dans *La bascule des malaimés.*

[3] Voir l'histoire de Nelly, chapitre 15.

question. Faute de mieux, et par déformation de psychiatrisée de longue date, elle nomme suicidaires ces idées, avec la culpabilité qui s'attache au mot. Façon de diaboliser la part d'elle qui l'y porte, comme l'Église a toujours privé du salut éternel ceux qui écoutaient cette voix, qui ne pouvait être que celle du démon. Le raccourci guette aussi le thérapeute s'il vient du milieu médico-psychiatrique, où l'on assimile vite idées suicidaires à symptôme pathologique et tentative de suicide à échec médical.

Si Véra veut tuer cette petite vie, c'est peut-être pour vivre sa vraie vie. « *Je veux mourir* » est une autre façon de dire « *je veux vivre* » comme on a vu plus haut que c'était une façon d'y faire barrage. C'est cette poussée des pulsions de vie et l'imminence de la découverte du vivant en elle qui la rendent si impatiente, si intolérante à cohabiter avec la malade. *Je meurs de ne pas (la voir) mourir,* pourrait-elle dire en paraphrasant Sainte Thérèse d'Avila[1]. Quand l'exigence de sa valeur se fait jour, il n'y a plus place pour la conciliatrice, pour les compromissions. Et c'est là qu'un geste radical, fatal, peut survenir. Véra doit donner toute son importance à ce désir de « *se* » tuer tandis que son thérapeute l'accompagne dans ce cheminement : s'il est désir de mourir, il est aussi fort désir de vivre. Si elle veut tuer cette caricature rabougrie d'elle-même, ce n'est pas elle qu'elle veut tuer, mais la pseudo Véra qu'elle a choisi d'être pour survivre et que l'habitude des années de souffrance lui a fait prendre pour elle-même. Le vrai *Je* veut tuer le faux, par amour d'une vie portée par ses valeurs. Le « *je veux me tuer* » n'est que la forme extrême et désespérée du mouvement qui l'a menée en thérapie et qui lui a fait dire un jour « *je veux me soigner* » - ce que la suite du traitement a confirmé. C'est un tour de son masorgueil [2] qui lui fait d'abord prendre pour suicidaire, et pathologique, et culpabilisant, ce profond désir de transformation.

---

[1] « *Qu'elle est longue, cette vie / Qu'ils sont pesants cet exil,*
Cette geôle, ces fers, / Où mon âme est verrouillée
Rien qu'attendre d 'en sortir / Me cause d'affreux tourments.
Je meurs de ne pas mourir. »
Thérèse d'Avila, *Poèmes et pensées*, Desclée de Brouwer, Paris, 1964

[2] Voir le chapitre 9.

Qu'en penseraient les immolés, martyrs et héros, qui se sont suicidés quand il ne leur restait aucun autre moyen d'être fidèles à leurs valeurs, tel Jan Palach, ou qui l'ont fait par simple fidélité à eux-mêmes, refusant d'être celui qu'ils se voyaient devenir, tel Montherlant[1].

L'idée du suicide est le compagnon de route de tout déprimé/dépressif. Il en est qu'elle aide à mourir. Et plus d'un qu'elle aide à vivre. Le paradoxe se retrouve aussi bien dans la dépression *critique*, où le suicide renvoie à un désir de mort, voire de meurtre comme on l'a vu, que dans la dépression *durable* où il soulève une énigmatique interrogation sur le désir de vivre dans ce corps-là, ou dans n'importe quel corps, comme en atteste l'animosité qui se développe contre lui. Un compromis se tisse dans la dépression *durable* entre désir de mourir et désir de vivre, comme dans ces conflits où les belligérants veillent à ne pas s'anéantir, pour que l'affrontement perdure.

Me revient une des dernières images du film de Jane Campion, *La leçon de piano*[2]. L'héroïne, Ada, est entraînée au fond de l'océan par son piano qui vient de basculer par-dessus bord. On comprend en ce moment qu'elle a toujours porté en elle cette scène et cette image. Notre émotion nous fait vaciller dans une incertitude. Alors que tout nous a fait croire la chute accidentelle, peut-être ne l'est-elle pas. On a vu très vite[3] son pied se prendre dans les cordages du piano. La longue descente au fond, comme un ralenti sans fin, l'a-t-elle rêvée de façon récurrente ? La mort voulue semble le point d'orgue d'une existence de souffrance, la suite logique de tout ce qu'elle a vécu jusque-là. Tout devient simple, se laisser couler, ne pas lutter pour remonter.

Et d'un coup, surprise, elle semble se réveiller, elle essaie de défaire la corde, n'y parvient pas, et abandonne sa chaussure

---

[1] J.Palach, refusant l'écrasement du « socialisme à visage humain » par les chars russes, s'immola par le feu à Prague en 1969. H. de Montherlant, écrivain connu en son temps, décida de mourir quand il sentit la vieillesse entamer ses ressources intellectuelles.

[2] *The piano*. 1992.

[3] Image presque subliminale que je n'ai vue distinctement que sur le ralenti de l'enregistrement.

pour remonter. Sa tête surgit de l'eau, tirée par son compagnon et les Maoris[1], le visage bouffi comme celui de l'enfant qui naît. Pour la seconde fois du film - elle est muette - on entend sa voix off, « *Quelle mort* - l'on ne sait si elle s'exclame ou s'interroge - *quel hasard, quelle surprise ! La volonté a choisi la vie ! Pourtant elle m'a fait peur à moi et à beaucoup d'autres...* »

Une autre vie commence pour elle dans un nouveau lieu. « *J'apprends à parler,* dit-elle, *j'ai encore honte du son de ma voix.* » Et s'enchaîne le dernier plan du film. Image : eau profonde et sombre - voix off : « *la nuit... je pense à mon piano dans sa tombe...* » - le piano reposant au fond, la corde à la verticale et tout en haut, la corolle de sa robe à crinoline « *je me vois flottant au-dessus, là-bas... cette image me berce et m'endort, étrange berceuse, c'est la mienne* ».

Tout nous parle dans ce raccourci : exil (de l'Angleterre à la Nouvelle-Zélande) et séparation (le mari, trompé et fou de douleur, a tranché leur union en lui tranchant un doigt). Chassée, elle part avec son piano et sa fille, qui, dès la première image du film, semblent être dans son exil ses seuls liens avec la vie. Séparation d'avec le piano : elle insiste pour qu'on le jette par-dessus bord. Les Maoris l'approuvent. « *C'est un cercueil,* disent-ils, *que la mer l'ensevelisse.* » Mais survivra-t-elle à ce qui lui permettait de survivre, à la disparition du « cercueil » ? Oui. Dans une nouvelle vie même, inaugurée par une naissance, mais l'espace ancien de l'appel à couler demeure en elle comme un lieu de souffrance et de sécurité. Si elle ne l'a pas toujours rêvé, en tout cas le retrouve-t-elle chaque nuit...

---

[1] L'action se déroule en Nouvelle-Zélande vers 1850.

CHAPITRE 13

ENTRE DÉPRESSION ET SOLITUDE, UN LIEN COMPLEXE

Oui, elles sont liées, mais par une voie riche de détours et de fausses pistes. Une voie que parcourent les déprimés et les dépressifs « tous ensemble seuls ». Une voie qui mène de l'isolement à la déréliction et de la déréliction à la solitude.

Les statistiques disent que 33 % des ménages sont des personnes seules et qu'en trente ans la proportion des solitaires est passée de 6,1% de la population à 12,6 %[1]. L'autre courbe statistique évalue le nombre des personnes qui ont fait, font ou feront un état dépressif, nombre qui se montre constamment élevé - une personne sur cinq, d'après toutes les enquêtes réalisées dans les pays occidentaux - et en croissance.[2]

Rapprochant les deux courbes, comme le fait le sens commun, de nombreuses études insistent sur l'isolement comme facteur favorisant de la dépression. Certes, les personnes seules sont plus sujettes à la dépression, mais la relation entre solitude et dépression n'est pas si simple qu'il y paraît. L'isolement peut traduire une tendance ancrée au plus profond de la personne, mais il peut résulter, en devenant ce que j'appelle la solitude, d'un cheminement personnel, qu'il soit thérapeutique ou autre. Ainsi, certaines personnes ressentent, plus que d'autres, la condition de l'homme moderne comme une souffrance d'isolés, elles le manifestent sous la forme de la dépression et, au terme de leur transformation personnelle, elles s'installent dans la solitude. Pour le thérapeute, ces personnes

[1] Données de l'I.N.S.E.E., mars 2002.

[2] Voir le chapitre 21 pour le détail des données.

sortent de la dépression et de l'isolement qu'elle entretient pour entrer dans la solitude.

Les sociologues commencent à faire la différence, que je fais ici, entre isolement et solitude. Les statistiques rapportent qu'en décembre 2000 50 % des habitants de Paris intra-muros et 47 % des New-yorkais sont des « *célibataires* », c'est-à-dire des gens qui vivent en solitaires, sans pourtant être isolés. L'I.N.S.E.E., dans une étude rendue publique en novembre 2003, dit qu'une personne sur dix, en France, est « *isolée* », au sens qu'elle a au maximum quatre contacts privés par semaine. Or l'isolement ainsi défini ne doit pas être systématiquement associé au mal-être. Moins d'une personne sur cinq, parmi ces isolés, éprouve un sentiment d'isolement ou d'ennui. Les autres vivent leur solitude sans la ressentir comme un isolement[1].

Les statistiques démographiques rejoignent le constat du thérapeute. Rencontre de hasard ? Ou est-ce que les mêmes processus travaillent l'ensemble du corps social – où le sociologue les repère - et le destin de chacun – où le psychothérapeute les rencontre ? Derrière la population dont statisticiens et épidémiologistes essaient de cerner les caractéristiques, se profile une communauté dont les membres tenteraient de se forger une identité reconnaissable. Qu'on la nomme communauté des dépressifs ou communauté dépressive, elle intéresse autant les historiens et les sociologues que les médecins et les psychothérapeutes[2].

C'est dans la dépression *durable* que la dialectique isolement-solitude est la plus visible. Constat simple et paradoxal. Simple : les gens se plaignent amèrement de leur solitude, de leur isolement quand ils viennent la première fois en thérapie, se languissant d'être acceptés et reconnus, d'avoir enfin leur place dans le monde des autres et d'être réintégrés dans un

---

[1] Il faut insister sur le terme de contacts privés. Des personnes qui ont de nombreux contacts professionnels, qu'ils gèrent sans problème, peuvent être de grands solitaires dans leur sphère privée et être isolés au sens de l'enquête de l'I.N.S.E.E.

[2] Elle intéresse en tout cas les cinéastes, comme le montre *On connaît la chanson*, un film d'A. Resnais, où l'on voit deux des personnages sortir de leur isolement quand ils se reconnaissent tous deux dépressifs.

cercle dont ils auraient été bannis. Et paradoxal : au bout du chemin ils se réjouissent d'être enfin seuls. Et s'ils ont désormais leur place dans un cercle relationnel et social, ce n'est ni par une réintégration, ni par une réinsertion, mais par leur nouvelle aptitude à pouvoir être seuls.

Avant cette solitude pleine il y a eu en effet la solitude du vide. Car ils souffrent de la solitude, les dépressifs au long cours, attendant vainement que leur téléphone sonne ou que le courrier leur apporte une lettre, se désolant de n'avoir pas de compagnon de vie ou se plaignant, quand ils en ont un, de ne se sentir ni compris ni acceptés. Ils se sentent isolés, coupés du monde et des autres, comme abandonnés loin de chez eux. Pour eux, les mots exil ou même bannissement, dès qu'on les prononce, prennent un sens fort, comme d'une évidence jamais posée jusque-là.

Mais, en même temps qu'on voit la profondeur de ce sentiment d'exil, on découvre que les systèmes de croyances sur lesquels s'est bâti le roman dépressif ont servi à le renforcer et à le pérenniser, comme autant de stratégies visant à se languir d'un « *à la maison* » qui reste si loin, mais dont on se maintient éloigné. On se plaint, « on m'a laissé tomber, personne ne se soucie de moi ! », et on proclame « laissez-moi tomber, je suis une charge ! »

Et dans quel but, sinon se protéger de la solitude ? En se sentant coupable, on se fait croire qu'il y a, quelque part, quelqu'un qui a le regard sur soi, à tout prendre mieux vaut quelqu'un qui juge et écarte plutôt que personne[1]. Se sentir isolé, de même, c'est être hanté par des fantômes et les appeler autant que les craindre. L'omniprésence des autres, absents de la réalité mais si présents dans le monde intérieur grâce au sentiment d'isolement, est exprimée avec justesse par Laetitia le jour où elle pousse ce cri : « *je n'arrive pas à être seule avec moi-même* ». Expression paradoxale mais emblématique de la dépression, qui dit la dépendance douloureuse envers les autres, ressentie et maintenue à travers leur absence, et la difficulté à s'en détacher. La croyance en un ailleurs dont on serait écarté aide à penser qu'il y a un lieu où l'on aurait sa place, même si

[1] Voir le chapitre 9.

l'on est destiné à être exclu. Quelque part, il y a quelqu'un peut-être auprès de qui l'on a eu, ou l'on aurait, sa place. Ailleurs dans l'espace, et c'est « *I am a poor lonesome cowboy, far away from home* »... [1] Ailleurs dans le temps, et c'est le regret du temps béni de l'autrefois, ou l'attente des lendemains qui assureront enfin une reconnaissance. Ailleurs dans un autre monde, et c'est la projection dans l'imaginaire du roman, voire dans l'au-delà d'une vie éternelle[2] ou d'un retour à celle-ci. Des croyances qui louvoient entre nostalgie et attente, maîtres mots de la dépression installée dans la durée.

Qu'on parle de la différence entre *se sentir isolé* et *être seul* ou entre se sentir *exilé, banni* et *habiter chez soi,* tout revient à la dialectique de l'éloignement ou de la proximité vis-à-vis de soi-même. C'est une découverte pour ces personnes qui croyaient dépendre si fort des autres, ça l'est aussi pour le thérapeute frappé d'entendre si souvent cette antienne. Il la perçoit chez toutes sortes de patients, mais le plus souvent chez ceux qui venaient avec une souffrance dépressive, surtout dans sa forme durable. Le couple isolement-solitude lui apparaît comme un des ressorts de l'organisation dépressive et sa transformation témoigne d'un processus de sortie de la logique dépressive.

La découverte est par elle-même source de turbulences, car elle réactive tous les programmes dépressifs, comme Antoine le montre chaque jour, mais rien ne peut plus faire comme si elle ne s'était pas produite. Nous travaillons ensemble depuis six bons mois. Il était venu pour un état dépressif traînant depuis plusieurs mois malgré les antidépresseurs. Voilà qu'un jour, il dit : « *je ne me sens pas seul, enfin !* » Il veut dire, paradoxalement, qu'il se sent moins dépendant des autres pour se gouverner. Il a trouvé en lui-même une présence qui l'accompagne dans sa vie : il peut vivre seul, il ne se sent plus isolé. Par ces mots, il signifie qu'il est sorti de sa dépression, sans pour autant que le travail soit terminé.

---

[1] « *I'm a poor lonesome cowboy, far away from home.* » Pour ceux qui l'auraient oublié, c'est la complainte du héros de bande dessinée créé par Morris et Goscinny, Lucky Luke. Luke le chanceux ?

[2] Voir le chapitre 12 et le texte où Ste Thérèse d'Avila parle de cette vie-ci comme d'un exil.

Il redira la même chose autrement. Au cours d'un voyage professionnel en groupe, il revit ce qu'il connaît bien, se sentir en décalage constant avec les autres participants, comme s'il était mis à l'écart. Pour alléger sa souffrance, il ne cesse de les critiquer, ce qui dit aussi sa dépendance à leur égard, mais lors de la visite d'une église, il éprouve le besoin urgent de s'en écarter : « *c'était comme une évidence pour moi, il a fallu que j'aille m'isoler dans une chapelle. Ce n'était pas pour prier, ça n'est pas mon truc, mais pour pleurer, seul. Et là je me suis senti vraiment bien* ». Le connaissant et sachant sa propension à se voir comme victime, je pouvais comprendre que c'était là une alternative à la plainte complaisante. Il avait eu besoin de se retrouver *seul*, hors de la présence du groupe, pour ne pas céder à la tentation de se sentir *isolé* au milieu d'eux et pour ne pas être tenté d'en exploiter le filon et de s'apitoyer sur lui-même. Il avait trouvé un lieu qui pouvait en effet le protéger de ce risque. Étrangement, c'était celui où les hommes célèbrent le lien qui remplace tous les autres, la maison de Dieu. Ainsi avait-il résolu le dilemme : soit être tout avec lui-même, même dans sa souffrance, soit se placer dans la douleur de l'isolement, en mendiant l'amour des autres, à leur insu.

Quelque temps plus tard, il devait repasser dans les affres de l'isolement, quand il se sentit rejeté par sa compagne. Ne plus se sentir aimé et surtout, pour lui, ne plus se sentir désiré par une femme, c'était comme être rejeté dans un cercle extérieur, véritablement exilé. Il ne pouvait y avoir de chez lui, puisque le véritable foyer, la source de chaleur, c'était de nouveau le cœur de l'autre, au cœur de l'autre.

Isolement contre solitude, ailleurs contre chez moi ? L'hypothèse se trouve renforcée par les confrontations, déjà plusieurs fois évoquées, qui ébranlent tout le système des croyances. Quand la vie propose que les attentes, les espoirs, l'amour soient rapatriés de tous les ailleurs où ils avaient été entreposés pour prendre leur place ici et maintenant, les choses peuvent sérieusement se gâter.[1] Le roman dépressif est radica-

---

[1] Voir les chapitres 6 et 9.

lement mis en cause, car il ne s'agit plus de rentrer *à la maison,* mais d'y renoncer définitivement en arrivant *chez soi.*

Quand les nuages de la dépression se sont dissipés, la personne découvre ce que peut être une solitude pleine. Désormais, quand elle se dit seule, elle apprécie la saveur de ce qui vient compléter la phrase : «*je suis seule... chez moi !* » Deux petits mots qui s'entendent autant au propre qu'au figuré, parlant de l'espace de vie, le chez moi géographique, autant que de l'espace tout intérieur, le chez moi psychologique. *Chez moi*, c'est l'espace que j'habite en titre et que je suis seul à occuper, avec la liberté d'y inviter et d'y accueillir qui je veux. J'y suis en toute légitimité, ni toléré et devant me faire petit pour pouvoir y rester, ni usurpateur et devant m'en sentir toujours coupable. Un lieu où mon corps, tout comme mes sentiments et mes besoins sont chez eux.

Ainsi, Claude, un très *durable* dépressif, découvre au fil de son cheminement thérapeutique qu'il peut accepter d'être ce qu'il est et de le laisser voir. Il peut accepter d'être vivant, sans craindre de menacer quiconque de ce seul fait et sans encourir désormais la punition. Il peut affronter sa peur d'attirer le désir et l'amour d'un supposé prédateur sans avoir à en prévenir le danger par quelque mascarade d'autodévalorisation. Il peut s'installer dans une tranquille affirmation de lui-même sans que le masochisme le précipite dans le tourment de l'orgueil, ni que le souci retrouvé de soi-même l'enferme dans le bastion de l'égoïsme. Peut-on dire qu'il quitte le vide de l'isolement pour entrer dans le plein de la solitude ?

Ces anciens isolés ont des journées pour eux seuls, dans leur espace, à organiser l'emploi de leur temps, et ils s'en réjouissent. Le luxe suprême, de l'espace et du temps pour eux seuls ! Le terme de solitude qu'ils utilisaient dans le temps du mal-être convient mal pour décrire leur nouvel état. Les mots sont voisins - seul, isolé, solitude, isolement – mais ils diffusent des saveurs toute différentes.

Noëlle, une de ces dépressives au long cours, sait ce que signifie ne pas habiter chez elle, ne jamais être en première ligne dans sa propre vie, et se sentir liée au monde environnant par le carcan de l'exclusion et de la culpabilité. Et elle trouve les mots pour le dire : « *quand je me sens isolée, je le sais mainte-*

nant, c'est que je suis loin de... moi ! ». En se sentant isolée, elle privilégie le sentiment d'être loin des autres, qui va avec la souffrance d'en être tenue à l'écart ou de n'avoir pas accès à la chaleur de la convivialité qu'ils partageraient entre eux. Plus que la solitude physique, c'est l'éloignement de cette chaleur relationnelle qui fait souffrir. En nourrissant le sentiment d'être loin des autres, on se maintient loin de soi-même et l'on préserve l'existence de la victime qu'on croit être et d'un bourreau ou d'un bannisseur, ainsi assurés d'exister, sans doute à leur insu.

Être seul et chez soi, c'est au contraire choisir de s'installer dans la proximité de soi-même et, en se réchauffant à son propre foyer, de s'éloigner de la dépendance à celui des autres. On ne leur demande plus d'être ce que nous ne pouvons être pour nous-mêmes, ni de nous apporter un supplément ou un palliatif d'existence. Et l'on peut désormais rencontrer les autres pour eux-mêmes, ce qui fait une grande différence.

Le jour où elle a annoncé qu'elle ne viendrait plus, Noëlle a précisé «*je ne suis pas seule et pourtant je ne vois pas beaucoup de gens... C'est que, comment dire... Je sais qu'il y a en moi une ressource, quelque chose de précieux qui me permet maintenant de voir quand ce n'est pas moi qui parle ou qui agit...*»

Et plus encore qu'isolement contre solitude, ailleurs contre chez moi, il est question de *chez nous* contre *chez moi*. Comme si la nostalgie du *chez nous* perdu ou jamais connu, dont la fiction est préservée par la tristesse et l'abandon de soi-même, faisait obstacle à l'avènement de ce *chez moi*, intimement perçu comme le mouvement qui gît au cœur de la dynamique dépressive.

On retrouve dans la dépression *critique* la même exigence à revenir chez soi, mais déclinée dramatiquement, à travers la carence de portage[1].

On a vu comment la psychanalyste d'enfants Mélanie Klein a fait de la position dépressive un stade du développement normal de l'enfant. Le champ de forme de la dépression, avec

---

[1] Voir le chapitre 6.

ses déterminations neurochimiques et psychosomatiques, s'enracine ainsi dans les phases premières de notre construction et de notre développement. La particularité de ce moment initial, contemporain de la séparation d'avec la mère, n'est pas d'être un retour chez soi, mais de correspondre au début du processus d'individuation et donc à la première installation chez soi…

Dans la logique de ce raisonnement, le montage ainsi constitué sert de matrice aux expériences ultérieures qu'on peut définir comme carences de portage et comme défi d'avoir à s'installer chez soi. On a vu comment la dépression anaclitique peut désanimer l'être. Le rappel de ces expériences premières incite à penser que la brisure du ressort a toujours à voir avec un sentiment de déréliction. S'il est un mot qui décrit le tourment que vit le dépressif, c'est bien celui-ci, mot savant certes, qui n'est jamais entré dans le langage courant, mais qu'affectionnent les écrivains. Il vient du vocabulaire religieux. Quand St François de Sales l'introduit dans la littérature (1606), c'est pour comparer l'homme dans sa solitude à Jésus seul sur la croix: « *cette déréliction ressemble à celle que Notre Seigneur ressentit à sa passion* ». Et le Grand Robert illustre ses définitions de trois vers d'Aragon...

« *Voici l'instant dérisoire où l'extrême déréliction devient*
Pour vous une oasis et comme la main protégeant une flamme
Au creux du cachot vacillant à peine et sur soi-même qui revient... »

... qui donnent une autre dimension à la détresse. Aragon a-t-il si bien connu la dépression pour dire qu'il faut toucher le fond, voire s'y rapetisser, pour préserver le fonds et s'y ressourcer ?

Quelque chose manque, disait Sandrine, une déprimée *critique.*[1] Pensait-elle à un autre mot que le dépressif ne peut entendre sans nostalgie ni perplexité : enthousiasme. Le déprimé (critique), qui l'a souvent connu, n'en ressent que plus la perte. Pour le dépressif (durable) il y a longtemps qu'il ne sait plus ce que c'est, s'il l'a jamais su. A lui la vraie nostalgie. L'enthousiasme, selon l'étymologie en grec, dit l'état de celui qui est habité par le dieu. Les mots s'enchaînent, faisant ressurgir dans le paysage dépressif un personnage au rôle énigma-

---

[1] Voir le chapitre 20.

tique : Dieu, et sa besace remplie ou non d'amour pour la créature. Deux mots viennent de nous tirer aux extrémités de l'amour divin, allant de sa présence dans le feu de l'enthousiasme à son absence dans la prostration de la déréliction. Abandonnés de Dieu ? Le temps de la déréliction parlerait-il de cette aventure majeure et unique dans l'histoire, où des hommes, sans y être contraints par aucune force extérieure, se détournent du dieu qu'ils avaient d'abord conçu comme unique, jaloux et exclusif, leur Dieu[1].

La problématique d'abandon rejoint celle de l'isolement que nous avons vu œuvrer dans la dépression *durable*. Quand celle-ci se fissure, il apparaît qu'un certain nombre de constructions, identitaires et relationnelles, visaient à assurer un cercle de présences portantes, au prix d'un éloignement de soi. En mettant en scène une dramaturgie du deuil, la crise accule la personne à sortir de cet éloignement pour se rencontrer et, peut-être, entrer dans la solitude.

L'ensemble de ces observations, quand on les rapproche des données fournies par l'histoire et l'anthropologie, m'amène à proposer une hypothèse sur la nature de la dépression : le schéma dépressif s'inscrirait dans une antiquité de nos fonctionnements biologiques et psychoaffectifs, où chaque unité humaine est une part intégrante d'une entité qu'on peut nommer, pour faire court, le corps groupal ou le corps-âme groupal. Dans cette condition hypothétique, l'individu ne saurait exister par lui-même, il fait partie d'un groupe de façon quasiment aussi organique que celle qui unit un bras à un corps. La langue le dit clairement : il est membre du groupe. Les limites qui définissent l'unité et l'identité, en un mot l'appartenance, ne sont pas celles du corps individuel, mais celles de l'entité groupale, famille réduite ou élargie, clan, tribu, etc. L'expérience quotidienne et répétée des processus qui matérialisent cette appartenance, en particulier par les rites, les repas, la transe, les interdits, construit une cohésion perçue comme étant la nature même des choses. Elle fait de l'individu une partie organique du

[1] Voir les chapitres 18 et 21.

groupe, et donne cohérence au monde. La cohésion physique y est gage de cohérence mentale.[1]

Nul ne s'y appartient à lui-même et la vie et les intérêts du groupe prévalent sur ceux de l'individu. L'homme idéal n'y est en aucune façon celui qui acquiert son autonomie et mène sa vie propre, mais celui qui agit en conformité avec les règles et les valeurs du groupe et transmet à ses enfants ce qu'il a reçu de ses ancêtres. Chacun est porté par le réseau des obligations mutuelles, qui assure solidarité et reconnaissance réciproque. Ces caractéristiques, données en quelques mots, montrent à quel point ces sociétés s'écartent de la nôtre. J'emploie le présent, car nous pouvons observer des sociétés humaines de ce type, en particulier en Afrique subsaharienne et en Asie, et parce que la coexistence avec notre type de société est source de frottements et souvent de conflits.

Se retrouver seul est inconcevable et terrifiant dans nombre de cultures. Quel voyageur circulant seul en Afrique ou en Asie n'a été frappé par la hantise de la solitude qui s'y exprime[2]. Le statut des ermites et solitaires et la fascination qu'ils exercent dans ces mêmes sociétés s'expliquent par cette terreur. La dialectique que je découvre dans le travail avec les dépressifs se trouve, dans certaines cultures, posée dans la grille sociale des valeurs : l'isolement y est connoté négativement sur le plan social, alors que la solitude y est hautement valorisée dans

---

[1] Parmi de nombreuses observations, en voici une : « *Chez les primitifs, l'appartenance à un groupe fait partie du comportement normal. [...] La soumission aux vœux et aux règles de ses pairs est importante pour le bien-être ou même pour la survie. [..] Un lignage forme d'ordinaire un corps dont tous les membres ont en commun des droits et des devoirs.* » (R.W. Firth, Encyclopaedia Universalis 2003, article Ethnologie).

[2] Parlant de ce qu'il voit aujourd'hui, un observateur attentif de l'Afrique, R. Kapuscinski, dit des Éthiopiens: « la *solitude est impossible en Afrique. Un homme seul ne peut survivre plus d'un jour. Solitaire, l'homme est condamné à mort.* » Des Ibo du Nigeria il écrit: *« L'Ibo refuse la solitude, il la redoute comme la peste, il la considère comme une malédiction, une condamnation. »* Et des Somalis: *« S'il y a une seule chose que le Somali ne peut se représenter, c'est bien de se retrouver seul sur terre. »* (*Ébène. Aventures africaines.* Plon-Pocket, 1998). F. Verdier, qui a passé cinq ans immergée dans la Chine profonde, dit en écho « *Si vous voulez punir un Chinois, enfermez- le seul : il craquera très vite.* » (*Passagère du silence*, A. Michel, 2003).

le cadre d'une démarche spirituelle. Celui qui peut se retrancher et vivre seul est un personnage d'exception, qui a nécessairement accès à une autre dimension de la réalité : il ne dépend d'aucun lien humain pour être porté. Dans notre société laïcisée, ce qui avait un sens spirituel devient une valeur de la vie quotidienne, et le spirituel en tant que tel s'estompe.

La vie du groupe est une chaîne temporelle dont un maillon peut disparaître sans que la chaîne se défasse. Si un homme meurt, ce n'est ni plus ni moins dramatique qu'un membre du corps qui meurt tandis que l'organisme continue de vivre. La vie du corps groupal, et par conséquent celle des individus qui le composent, est structurée selon deux dimensions. La dimension horizontale, ou visible, est celle du groupe des personnes actuellement en vie. Elle assure une fonction maternante, dispensatrice de chaleur et de soutien. Là, il ne peut y avoir d'orphelins.

La dimension verticale, ou invisible, est celle des lignées ancestrales, éventuellement divinisées, et en tout cas dotées de pouvoirs importants. La mort permet le passage d'un élément du groupe familial ou social dans une dimension différente où il devient ancêtre, c'est-à-dire une puissance agissant pour que circule le courant de vie qui anime tous les existants. L'énergie des ancêtres perfuse les vivants et, sans elle, le monde tourne au chaos. La dimension verticale assure une fonction structurante, paternante, dispensatrice de sens et de règle. Là, ce qui semble insensé n'est que du sens caché, à décrypter.

On comprend que quand se défont les liens qui unissent un membre à son groupe, se défasse la circulation d'énergie qui l'alimentait. Dans ces sociétés, les états que les observateurs occidentaux considèrent comme dépressifs, même s'ils n'en présentent pas tous les symptômes, sont marqués avant tout par le ralentissement et l'abandonnisme, et ils s'observent dans des situations de rupture du réseau qui relie l'individu au groupe. Il se produit alors des états très voisins de ce que nous appelons les dépressions anaclitiques et susceptibles d'entraîner la mort par une sorte de désintérêt du corps à vivre[1].

---

[1] Voir en particulier H. Collomb, *La dépression en Afrique*, in *La revue du praticien*, 1978, T. 28, et les nombreux ouvrages de cet auteur, longtemps

A l'évocation de ces états, se présente ici un mot déjà rencontré plusieurs fois dans ce chapitre : la nostalgie. Lorsque le mot est créé, pour décrire, dans la langue de l'époque, un état de dépérissement et de langueur que nous appelons aujourd'hui dépression, il rattache explicitement cet état au sentiment d'isolement et d'exil. Il est forgé, en 1688, par un médecin suisse, Johannes Hofer, à partir du grec, pour désigner une souffrance (*algos*) du retour (*nostos*), impossible ou trop différé. « *Versé dans l'étude du « mal du pays », il lui fallut créer un mot qui pût signifier une affection véritable, digne de rentrer dans le vaste registre des maladies, et auquel pût correspondre cet état de tristesse et de léthargie qui envahissait les jeunes Suisses lorsqu'ils séjournaient à l'étranger.* »[1] Les mêmes Suisses dont parle Jean Jacques Rousseau : « *Cet air* [une mélodie pastorale typiquement suisse, le « ranz des vaches »] *est si chéri des Suisses qu'il fut défendu, sous peine de mort, de le jouer dans leurs troupes, parce qu'il faisait fondre en larmes, déserter ou mourir ceux qui l'entendaient, tant il excitait en eux l'ardent désir de revoir leur pays.* »[2] Ces effets dévastateurs montrent la sensibilité de l'âme aux liens d'appartenance et, accessoirement, la facilité avec laquelle on touche l'âme par l'oreille et la musique.

La rupture du lien peut être décidée contre la personne – bannie, excommuniée, exilée - ou résulter d'une catastrophe d'origine naturelle ou humaine, guerre, esclavage. Quand la catastrophe atteint toute la collectivité et qu'elle détruit son ancrage culturel, il se produit une hémorragie de sens de la vie qui compromet gravement la survie physique de ses membres,

---

psychiatre en Afrique. Pour lui, le facteur déterminant de la dépression en Afrique est que le sujet perd « *l'appui habituel qui détermine la place de l'individu dans le groupe et lui donne son identité et sa valeur* ». On retiendra aussi sa description de la *mort socio-somatique* qui s'explique par la relation intime entre lien social et fonctionnement biologique. De nombreux contes traditionnels, venus de différentes cultures, reposent sur une « maladie de langueur », qui affecte généralement des jeunes filles et ressemble fort à une dépression anaclitique. Il est intéressant de voir comment, selon la culture, la recherche d'une solution mobilise les ressources et l'intelligence de la collectivité et comment le problème est finalement dénoué.

[1] Encyclopaedia Universalis, article *Nostalgie* de M.-C. Lambotte.

[2] Cité par M.C. Lambotte

ou qui entraîne un syndrome dépressif collectif, avec des comportements proches des équivalents suicidaires que j'ai évoqués plus haut[1]. L'histoire des conquêtes et des colonisations en fournit de nombreux exemples dramatiques.

La dépression serait par hypothèse liée à un fonctionnement de ce type : c'est la menace de dissolution des liens groupaux, et non l'expérience du deuil ou de la perte d'un être cher, qui en ferait un des invariants de notre condition. La dépression pèse sur l'horizon de la conscience comme une épée de Damoclès, menaçant à tout instant celui qui contreviendrait aux règles de la vie collective. Nombre de comportements et de rituels visent à préserver le risque de s'en trouver retranché. L'individu est protégé de la dépression tant qu'il est inséré dans les deux dimensions essentielles du groupe humain. Il en est perfusé, porté. Que l'une ou l'autre de ces dimensions soit défaillante, et le drame survient, de gravité variable selon la personne et selon le contexte.

L'épidémie dépressive moderne correspondrait ainsi à la corrosion progressive des liens groupaux au cours de l'évolution historique[2]. Le démembrement des corps-âmes groupaux laisse leurs membres orphelins du double support, horizontal (les vivants) et vertical (les morts) qui assurait leur existence. Il aurait entraîné des remaniements biochimiques et fragilisé les personnes dans leur inconscient avec une telle fréquence que la dépression se développe sur une échelle collective. Et elle apparaîtrait chez ceux d'entre nous qui, par leur histoire et leur héritage génétique ou familial, ont une sensibilité particulière à la problématique de l'exil et se trouvent placés dans une situation de privation groupale - comme les peuples qui se sont déculturés à notre contact.

J'ai évoqué des données historiques et anthropologiques pour soutenir cette hypothèse. Il en est d'autres qui proviennent, en sens inverse, de mon expérience de psychothérapeute et de psychiatre. Ainsi, dans le cours du travail individuel, l'impact de mots comme exil ou bannissement et les remous qu'ils pro-

---

[1] Voir le chapitre 5.
[2] Voir le chapitre 21.

voquent chez les personnes dépressives, ou encore la force de ces termes : *chez nous* ou *à la maison*, évoquent une familiarité cachée entre la dépression et la rupture du lien groupal, qui semble dépasser le niveau de la métaphore.

La clinique moderne rassemble peut-être dans la personne les signes que la dépression dispersait autrefois dans le groupe. Ainsi s'explique cette donnée relevée par les observateurs, de l'absence de sentiment de culpabilité et de conduites suicidaires chez les dépressifs des sociétés à corps groupal. La culpabilité est ressentie par le groupe et entraîne les comportements correspondants, comme la pénitence, les rituels de réparation, et les mises à mort sacrificielles. L'individu éprouve de la honte, c'est-à-dire un mouvement qui le porte à se cacher du regard du groupe.

La distinction des deux dimensions du corps groupal, et des troubles différents qui leur correspondent, présente des ressemblances frappantes avec celle qu'est amené à faire le psychothérapeute entre la dépression *critique* et la dépression *durable.*

La première correspond à un déficit d'animation comme s'il y avait arrêt d'une perfusion, d'un portage. Rapportée à l'épidémie, elle suggèrerait que les sociétés qui en sont atteintes ont malencontreusement dissout le « portage horizontal », la relation nourrissante avec l'environnement, comme cela se produit pour l'individu banni.

La seconde représente la tentative d'organiser, à travers des formes en négatif, des juges virtuels, la continuité d'un ordre, d'un sens des choses, d'une éthique, comme si ces sociétés avaient de même perdu le contact avec la dimension verticale et tentaient d'en préserver la fiction. La souffrance de l'ennui, avec sa phrase slogan « *à quoi bon ?* », y est d'une constance et d'une réalité plus pertinente encore que la tristesse[1]. Comme si l'âme se trouvait exilée, jetée dans un monde où elle n'a que faire. La mort dorénavant perçue comme fin définitive[2], le lien qu'on avait avec les ancêtres se rompt, la dimension ver-

---

1 Ce poids de l'ennui semble ignoré des sociétés premières…

2 Beaucoup de phénomènes, dont l'épidémie dépressive, laissent penser que nos croyances sur la mort se sont modifiées. Voir le chapitre 14.

ticale s'effrite, ceux de l'autre monde ne sont plus là pour indiquer le bien et le mal, pour indiquer la conduite juste. Une psychologue parle « *d'une société qui ne croit plus à l'échange symbolique avec les morts* »[1]. Ni symbolique ni organique. Difficile de savoir si la mort a pris le visage qu'on lui voit aujourd'hui parce que les liens groupaux se sont défaits, ou si les liens se sont dissous quand la vie terrestre et ses achèvements ont pris le pas sur la continuité du groupe et de ses valeurs.

L'hypothèse que je propose s'appuie également sur les pratiques thérapeutiques faisant intervenir la dimension du groupe. Elles permettent d'observer de près les phénomènes groupaux ainsi que les comportements individuels en groupe. Le fonctionnement d'un groupe peut plonger ses membres dans un état de conscience particulier, comme s'il se créait un corps et une conscience de groupe qui englobent l'ensemble et ne se réduisent pas à la somme des individus. Le fonctionnement psychologique comme physiologique de chacun en est affecté de façon visible, et chacun se trouve rendu perméable à des forces et à des influences auxquelles, dans un autre contexte, il ne le serait pas[2].

Le travail de groupe produit des effets antidépresseurs chez les dépressifs[3]. Dans un premier temps les réactions dépressives s'exacerbent, en même temps que s'éveille un puissant sentiment de nostalgie, avant que se restaure l'image personnelle et l'auto estime et que la personne retrouve son autonomie affective et relationnelle. Mais, faute d'un travail personnel mené en parallèle, les effets thérapeutiques s'effacent et s'installe une dépendance au groupe qui aura le résultat inverse. La per-

---

[1] M.F.Bacqué, dans *Le Monde*, 22.10.2003.

[2] Je décris des phénomènes, indépendamment du jugement moral qu'on peut porter sur eux, car leur réalité est incontournable. Ils peuvent être utilisés dans un but de manipulation des consciences individuelles ou comme moyen thérapeutique. L'efficience thérapeutique n'est séparée du conditionnement sectaire que par l'épaisseur de l'éthique des praticiens et par le contrat qui s'établit avec leurs consultants.

[3] Je me réfère à mon expérience hospitalière sur la communauté thérapeutique (Nice, 1981-1987) et aux nombreux groupes thérapeutiques résidentiels auxquels j'ai participé comme patient et comme animateur.

sonne retrouvera la dépression pour pouvoir revenir dans le groupe à moins qu'elle ne choisisse un mode de vie où la question de la liberté personnelle ne se pose plus et où elle n'aura pas plus de vie propre qu'un bras dans un corps. Dans un lieu qui pourra tout avoir d'une secte.

On retrouve dans cette surprenante efficacité des groupes thérapeutiques la dimension horizontale de l'ici et maintenant servant de support et de contenant, qu'il serait plus juste de nommer maternante que maternelle. Et l'on retrouve dans sa labilité l'illustration de ce que produit la carence d'une dimension verticale. La secte, par le dogme, les systèmes de croyances, l'utilisation des symboles, joue, pour y suppléer, un rôle que là aussi il faut nommer paternant plus que paternel. Ainsi s'explique la dépendance qui risque de s'installer en l'absence d'un travail sur soi.

Si l'incorporation de l'individu à l'entité groupale semble renvoyer à un passé si lointain qu'il peut paraître mythique – force de la nostalgie -, l'histoire individuelle conduit aujourd'hui à voir le groupe, ses interdits et ses contraintes comme mutilants, comme empêcheurs d'être… soi, une évolution qui conduit à opposer le *je* au *nous*. Et se couper de son groupe d'appartenance, pour la logique inscrite dans notre chimie, c'est comme se couper d'un corps dont on ferait partie, de façon aussi problématique qu'un bras voulant se détacher d'un corps. Chacun se trouve confronté, qu'il le veuille ou non, au défi d'avoir à affirmer et à assumer sa valeur personnelle contre tout ce qui semble s'y opposer. *Je contre*. Une partie du drame de la modernité se joue dans la pression à devoir rompre encore et toujours la liaison organique entre la personne et le groupe. Et si l'on parle des stress de la vie moderne qui seraient à l'origine de l'épidémie dépressive, et qu'on s'interroge sur ceux qui lui seraient spécifiques, sans doute faut-il les chercher dans cette façon dont elle pousse chacun à se couper de ce qui lui a été si fondamentalement nécessaire pendant des millénaires. L'obligeant par là à trouver une source d'énergie pour vivre au quotidien et à découvrir des modes de gestion des relations aux autres entités. C'est par ces mécanismes et leurs prolongements dans le fonctionnement biologique qu'agiraient les stress couramment mis en avant de l'individualisme et de la compétition.

S'il n'y a plus de corps-âme du groupe pour veiller sur nous, ni dans le visible ni dans l'invisible, d'où pourra venir maintenant l'énergie nécessaire à vivre chaque jour ? La dépression dit-elle que chacun doit devenir pour lui-même ce que le groupe, dans l'horizontal comme dans le vertical, était pour ses membres ? Mutation capitale dans le psychologique, dont parlerait dans le biologique un gène mutant qui joue sur notre taux de sérotonine.[1] L'état dépressif ne résulterait pas de la perte d'un objet d'amour mais de se sentir soi-même perdu comme objet, c'est-à-dire de ne plus être aimé, porté par, et d'en être contraint à devoir aller chercher l'amour de soi… en soi.

La dévalorisation, autre must de la dépression moderne, est peut-être un témoin archéologique de ces combats. Proclamer qu'on ne vaut rien, est une façon d'endormir la vigilance des ayatollahs comme de l'Éternel, stratégie témoignant qu'il faut perpétuellement rester attentif à détourner le regard inquisiteur, pour préserver son trésor intérieur. Dans l'antagonisme qui se joue au fond de ses cellules, le dépressif semble rechercher un compromis viable, entre la partie de lui qui la joue profil bas « *sachez-le je ne suis rien sans vous, hors le groupe je n'ai aucune valeur personnelle, ne me craignez pas, je suis quantité négligeable* » et celle qui affirme d'un autre côté à mi-voix « *ma vie vaut celle du groupe, j'ai droit à mes appétits, j'en ai les moyens et dans mon royaume je suis souverain* ».

[1] Dans la revue *Science*, 17.12.2004, deux chercheurs de la Duke University (U.S.A.), M. Caron et X. Zhang, exposent leur découverte d'un gène mutant, qui assècherait le taux de sérotonine. Il est dix fois plus présent dans les cerveaux de dépressifs que dans la population générale et en particulier chez les personnes dont la dépression résiste aux antidépresseurs de dernière génération. Sélection « naturelle » provoqué par l'évolution culturelle ? Il est remarquable que ce gène n'ait pas été retrouvé chez les personnes atteintes de psychose maniaco-dépressive.

CHAPITRE 14

LA DÉPRESSION, LE DEUIL, LA PEUR DE MOURIR

Les rapports entre dépression, deuil et peur de mourir sont éclairés par deux faits :
- le deuil est devenu socialement obsolète, tandis que la dépression devenait socialement visible ;
- le deuil visait à maintenir le lien avec les défunts : il disparaît quand on meurt pour de bon, tandis que la dépression anticipe le deuil de soi-même.

Endeuillé, c'est ainsi qu'on perçoit immédiatement tout déprimé. La mort rôde quelque part autour, mais où exactement ? Aussi banal que soit le rapprochement entre dépression et deuil, il ne dispense pas de la question qui brûle les lèvres : qui est mort ? de qui porte-t-on le deuil?

La dépression, il est vrai, ressemble beaucoup à l'état qui suit la disparition d'un être proche et aimé, et qui évolue, après une phase initiale de choc, de dénégation et de colère, vers la tristesse et l'abattement. Si toutefois le processus suit son cours. On pleure, on souffre, chacun à sa façon, comme peu d'expériences humaines le donnent à vivre, et que chacun, pourtant, vit un jour. On n'a plus le goût à vivre, tout devient fade et incolore. On tend à se replier sur soi, on se terre dans un coin, on erre sans but. Le corps semble s'absenter de lui-même. On perd l'appétit et le sommeil et on n'éprouve plus de plaisir à quoi que ce soit. Un grand nombre des signes du deuil sont ceux de la dépression, d'autant que le code social du deuil, tel que la tradition le formulait, prescrivait les symptômes de la dépression, telle que nous la connaissons : affliction, interdiction des réjouissances, inhibition des affects et des comportements autres que tristes, jusqu'au silence et à la réclusion. La prescription différait selon le lien entre le deuilleur et le disparu, mais elle comportait dans tous les cas une durée limitée. On se souvient que, jusqu'à ces dernières décennies, la dépression elle-même ne durait qu'un temps[1].

On retrouve moins souvent chez l'endeuillé cet élément si important de la dépression qu'est la perte de l'estime de soi. Autre point d'écart : l'abattement et la tristesse qui, dans la dépression, sont indifférents aux bonnes paroles, s'y montrent sensibles dans le deuil, au point de pouvoir s'effacer temporairement. Quant à la culpabilité, elle est bien au rendez-vous. Et l'on ressasse le sentiment d'avoir failli, souffrant de survivre aux disparus – « *ce sont les meilleurs qui s'en vont* ». On repasse en boucle le film des événements, à la recherche des mots que l'on n'a pas su dire, du geste que l'on n'a pas su faire, et qui auraient évité l'issue fatale, même quand on sait que rien ne pouvait en changer le cours.

Si deuil et dépression se répondent cliniquement, est-ce à dire qu'ils s'accompagnent dans l'intimité des neurones des mêmes phénomènes physico-chimiques ? Il semble logique de le supposer. Certains faits, en dehors des différences cliniques mentionnées, amènent cependant à moduler le rapprochement entre deuil physiologique et dépression. Ils suggèrent même que les rapports entre les deux sont parfois d'opposition plus que d'analogie.

Médecins et usagers semblent de moins en moins considérer le deuil normal comme normal. Les usagers consultant et les médecins prescrivant, on a constaté que, souvent, les médicaments antidépresseurs ne facilitent pas l'évolution du processus. Si on soigne l'endeuillé par la chimie, comme on le voit trop souvent faire, tout se complique et il met plus de temps à s'en remettre. Car le deuil évolue spontanément vers la résolution. La dépression de deuil doit suivre un certain déroulement dans le temps et passer par des étapes bien déterminées. Si un événement ou une intervention intempestive viennent y faire obstacle, le processus reste inachevé, provoquant en quelque sorte un engorgement d'affects dépressifs. Les antidépresseurs

---

[1] Voir le chapitre 2.

venus du dehors empêchent-ils ceux du deuil de faire leur travail ? Y aurait-il compétition, sur les sites d'action habituels des antidépresseurs, entre ceux-ci et des neuromédiateurs endogènes, vecteurs chimiques du deuil normal ?

Autre exemple : le deuil non fait en son temps. Parfois, l'état dépressif renvoie à un vrai deuil, mais qui n'a pas été exprimé lors de la disparition effective. Ni larmes versées, ni souffrance éprouvée au grand jour de la conscience. Il arrive que la personne sombre dans la dépression à la période anniversaire de la naissance ou du décès du disparu, ou quand elle arrive à l'âge que le disparu avait à sa mort. Ou encore quand son propre enfant atteint l'âge qu'elle avait elle-même quand est parti celui qu'elle... n'a pas pleuré. Tous les cas de figure se voient. Parfois encore, le deuil, inexpliqué, résonne avec l'histoire familiale.

Le nettoyage rapide, voire spectaculaire, de l'état dépressif, que produit souvent la psychothérapie dans ces cas, s'explique par la relance du processus physiologique. Ce n'est, en effet, pas seulement le deuil du disparu qui est à faire, mais aussi le deuil des attentes qu'on en avait, des espoirs qu'on a bâtis sur lui, des ressentiments jamais exprimés. Comment pleurer la disparition d'un absent qu'on continue d'attendre ?[1] Il est décédé, par exemple, à 75 ans, mais vis-à-vis de lui nous avions encore cinq ans et nous en attendions encore qu'il nous voie et nous aime dans le besoin de nos cinq ans. Ou nous souffrions encore de l'absence, ou de la présence écrasante, dont nous avions toujours souffert de son vivant.

C'est d'avoir à faire le deuil du toujours attendu jamais advenu, du toujours retenu jamais exprimé qui constitue la vraie séparation, celle qui fait basculer une relation dans le passé, sans qu'on ne puisse plus la rejouer, douloureuse, dans le présent ni la projeter, apaisée, dans l'avenir. Le travail commence avec le désespoir, car on arrête d'espérer le retour du décédé. Le deuil de la personne peut se faire maintenant, parce que se fait

---

[1] « *Je ne lui ai pas dit au revoir* » titre le livre de C. Vegh (Gallimard, 1996) reprenant le mot des enfants des déportés juifs, si souvent porteurs de ce type de dépression. Ces mots disent le deuil impossible, comme celui qu'ont vécu également les enfants des militants disparus au temps des dictatures chilienne et argentine.

le deuil des montages construits sur elle et qui en maintenaient la présence illusoire. Une fois brûlée l'icône tissée de l'amour et de la haine inassouvis l'un comme l'autre, les liens peuvent se dissoudre, qui empêchaient le deuil physiologique de s'accomplir. Celui-ci reprend son cours et s'achève, et le mort peut enfin partir, où qu'il aille, car on cesse de le retenir.

A ce cas de figure se rattache celui du deuil qui peine à se faire dans le présent. On le voit lorsque la dépression survient dans un contexte de séparation réelle, de perte brutale et grave, et que le deuil ne se fait pas, ou se gèle et se pérennise dans la dépression. On le voit encore mieux quand le deuil est à faire d'une personne vivante, comme dans le cas d'une rupture sentimentale, d'un divorce. Il est aussi difficile de renoncer aux images dont elle a été le support qu'à la personne elle-même. Autant sinon plus, car il apparaît vite que les images et les constructions échafaudées sur la personne comptaient plus encore qu'elle même, des fois à peine entrevue, ou rapidement disparue sous ces constructions.

Les situations très nombreuses qui gravitent autour du lien parental, amoureux ou conjugal quand il se défait, et qu'il ne parvient pas à se défaire par un deuil physiologique, sont autant de déclinaisons de la même problématique : il s'agit de se séparer de ce que l'autre n'a pas été, n'est pas, ne sera pas, et d'en faire le deuil. Dans ce contexte, les mécanismes du deuil physiologique sont peu opérants, peut-être parce que ce n'est pas d'abord la rupture du lien de chair qui est en cause, mais le renoncement aux constructions imaginaires. La chimie du deuil s'est certes enclenchée, mais il y a un blocage, dont la dépression est le signe. Peut-être y a-t-il un déficit des neuromédiateurs du deuil, mais peut-être ceux-ci ne sont-ils pas adaptés. Comme si, cette fois-ci, ce n'était plus le retour à la normale, à l'homéostasie, qui était souhaitable, ce dont ces médiateurs s'acquitteraient fort bien, mais un remaniement du monde imaginaire. La psychothérapie y trouve une de ses applications privilégiée et rapidement efficace.

L'évolution du traitement des états dépressifs depuis quelques années résonne également avec les faits précédents. Les praticiens constatent, avec étonnement, que les dépressions durent dans le temps, nécessitent des traitements de plus en plus longs, malgré l'efficacité accrue des antidépresseurs, et surtout récidivent après un traitement chimiothérapique. Comme si la réponse donnée, comme pour le deuil traité par la chimie, n'était pas la bonne et que la dépression avait quelque raison de faire de la résistance. Point fondamental qui amène à aborder le problème par une nouvelle série de questions.

Que viennent faire dans la trajectoire d'une personne les mécanismes du deuil quand il n'y a pas de mort et que rien ne semble justifier le deuil, ce qui constitue la majorité des états dépressifs actuels ? La question se pose avec une acuité accrue quand « ça » revient - et quand c'est venu sans raison, « ça » revient souvent - et que les antidépresseurs réussissent nettement moins bien. Qu'a-t-elle, la vie, à remettre la personne en deuil, chaque fois, d'elle ne sait qui ni quoi ? *J'ai pourtant tout pour être heureux, non ?* Pour l'entourage qui sait qu'il n'y a personne dont porter le deuil, c'est l'incompréhension voire le déni : « *il y a bien plus malheureux que toi, reprends-toi, tu n'as aucune raison de...* »

Le vrai deuil sert à quelque chose. Si l'on maintient le parallèle, la dépression majeure servirait donc à quelque chose. S'il y a, quelque part, une situation de deuil, et vraisemblablement assez loin dans les profondeurs de l'inconscient pour que la chimie neuronale la joue de cette façon, de quoi s'agit-il ? Quelque chose de déjà mort ou quelque chose dont la disparition n'est encore que virtuelle et dont il resterait à se séparer de façon réelle ? La dépression *critique* fait-elle porter le deuil de quelque chose qui reste à mourir ?

La personne allongée là, repliée dans son lit ou sur le divan du psychothérapeute, n'est pas à l'heure de sa mort. Pourtant la menace en est présente et quelque chose parle comme si le moment était venu. C'est ainsi que je comprends le *parler l'âme*[1], paroles ultimes, voire ultimatum, qui sortent des gosiers du thérapeute comme du consultant quand on accompagne des personnes en dépression profonde. La voix qui parle, portée par la voix du thérapeute, le patient la ressent comme venant de loin, dans le temps et l'espace et, simultanément, du plus pro-

---

[1] Voir le chapitre 20.

fond de son intimité. D'où peut-on le mieux viser sa trajectoire et se parler sans masque, sinon de l'heure de sa mort, et pour nommer ce qui parle à ce moment y a-t-il un autre mot que l'*âme*. Peut-être la reconnaît-on précisément de l'entendre dire ce qu'on sera amené à se dire quand la mort viendra... à quelque moment qu'on soit de sa propre vie, à quelque distance qu'on soit de sa mort. C'est de venir de ce lieu de visée sur soi que les mots et le travail qui les accompagne résonnent si fort et acquièrent le pouvoir de remettre une vie en perspective.

M. de Hennezel, qui a beaucoup travaillé avec les mourants, rapporte ces paroles de F. Mitterrand sur l'heure dernière : «*...comme si, alors que tout s'achève, tout se dénouait enfin du fatras des peines et des illusions qui empêchent de s'appartenir* » » ou celles-ci d'E. Kubler-Ross « *une personne pressentant sa mort prochaine s'engage dans un processus de mise en ordre de sa vie et de sa relation aux autres [ce qui lui donne] un regain d'énergie psychique* ».[1] Voilà qui résonne avec ce qu'on découvre au cœur du processus dépressif dans la thérapie, quand on croit entendre l'âme utiliser le moyen ultime du deuil pour transmettre son message : « *et toi, qu'as-tu fait jusqu'à maintenant de ta vie ? Non, je ne veux plus perpétuer la vie dans ce corps, car je ne me reconnais plus dans ce personnage-là. Pour moi il est déjà mort. Faudra-t-il aller jusqu'à le tuer ? Tu ne peux plus reculer, il n'y a pas d'autre moyen de te faire comprendre.* »

S'il est question au moment de la mort de sortir des illusions, de quitter les personnages pour être purement et simplement la personne, s'il est question de mettre les choses en ordre et de s'appartenir enfin, alors la dépression est peut-être le moyen de faire le travail du trépas… avant la mort. Le deuil est déjà en cours, mais la mort de celui qui reste à mourir ou de ce qui reste à tuer n'est pas encore advenue. Ainsi s'explique qu'on ne puisse rien expliquer de cette dépression sans cause : contrairement au sens commun, pour qui la dépression suit ou complique un deuil, la caractéristique de la dépression moderne est qu'elle précède le deuil à faire.

---

[1] Dans *La mort entre peurs et tabous*, Dossiers et documents du *Monde*, déc. 2004. Les mots soulignés le sont par moi.

Cette lecture troublante de la dépression *critique* se trouve éclairée par un aspect remarquable des liens entre le deuil et la dépression, que tout le monde peut observer et que personne n'a remarqué.

En une ou deux générations, on a vu survenir des dépressions, là où la statistique les débusque, sans catastrophe décelable, par exemple sans la mort d'un être cher ou la rupture d'un lien primordial. Parallèlement, en l'espace d'une génération, le deuil social est devenu obsolète. On en a vu disparaître les codes, qu'ils soient individuels (habit sombre, brassard de deuil) ou sociaux (délai de rigueur, rituels de condoléances, etc.). Que peut signifier la disparition du deuil social, qui s'est faite à l'insu de chacun, sans que personne en ait décidé et dont il est étrangement peu parlé sauf pour la déplorer, alors qu'explose une épidémie de simili-deuils - les dépressions - sans fondement objectif ?

On ne manifeste plus qu'on est en deuil et on n'appelle donc plus les signes de compassion. Le deuil est devenu une affaire strictement privée. Une psychologue qui a travaillé sur la question explique : « *alors que le rôle du groupe dans le deuil individuel est fondamental, c'est le plus souvent la solitude* [...], *voire le refus des symboles proposés par la collectivité pour transcender la perte* ».[1] Rôle du groupe, solitude de la personne, notons ces mots[2]. A cela correspond aussi la personnalisation des funérailles, où l'on voit le mort partir avec les chansons et les textes qu'il a aimés. Paradoxes de ces messes du temps nouveau : des gens, qui en majorité ne pratiquent pas et peut-être même qui ne croient pas en une vie au-delà, se rassemblent, dans une église, autour de rituels qui célèbrent l'attachement à la vie terrestre de défunts supposés entrer dans la félicité éternelle.

Si le deuil social traditionnel avait ritualisé les éléments du vécu dépressif, ce qui est difficile à savoir de façon certaine, il est surprenant de constater le mouvement inverse s'opérant sous nos yeux. Les manifestations extérieures codées du deuil

---

[1] M. F. Bacqué, citée dans un article du *Monde*, 22.10.2003.

[2] Voir le chapitre 13.

se retrouvent dans le vécu et les symptômes de la dépression, en particulier celle qui ne répond à aucun deuil apparent, comme si elles y avaient été déplacées. Socialement, ce n'est plus de son deuil qu'on fait état, mais de sa dépression. Tandis que le deuil sort de l'espace social, sauf pour des personnages très médiatiques, [1] il est recommandé à toutes les personnes en dépression de s'autoriser à en faire état, même publiquement. En quelque sorte, c'est la dépression qui est invitée dans l'espace public.

Pour y parler de la mort encore, mais autrement. Si le deuil sans décédé que fait le dépressif doit se rapprocher du décès du deuil dans lequel s'est engagée notre société, c'est que des changements profonds surviennent dans notre conception de la mort. Le dépressif est-il amené à prendre le deuil de lui-même, non seulement de façon métaphorique, quand c'est le deuil de façons d'être et de se comporter, mais de façon beaucoup plus fondamentale, parce qu'il est seul à pouvoir le faire, et avec le risque éventuel de ne pouvoir y survivre ?

On touche là, dans la pesanteur clinique de la dépression, une caractéristique majeure de notre société, à savoir que la personne y est devenue mortelle. Certes on a toujours su que l'homme était mortel, mais la croyance dans la résurrection des corps ou dans la réincarnation de l'âme tentait de gommer les aspects les plus tragiques de la mort individuelle, et en particulier ce que nous considérons comme son aspect définitif.[2] La mort est devenue dans notre culture la mort d'un homme, la mort d'un homme seul. Changement de paradigme. Le mort est bien mort. Ni la certitude de se prolonger dans ses enfants ou ses œuvres, ni la perpétuation du nom et du groupe ne peuvent l'en consoler.

---

[1] Parallèlement s'organisent des manifestations spontanées dans les deuils qui frappent des collectivités, montagnes de fleurs, bougies tendues à bout de bras, cortèges silencieux, voyages organisés, constitution d'association de victimes ou de parents, jusqu'aux procès présentés comme de véritables rituels de deuil, selon le souci même du législateur.

[2] Sans doute faut-il aussi trouver dans cette transformation l'explication à l'avidité postmoderne pour l'idée de réincarnation. Son principal intérêt résidait pour les Orientaux dans la possibilité espérée de *ne pas revivre.* Elle se voit reprise aujourd'hui par les Occidentaux avec l'espérance contraire, celle de revenir. Surprenant contraste : le vœu des Orientaux est (ou était ?) que s'arrête la vie terrestre. Celui des Occidentaux est qu'elle se poursuive.

La mutation en cours explique mieux l'obsolescence des rituels de deuil. Ceux-ci n'avaient peut-être pas pour fonction première d'encadrer et d'apaiser la souffrance des survivants, de soigner leur dépression. Si c'était vraiment l'être disparu qu'on pleurait, on devrait d'autant plus le faire aujourd'hui que nous pensons sa disparition définitive, qu'on ne croit plus en une survie dans l'au-delà, sous quelque forme que ce soit. C'est le contraire qui se produit. Peut-être les signes étaient-ils d'abord destinés au mort, pour s'assurer sa protection ou pour l'empêcher d'exercer une action malfaisante de cet au-delà où le passage le conduisait. Car les morts ne mouraient pas tout à fait, ils « *passaient* » dans une autre dimension d'où ils restaient reliés à ceux qui restaient et d'où ils influaient sur eux, et pour eux, si tout allait bien, et si on avait pleuré ou ri comme il fallait.

Des paroles entendues à la Toussaint 2005 vont dans ce sens. A l'occasion des obsèques collectives des victimes martiniquaises d'un accident d'avion[1], un reportage radiophonique fait entendre des deuilleurs : « *non, nous ne sommes pas tristes, ils sont dans la paix maintenant là-bas, et il faut leur montrer que nous pensons à eux avec joie et bonheur* ». Héritage africain, parlant d'une relation ancienne de proximité entre les vivants et les morts.[2] La dimension collective et publique du cérémoniel remplit sa fonction de partage et d'apaisement de la douleur, mais surtout, il importe de nourrir le lien avec les morts et le nouveau pouvoir qu'ils acquièrent. Le même jour, même radio, un son de cloche radicalement différent : on ap-

[1] Ces personnes revenaient d'un pèlerinage sur les tombes de leurs ancêtres, morts en creusant le canal de Panama, qui descendaient eux-mêmes d'esclaves déportés et brutalement coupés de leurs liens ancestraux. …

[2] Dont parle si éloquemment le *blues* des descendants d'esclaves africains transplantés dans le Sud protestant des États-Unis. « *Swing low, sweet chariot, coming for to carry me home* » (va doucement, tendre carriole, qui viens pour me conduire chez moi) dit un de leurs chants les plus connus. Le *chez moi*, c'est là où sont les ancêtres dont les déportés ont été séparés. La suite le confirme : « *if you get there before I do* […] *tell my friends that I'm coming too* » (si tu y arrives avant moi, dis-leur que j'arrive…). Le blues s'est répandu dans l'hémisphère occidental en même temps que l'épidémie dépressive et sa nostalgie est si immédiatement perçue par tous qu'on peut s'interroger sur le lien qu'ont ces deux-là dans leur succès, l'épidémie et le *blues*.

prend qu'un site Internet s'est créé pour entretenir et fleurir les tombes, moyennant finances, à la place des familles, mais cette fois-ci c'est en métropole. On s'est rendu compte qu'un nombre croissant de tombes, en France, ne sont plus visitées. C'est peut-être la dispersion géographique, c'est surtout le désinvestissement qui a accompagné tous les changements de comportement autour du deuil et de la mort. D'ailleurs, on part déjà souvent avant de partir, en partant à l'hôpital ou en maison de retraite. Parti c'est parti. De plus en plus la visite aux morts est une perte de temps, un geste mécanique dont on ne voit guère l'utilité. Le même jour, un historien rappelle que c'est depuis Napoléon 1er que la loi exige que les personnes soient inhumées dans des cercueils individuels, même si le caveau est collectif. Même dans la mort, dorénavant, chacun restera chez lui. Une personne, un espace délimité, la solitude dans un lieu collectif, être seul sans être isolé[1]. Deux visions, et donc deux gestions de la mort et du lien aux décédés, si profondément différentes qu'on ne peut que les rapprocher de l'évolution qui a conduit à notre modernité, ainsi que des processus intimes de l'épidémie dépressive.

Cette évolution éclaire le lien entre deuil et dépression. Contrairement à ce qu'on pourrait penser en effet, ce n'est pas la perte d'un être cher, et la douleur qui en résulte, qui forment la matrice de la dépression dans un grand nombre des sociétés différentes de la nôtre[2]. Ce qui ne signifie pas qu'il n'y ait pas de souffrance, mais ceux qui pleurent l'être aimé voient leur douleur portée, fermement encadrée par les prescriptions, les rituels, la socialisation du deuil, qui conduisent celui-ci vers une résolution dont le terme est prévu. Surtout, dans la majorité des cultures, la séparation d'avec le défunt n'est qu'apparente. Les anthropologues sont clairs sur ce dernier point. « *Ceux qu'on a coutume d'appeler « primitifs » ne vivent généralement pas dans la crainte de la mort, parce qu'ils n'accordent pas, comme l'homme d'aujourd'hui, un rôle important à l'individualisation de la personne. Comme le soulignait justement P. L. Landsberg, leur mentalité participative les empêche de « consommer » la*

---

[1] Pour la dialectique isolement-solitude, voir le chapitre 13.
[2] Voir le chapitre 13.

mort sous la catégorie de la séparation et de la déréliction. »[1] Dans ces conditions, la mort d'un être ne peut conduire à la dépression, puisque le deuil raffermit les liens groupaux.

Les morts qui ne trouvent plus place dans le monde des forces objectives comme entités toujours agissantes deviennent des instances intérieures. Si influence il y a, elle est toute intériorisée dans le survivant qui en fera (ou non) quelque chose pour lui. La perte d'un être cher peut (ou : doit ?) être l'occasion d'un profit psychologique personnel dans l'optique de l'épanouissement, sinon du bonheur. Un praticien affirme qu'à l'occasion d'un deuil « *il s'agit* [...] *d'aider à reconstruire le Moi de façon élargissante après une perte pour en faire un processus de croissance personnelle* ».[2] Cette phrase pourrait s'appliquer à la dépression, tel qu'il en est parlé par médias et psychothérapeutes, sans y changer un mot.

Les fantômes sont traqués, non plus par le sorcier, mais par le psychothérapeute, qui parle d'imagos, d'instances, d'empreintes. Si les fantômes sont passés à l'intérieur des entités qui ont remplacé les *corps-groupes*, c'est là qu'il faut les chercher et les traiter. Il n'est plus question de leur faire réintégrer la dimension invisible pour y reprendre leur chemin, mais de leur faire quitter le monde intérieur de la personne qu'ils occupent de façon indue. La personne doit se libérer de l'idée qu'elle est habitée, hantée, colonisée par eux et ce qu'ils véhiculent. Processus de désaliénation interne : personne d'autre que moi ne parle en moi et ces forces sont les miennes. Désormais, la personne elle-même est le réservoir de ses propres forces, elle ne s'appuie plus sur l'énergie dont la perfuse la sollicitude des

---

[1] Encyclopaedia Universalis 9, *La Mort, les sociétés devant la mort,* L.V. Thomas. Le saut entre les « primitifs » et « nous » semble audacieux. Ce n'est pas qu'il n'y ait rien entre eux et nous, mais il est vrai que sur ce point, c'est notre civilisation qui s'est le plus éloigné de ce qu'on peut considérer comme un point de départ. Avec la réserve qu'on doit avoir sur le point de départ. Les hommes qui vivent « encore » à l'âge de pierre, comme on dit dans les magazines, sont peut-être des descendants lointains de peuples très évolués qui ont dû se réfugier dans des milieux extrêmes – où nul ne va vivre de son plein gré - et s'y adapter.

[2] S. Liebermann, cité par L.V. Thomas dans « Le deuil ». *Synapse*, n°35, juillet 1987.

morts, quelque nom qu'on leur donne. On en vient à pouvoir imaginer de se donner naissance à soi-même.

Parti c'est parti. Se donner naissance. Les états dépressifs renvoient à une redéfinition de la naissance et de la mort et portent un nouveau regard, tout désespéré qu'il paraisse, sur les passages à l'avant et à l'après. Ils posent ces questions à tout moment. De façon parfois très visible, comme quand le corps dépressif s'inscrit dans la forme de l'œuf perpétuel ou qu'il joue des registres mort-sommeil-inanimé[1]. Et de façon encore plus explicite, quand l'arrêt dépressif se donne à vivre, à travers la thérapie, comme une renaissance, voire une réincarnation dans le même corps. Beaucoup donnent cette signification à la crise dépressive et disent : *je dormais /je me réveille*, ou *j'étais mort-vivant/je veux vivre*, ou *j'étais ailleurs/je me réinstalle dans mon corps*, *j'arrive chez moi*. Les changements des croyances sur la mort amènent à anticiper le travail qui a toujours été considéré comme devant se faire à l'heure dernière. Logiquement, ce qui est à faire au moment de la mort, pour préparer la suite, doit se faire bien avant, s'il n'y a rien après.

Le processus thérapeutique fait jaillir des mots[2] qui portent la marque de la double origine, mort et naissance, et qui confrontent la personne à des questions qu'elle ne s'était jamais clairement posées. Venus de la mort, ils disent « *qu'as-tu fait de ta vie* ? » et, venus de la naissance, ils complètent « ... *de ce que tu devais/pouvais faire*... ? ». Peut-être est-ce du même dialogue entre la mort annoncée et la naissance vécue qu'émerge la phrase familière « *Je veux mourir, je ne veux pas vivre !* ». Nous avons vu comme elle invite à entendre, dans sa violence obstinée, celle dont elle semble être la réplique, l'injonction inconsciente ou subliminale « *vis ! Tu dois vivre !* », comme si l'une était l'injonction, l'autre la résistance. Une argumentation dramatique à deux voix, qui se déroule dans les profondeurs de la conscience et dont n'émerge que la voix douloureuse.

Parlant du temps qui précède la mort, le psychanalyste M. De M'Uzan évoque un processus qui articule ensemble la

---

[1] Voir les chapitres 12 et 20.

[2] Le *parler l'âme*, voir le chapitre 20.

naissance et la fin : « [c'est pour le mourant le...] *dernier effort pour assimiler tout ce qui n'a pu l'être jusque-là dans sa vie pulsionnelle, comme s'il tentait de se mettre complètement au monde avant de disparaître* ».[1] De même, dans la dépression critique, ce qui gît au fond de l'être remonte à la surface, comme un projet initial que la souffrance, et les organisations qu'elle a contraint à mettre en place, auraient recouvert. Et se trouvent réactivés les choix cruciaux devant lesquels l'être s'est trouvé placé par sa chute dans la gravitation de ce monde. Toute naissance expose à des choix dramatiques, mais peut-être plus encore la naissance de ces êtres-là, les déprimés. Quelles nécessités ont façonné leurs choix, quel poids de présence ou d'absence des lignées, quelle attente des familles, quel environnement ? Mais le contexte a changé : on n'est plus dans la dépendance et l'impuissance infantiles, ni dans la nécessité de protéger les parents, et on dispose d'une énergie et d'une liberté d'action toutes différentes pour réévaluer les choix. En enclenchant le processus qui remet la vie sur ses rails, en relançant le moteur qui anime la personne au-delà des pièges du mental, le thérapeute donne parole à l'enfant résilient[2].

Jusque-là, la pensée collective inscrivait la mort dans un chemin familier, cyclique pour certaines cultures, que parcourait une même entité humaine, passant par des phases incarnées et des phases spirituelles, par une existence visible et par une existence invisible. Il est passé, disait-on. Dans certaines cultures, quand un enfant naissait, on pouvait tout aussi bien dire il est revenu. Et s'il mourait vite, il n'a pas voulu rester. Et il a fallu répondre à ces questions : où est l'être - ou l'âme ou le principe permanent - avant l'incarnation dans le fœtus, avant l'installation dans le corps de pesanteur, où est-il après la mort physique, qu'il attende la réincarnation ou la résurrection éventuelles ou qu'il soit définitivement libéré des attaches matérielles ?

---

[1] Cité par M. De Hennezel dans *La mort entre peurs et tabous*, Dossiers et documents du *Monde*, décembre 2004. Les mots soulignés le sont par moi.

[2] Le mot est emprunté dans ce sens à B. Cyrulnik. Ce que j'ai appelé dans un de mes livres *l'enfant thaumaturge.*

Pour nombre de peuples, il y a des zones de transit, des espaces-temps qui représentent des voies de passage entre les vivants visibles et les vivants non-visibles, ceux que nous appelons les morts. Les sociétés humaines ont toujours accordé beaucoup d'importance à ces espaces, et ont tenté de les conceptualiser au mieux. D'où le soin apporté à les respecter, aussi bien par les procédures d'initiation, qui en donnent quelques clés, que par les activités qui assurent en quelque sorte l'entretien de leurs voies d'accès. Il n'est que de voir le temps dévolu aux rituels, à la danse et à la musique dans les cultures premières. Car il est de la plus haute importance que les êtres, quels qu'ils soient, puissent circuler et atteindre les espaces qui leur sont dévolus. Chacun à sa place !

Inertie, être mort sans mourir, mort et naissance... La dépression critique installe-t-elle la conscience dans un état intermédiaire entre l'avant et l'après de la naissance, l'avant et l'après de la mort ? A poser des questions aussi métaphysiques, on semble s'éloigner de la dépression caractérisée. Un de ses symptômes habituels fait le lien : les troubles du sommeil. Le déprimé exprime souvent son désir d'un sommeil profond, d'un « *ne plus être là* ». Les troubles du sommeil, constants dans la dépression critique, se caractérisent par une réduction parfois considérable du sommeil profond et par l'augmentation du sommeil paradoxal, celui de l'activité onirique. Nous traversons le sommeil dit profond sans conscience ni sensations, nous en revenons sans souvenir. Nous en savons seulement qu'il nous procure la sensation d'un repos réellement réparateur. Les déprimés y font constamment référence, à l'image de Hamlet, qui y aspire ardemment, avant de se heurter à l'éventualité de rêver

« *To die, to sleep; to sleep*
Perchance to dream, ay, there's the rub ! »[1]

L'image du sommeil profond renvoie à celle, souvent évoquée aussi, de l'eau profonde et noire, de l'obscurité, du sans-forme. Couler. Couler dans la mort par le sommeil, comme le réalisent la plupart des intoxications médicamenteuses.

---

[1] « *Mourir, dormir ; dormir*
Peut-être rêver, ah ! C'est là que le bât blesse ! » *Hamlet,* de W. Shakespeare.

Dans le sommeil profond, cet état mystérieux de la conscience, circule-t-on dans un espace que le déprimé ne connaît que par défaut ? Est-ce de ne pas en avoir son content, de le remplacer par du rêve, qu'il tend à en réinstaller un substitut dans le monde de la veille ? Est-ce d'en être si privé qu'il s'éveille aux petites heures de la nuit, celles de la plus grande souffrance pour les dépressifs, celles des naissances quand on les laisse venir à leur heure, heures d'avant le jour où rien n'existe encore vraiment. Comme si on était parti si loin, sans succès, et qu'avec la lumière il fallait, chaque matin, en revenir si malheureux, se réveiller si mal. « *Je suis fatiguée de me réveiller* » dit une consultante avant de rappeler qu'elle est « *née à reculons* ». Tant d'autres disent : « *je suis né fatigué...* », qui pourraient dire aussi « *... et chaque jour je renais fatigué* ».

Chaque nuit peut-être, avant l'aube, à l'heure où les déprimés ne peuvent plus dormir, la décision vitale, vivre dans ce corps et dans cette identité, est de nouveau à prendre. Par où on rejoint les médecins qui soignent les déprimés en ne laissant jamais la lumière s'éteindre, comme pour leur éviter d'avoir à revivre ce passage de l'obscurité à la lumière.[1]

La torpeur, l'apathie, caractérisées par l'absence de conscience claire, vécues dans une sorte d'indéfinition, d'incertitude, rappellent ces espaces *limbiques*,[2] espaces de

---

[1] C'est la *luminothérapie*, qui donne des résultats intéressants dans les dépressions saisonnières.

[2] Les *limbes,* dans leur sens premier, désignent un anneau, une région périphérique. Les Pères de l'Église ont distingué le *limbus patrum* (le limbe des Pères) et le *limbus infantium* (le limbe des nourrissons). Le premier est l'espace intermédiaire où devaient séjourner les justes morts avant la Passion du Christ, et qui avaient dû attendre sa venue pour intégrer le séjour des bienheureux. Le second désigne le lieu où iraient les enfants que le baptême n'aurait pas délivrés du péché originel, sans qu'ils aient vécu pour le connaître. Le concept existe dans beaucoup de cultures. En Afrique de l'Ouest, par exemple, on pense aussi qu'il y a, entre la naissance et le baptême, un temps intermédiaire pendant lequel le nouveau-né va décider s'il reste ou s'il repart. Dans le bouddhisme tibétain, le *bardo* désigne un état de conscience particulier. L'âme, après la mort du corps physique, doit parcourir le *bardo de la mort* pendant les 49 jours qui précédent une réincarnation éventuelle. Période cruciale donc de choix et de décisions. Les rituels funéraires ont pour objet d'accompagner et d'éclairer l'âme du défunt pendant cette traversée. Coïncidence ? On appelle *cerveau ou lobe limbique* l'anneau d'écorce cérébrale situé entre le corps

l'avant ou de l'après vie. En gardons-nous la nostalgie, après qu'ils ont disparu de nos conceptions du monde et par conséquent de nos comportements ? Être mort sans mourir, être là sans être ni mort ni vivant, l'état dépressif permet-il d'en retrouver l'expérience ? Ces espaces, quelque nom qu'on leur ait donné, encadraient, et ponctuaient, la partie terrestre de la vie d'une personne. La dépression, hors toute volonté, essaie-t-elle de réinstaller de tels états dans le temps d'une vie désormais réduite à son seul parcours terrestre ? La tentative n'est pas dénuée de risques : le moindre, en s'enlevant le temps de cet état les moyens de l'autonomie, est de s'invalider socialement ; le plus grand, en mourant, de s'y noyer sans retour. On peut en rapprocher les états d'émoussement de la conscience que produisent l'alcoolisation chronique et la clochardisation, qui sont pour certains chercheurs des équivalents d'une position dépressive.

« *Une pâleur de limbes raccourcissait le halo faible des lampes en veilleuse : il me semblait flotter comme une ombre au milieu du navire gris, du jour gris, de l'eau grise, le cœur défait dans cette étale morne du petit jour.* »[1] Julien Gracq parle-t-il de dépression ? Nous avons ici les limbes et le gris et le petit jour et même un navire…

---

calleux (qui relie les deux hémisphères) et le cortex proprement dit. Le cerveau limbique, constitué d'un tissu neuronal archaïque et sommet de l'organisation nerveuse chez les premiers mammifères, reste chez nous dévolu à la gestion des émotions et des instincts. Il semble être très impliqué dans la dépression (voir le chapitre 20).

[1] Extrait du *Rivage des syrtes*, Julien Gracq, Corti, 1951.

CHAPITRE 15

LE BESOIN DE DÉPRIMER

Si la dépression a un sens, c'est de traduire un besoin et non de cacher une intention, d'où qu'elle vienne, aussi louable soit-elle.

Ce chapitre esquisse des pistes de réflexion à partir de trois questions souvent soulevées : « *la dépression fait-elle partie d'un processus de construction de soi ?* », « *la dépression a-t-elle un sens ou témoigne-t-elle de l'absurdité de notre condition ?* », « *Pourquoi ma dépression m'a-t-elle mise en danger ?* ».[1]

La dépression guérit très bien et sans autre forme de procès avec les antidépresseurs, affirme la médecine. Pourquoi chercher la petite bête ? Peut-être parce que, justement, ça ne guérit pas toujours très bien et que souvent ça guérit moins bien au fur et à mesure que les épisodes se répètent[2], comme si se développait une résistance à l'action des antidépresseurs. L'intelligence qui préside à notre fonctionnement neurochimique semble ne pouvoir se résoudre à céder aux médicaments et semble tenter, par la répétition, de faire passer un message. A moins qu'elle exprime un besoin qu'ils ne peuvent satisfaire.

Ce besoin, la psychothérapie le satisfait-elle, quand, au terme d'un temps plus ou moins long de travail sur eux-mêmes, les déprimés ne se sentent plus comme avant et disent « avoir grandi » ? Le satisfait-elle quand ils se disent sortis de la souf-

---

[1] Cette dernière question trouve aussi des éléments de réponse aux chapitres 12 et 14.

[2] En dehors des épisodes de la psychose maniaco-dépressive qui constitue une entité à part. Voir le chapitre 8.

france de l'isolement, même si c'est pour entrer dans l'ère, nouvelle pour eux, de la solitude[1] ?

Ce besoin, la dépression *critique* y répond-elle, pour les deux tiers de déprimés qui échappent aux circuits médicaux, si l'on en croit les statistiques, et dont les enquêteurs se demandent si leur état dépressif n'est pas un processus d'adaptation à la réalité ?

Ce besoin, renvoie-t-il aux passages dépressifs que les psychanalystes d'enfants estiment constitutifs du développement normal lors des phases de séparation et d'individuation, c'est-à-dire lors des phases de croissance ? Si physiologiques que, parmi les montages neurochimiques traduisant nos états d'âme, il en existe un qui exprime la dépression et un qui la guérit – c'est la question des auto-antidépresseurs[2].

Les *micro-dépressions* satisfont-elles, de façon ponctuelle et passagère, le même besoin ? J'appelle ainsi les à-coups dépressifs qui s'imposent brutalement, à l'emporte-pièce, faisant revivre les moments les plus douloureux de la dépression. Ils surviennent volontiers en cours de thérapie, ou après celle-ci, quand la personne est sortie de la dépression. Le paradoxe, enseigné par l'expérience, est qu'il faut s'en laisser écraser, au fond de la couette, pour qu'au bout d'un temps variable mais bref au regard des états dépressifs habituels, 48 à 76 heures au plus, on en ressorte comme lavé. Ne pas lutter contre, ne pas empêcher ce mouvement, mais l'accompagner, comme on se laisse couler jusqu'au fond pour, d'un petit coup de pied, remonter à la surface...

En quoi un état dépressif majeur – par lequel je commencerai - survenant chez un adulte, sans cause sortant de l'ordinaire, peut-il exprimer un besoin de séparation et de croissance, sachant qu'il le fait en prenant la forme d'un deuil ?

Le cheminement de Nelly, une déprimée parmi beaucoup d'autres, apporte des éléments de réponse.

Nelly a tout pour être heureuse. Un entourage familial aimant, l'aisance matérielle, la quarantaine épanouie, une bonne

---

[1] Voir le chapitre 13.
[2] Voir le chapitre 7.

santé, des amis, le bridge, etc. Voilà pourtant qu'elle entame le bel été varois par une vraie dépression, puis une tentative de suicide. S.A.M.U., urgences, hospitalisation assez longue en psychiatrie, dont elle ressort avec les inévitables antidépresseurs. Toujours aussi dépressive, elle s'engage dans la thérapie. Car elle s'interroge: comment est-il possible de tomber en dépression alors que l'on a tout pour être heureuse, alors que l'on n'a à se plaindre de rien ni de personne ?

Au fil des rencontres, certaines dans le drame, d'autres dans l'apaisement, les enjeux de ce qu'elle traverse apparaissent chaque jour plus clairement. Ils donnent des clés pour comprendre ce dont il retourne dans bien des états dépressifs, tellement cet exorde par « *j'ai tout pour être heureuse* »[1] est banal. Et d'abord, est-elle vraiment heureuse ? N'a-t-elle vraiment à se plaindre de rien ni de personne ? En s'entendant parler, elle sent que ça sonne de plus en plus faux. Il y a quelque chose de pourri dans le royaume de Nelly[2]. Au fond, celle qu'elle croyait être, la très accommodante, qui a toujours évité le conflit, ne tient plus. Est-ce vraiment elle, cette femme qu'on pouvait appeler à tout moment, pour lui demander n'importe quel service ? [3] Quand elle voit à quel point elle s'est aliénée dans cette image sainte, dans la statue qu'elle a laissé former d'elle-même jusqu'à s'y identifier et s'y enfermer, il lui devient impossible de continuer dans ce rôle.

Elle en a oublié d'être elle-même et de tenir compte de ses besoins. Aujourd'hui elle voit que son énergie, ses aspirations, sa vie ont été prises dans la pierre avec la statue. Si elle

---

[1] Je conserve la phrase au féminin, car ce sont le plus souvent des femmes qui la prononcent.

[2] C'est un temps fort du processus quand le consultant, en s'entendant parler, peut y démêler ce qui est vrai de ce qu'il veut faire croire et se faire croire, quelle que soit la sincérité de son discours. Quand cela survient, un grand pas est franchi. Hamlet le Danois, devant l'hypocrisie des grands personnages, sentait qu'il y avait « *quelque chose de pourri dans le royaume de Danemark* » (dans *Hamlet* de W. Shakespeare).

[3] Le comportement de Nelly évoque ce que le psychiatre allemand Tellenbach a défini comme le type de personnalité prédisposée à déprimer. Son *typus melancholicus* recherche l'hyper conformité, il est soucieux de suivre les règles, il a un sentiment puissant du devoir et craint le conflit, le changement, l'imprévu.

veut les retrouver, et quelque chose lui dit que c'est devenu vital pour elle - le temps passe, la vie s'écoule -, il lui faut s'extirper de la statue qu'elle a contribué à sculpter d'elle au fil des ans. Elle y rechigne, reculant devant ce que cela risque de découvrir de haine, de jalousie, de sadisme. Son âme lui demande de faire le deuil de la « bonne » personne qu'elle était, de celle qui a toujours dit oui, quitte à se voir devenir égoïste, préoccupée d'abord d'elle-même. Dire « non », horreur ! Dire « je » quel scandale ! Difficile, séance après séance, de se confronter à l'ombre en elle et de la laisser parler, d'assumer enfin l'agressivité, la colère, l'hostilité, les envies de meurtre et de découvrir, tirés par le même fil, les désirs, les pulsions. Car à être toute à chacun, elle se dispensait de rien vouloir pour elle-même. Elle ne désirait qu'à travers autrui.

Si l'état dépressif parle d'un deuil, et que dans l'histoire récente de Nelly on ne retrouve ni mort, ni disparition, ni perte, l'être proche et aimé dont Nelly doit se séparer est une certaine définition d'elle-même. Elle doit se défaire de l'image qui la tenait debout et lui donnait une identité, toute dénaturée qu'elle fût, avec ce que cela signifiait de sécurité. Si elle s'en dépouille et se montre à sa vraie dimension, la verra-t-on encore ? Tel est le défi que la dépression lui présente : remettre en cause ce qu'elle croyait être et en faire le deuil. Pas étonnant que son ego hésite à se priver des gratifications que l'image pieuse lui procurait. Et que son âme, l'être profond décideur de nos mouvements les plus secrets, doive pour l'y contraindre enclencher les processus du deuil, jusque dans le plus intime de sa chimie, et y faire basculer son corps. Avec cette particularité qu'elle se trouve en deuil avant de savoir réellement de quoi il retourne, de quoi, de qui elle a à faire son deuil, comme si son inconscient[1] anticipait sur cette perte, sans être même assuré qu'elle s'accomplira.

Ainsi est-il question dans la crise dépressive, et par le deuil qu'elle semble mettre en scène, surtout quand la vie en repasse le plat une nouvelle fois, d'avoir à se séparer d'un personnage au visage double. Ce personnage a peut-être aidé Nel-

---

[1] Voir le chapitre 14. Je dis *l'inconscient*, j'ai dit plus haut *l'âme*. Ces deux-là doivent avoir partie liée….

ly à survivre, mais, en la voulant simple serviteur d'un idéal pétrifiant-pétrifié, il a nourri en elle la croyance qu'elle n'avait aucune valeur propre, et même qu'elle serait fautive de s'écarter de cet idéal de service.

Le travail de la thérapie permet à Nelly de retrouver sa rage, qui vient dans un désir de tuer[1]. Impossible d'ignorer les désirs homicides qui hantent les jours et les nuits des déprimés. Dans le drame qu'ils vivent, le lieu du crime est leur propre personne, qui réunit à la fois le procureur, le juge, l'exécuteur des basses œuvres et l'accusé. Mais qui s'agit-il de tuer ? Nelly veut tuer pour pouvoir vivre, pour se débarrasser des aliénations et des marchandages. En menant une existence en désaccord marqué, et masqué, avec ses propres besoins et ses propres valeurs, elle s'est mutilée. Elle a démissionné d'elle-même, sans avoir conscience des compromissions et des mensonges camouflés dans les profondeurs. Seuls en affleurent, éventuellement, le sentiment d'indignité et la culpabilité – éventuellement, car, avant de s'effondrer, Nelly ne présentait pas ces signes, qui sont ceux de la dépression *durable*. Elle n'a cessé de se prostituer, elle le découvre avec effroi, pour avoir de l'amour et de la reconnaissance, et sans en être jamais satisfaite. Troc qui ne l'a payée qu'en toc.

Ah, tuer cette partie d'elle-même qui a donné la main à ce qu'elle a subi. C'est la *pute* qu'elle veut tuer, pour retrouver sa propre estime, son honneur perdu - mobile de tant de suicides. Il n'est pire souffrance que de n'avoir pas pu compter sur soi-même pour se garder, il n'est pire culpabilité que de s'être « laissée » être victime. Ce trait de son histoire, qu'on retrouve dans tant d'autres, résonne avec certaines circonstances déclenchantes des états dépressifs, celles qui humilient la victime et l'enferment dans l'impuissance. Viols, injustices, persécutions - les *blessures narcissiques* graves – sont de grands pourvoyeurs de dépressions réactionnelles. Les mécanismes habituels du deuil sont alors impuissants à guérir par eux-mêmes la blessure. Tout au plus font-ils office de calmants. Il faut autre chose pour redevenir un vivant et pas seulement un survivant. Ce sera une rencontre, de celles qu'on appelle fortes, qui reprend la per-

---

[1] Voir aussi sur ce sujet le chapitre 12.

sonne au fond de sa plaie, là où elle n'a jamais cessé d'être elle-même, ou un travail psychothérapique, la première rendant parfois le second nécessaire, le second rendant parfois la première possible.

Nelly s'est infligé ce traitement pour être comme tout le monde. De ce fait, nul ne peut y voir du réactionnel ni comprendre ce qui arrive. Mais lorsque la dépression dévoile ses secrets, il apparaît que l'accusée, indiscutablement coupable, a agi dans son intérêt. Elle s'est manqué de respect et a négligé ses propres exigences pour survivre et voilà que dans le mouvement suicidaire émerge l'amour d'elle-même. En allant au bout de ce désir meurtrier sur elle-même, elle touche enfin le fonds de son être. Si une partie d'elle s'est prostituée, elle était donc mue par l'amour, c'était pour le bien de toutes les autres parties, à la façon de Boule de Suif. [1]

En laissant émerger haine et ressentiment, Nelly ouvre la voie à l'amour de soi, qui peut enfin se déclarer dans le conflit : je me bats pour moi, je peux me reconnaître alliée de moi-même. Si je me soigne, c'est donc pour moi que je suis tombée malade ! Elle peut se réconcilier avec sa « maladie » qui, désormais, n'a plus d'utilité, et avec elle-même. Elle peut tuer la *pute* parce que, dans le même mouvement, elle lui pardonne de n'avoir pas su se défendre ni parler où et quand il fallait.

Les séparations accomplies et le pardon accordé, une continuité se rétablit. Nelly peut réintégrer les ressources et les forces gelées dans le déni d'elle-même et rapatrier la puissance pétrifiée dans la statue. Le processus d'individuation et de croissance, resté en souffrance, par peur de la solitude, par refus de l'affrontement, peut reprendre, dans une cascade de peines et de bonheurs, de rencontres et de conflits. Elle peut se désentraver de la restée petite, qui s'était maintenue dans une position infantile, dépendant du désir de l'autre dans l'espoir d'en recevoir de l'amour. Elle peut l'accueillir dans aujourd'hui et en devenir le parent fiable, l'accepter, l'aimer. On appelle cela grandir : se

---

[1] L'héroïne de Maupassant, dans la nouvelle du même nom, est une prostituée que tout le monde pousse dans le lit d'un officier prussien au nom de l'intérêt général. Une fois la liberté retrouvée, on s'empresse de jeter l'opprobre sur la fille perdue.

réapproprier ses propres valeurs, même au prix de pulsions meurtrières, voire suicidaires, se défaire de son aliénation dans les illusions, même au prix d'un état de deuil, se séparer de l'état d'enfance pour arriver à son âge.

Le parcours de Nelly ne parle pas du *sens* de la dépression, mais du *besoin* qu'éventuellement elle exprime. Il nous éclaire sur la fonction que la crise dépressive peut avoir dans la logique du vivant, comme l'indique sa résistance à la bonne intention chimique des antidépresseurs. Sans oublier qu'il ne s'agit pas du vivant en général, mais de ce vivant-là, de cette personne, avec son histoire, son identité, sa trajectoire et… sa mort. La participation de l'être biologique de Nelly dans le processus indique que tout ce qui fait d'elle un être animé y est engagé. Selon une formule bien trouvée, la dépression est une « maladie du corps animé »[1], qui plonge ses racines au cœur défaillant de la force qui nous anime. Notons, au passage, que ce mot – *anime* – est installé au cœur d'une famille de mots qui vont d'*animal* à *âme*.

Le changement devient possible quand il devient nécessaire. Le déclencheur peut être un succès, un bonheur, un amour, et cela ne manque pas d'être un paradoxe troublant[2]. Ce peut être aussi l'arrivée à un tournant de la vie, le départ des enfants, etc. Le temps de la dépression *critique* est la période qui va, en général, de 35 à 50 ans, quand il devient nécessaire de sortir des illusions et que le besoin se fait jour de passer à un autre stade, ce que certains nomment *quitter le vieil homme*.

Quand l'écart entre l'être réel, avec ses besoins propres, et l'image de lui qui se soumet aux besoins des autres, n'est plus supportable, le besoin de retrouver un accord intime s'impose et on trouve la force de faire le ménage. Si certains d'entre nous n'ont peut-être jamais laissé se creuser cet écart, si certains peut-être mourront sans en avoir jamais eu conscience, pour d'autres, comme Nelly, vient un temps où ils ne peuvent plus s'identifier à leur image aliénante et où se déclenche la tempête

---

[1] L'expression est d'un psychiatre, A. Gorceix.

[2] Voir les chapitres 6, 9 et 13, où sont également traités les déclenchements paradoxaux.

existentielle de l'état dépressif majeur. L' « être profond »[1] décide qu'il ne peut pas aller plus loin dans le déni de soi, dans le travestissement des émotions, et la dépression se déclare.

Si la désillusion, c'est-à-dire la séparation d'avec les illusions qui ont mené notre vie dans les impasses d'aujourd'hui, est un processus inhérent à toute thérapie, les déprimés y ajoutent la dimension supplémentaire du deuil. A la dissolution des icônes, ils ajoutent la destruction de leur propre statue. Malgré les difficultés et les conflits que ce changement entraîne avec un entourage qui, souvent, ne le comprend pas plus qu'il ne comprenait la survenue de la dépression, ils doivent faire le deuil d'une identité forgée et, jusque-là, si fort attachée à eux qu'ils pouvaient à peine en imaginer une autre,

La tension dialectique entre sens et besoin apparaît quand le travail thérapeutique demande au déprimé de mettre à plat tout ce qui semblait faire sens dans sa vie, et d'affronter la mort pour retrouver le germe de vie. L'appareil psychologique et neurochimique du deuil est un des moyens mis en œuvre pour répondre au besoin de transformation, pour accorder l'être quotidien avec la réalité intime. Le moyen est dramatique, et risqué, mais il est à la mesure des entraves mises jusque-là à la satisfaction de ce besoin. Le deuil est à faire de ce qui donnait un sens à la vie de la personne, soit que cela ne fonctionne plus, soit que, pour une raison quelconque, il apparaît que c'était un leurre, un faux-sens. Et le processus thérapeutique de la dépression *critique* risque fort de déboucher, à un moment ou un autre, sur le vide. Sur un silence téléologique.[2] Comme s'il n'y avait plus de sens dernier, mais seulement des fonctions, qui concernent cet être-là, dans sa limitation et sa finitude. Le hasard, la contingence, l'accident retrouvent droit de cité, ainsi que la possibilité de faire des choix.

On comprend l'hésitation à aller fouiller de ce côté-là. On rechigne à s'engager dans un travail sur le sens de la dépression, au risque de découvrir le besoin qu'elle exprime. Pourtant

---

[1] *Être profond, âme, inconscient, décideur,* combien de noms encore pour ce que nous ne connaissons que de façon furtive et indirecte, mais dont tout le monde parle…

[2] La téléologie est l'étude de la finalité des phénomènes.

s'il a pris la forme de la dépression pour s'imposer et qu'on l'ignore, comment être assuré qu'il ne se représentera pas, tant qu'il le faudra et, peut-être, en montant chaque fois les enchères. On peut même s'empêcher d'accueillir la dépression elle-même, quand elle frappe à la porte de la conscience. Façon de se protéger d'une souffrance, d'un danger vaguement perçus, peut-être d'une angoisse de la mort qui s'annonce. Se protéger est certes respectable, mais le remède est parfois pire que le mal, comme quand il prend la forme des dépressions masquées, ou des équivalents suicidaires que sont certains comportements, ou encore du fonctionnement psychotique. Quand on voit certaines personnes émerger de la psychose et qu'à travers la fissure apparaît la dépression, on peut se demander si elles n'auraient pas mieux fait de s'autoriser à déprimer, même gravement, plus tôt.[1]

Si ces développements prennent toute leur place dans la dépression *critique*, qu'en est-il dans la dépression *durable* ? L'organisation dépressive y est faite pour durer, et son sens premier réside dans sa fonction de stratégie au service de la survie individuelle, dont on a détaillé ailleurs les mécanismes[2]. Si on reprend par exemple la métaphore de la statue, on dira que dans la dépression *critique*, la personne, qui s'est identifiée à la statue et s'y est aliénée en devenant l'image même du devoir et du dévouement, a besoin de s'en extraire pour reprendre un processus de transformation pétrifié. Dans la dépression *durable*, en revanche, la personne, qui s'est blottie et cachée dans l'ombre de la statue, doit quitter cet abri pour venir au grand jour. Elle le doit parce que des besoins, depuis longtemps tenus en lisière, se réveillent, du fait des circonstances de la vie, des

---

[1] *Psychose*, *psychotique*, ne sont ni des diagnostics psychiatriques, ni des marques d'infamie, mais des descriptions du fonctionnement de la pensée. La pensée psychotique recherche désespérément le sens partout, espérant qu'il la conduira à l'intention, c'est-à-dire à *quelqu'un*. Où la croyance est prise pour le sens… Mode de fonctionnement qui affleure quotidiennement dans la pensée ordinaire, comme dans la théorie du complot, dans le « on nous cache tout » ou dans le « rien n'arrive par hasard ». Le délire n'en est que la systématisation infrangible, supposant une intention cachée derrière toutes les manifestations et tous les phénomènes, qu'elle soit bienveillante ou malintentionnée.

[2] Voir les chapitres 9, 12 et 13.

rencontres ou de leur propre mouvement. Là encore, le sens ne peut venir que de rétablir une cohérence dans le fonctionnement global de la personne dépressive, en articulant son comportement et sa perception du monde et d'elle-même avec ses besoins, ses pulsions, et en particulier avec tout ce dont elle s'est coupée. Le sens ne peut venir d'un jeu d'équations jonglant avec les symboles ou les significations abstraites, aussi brillant et séducteur soit-il.

Sens ou besoin. De quoi parle la dépression, quelle qu'en soit la forme ? De la souffrance de celui qui découvrirait à quarante ans qu'il s'est laissé porter par des échafaudages factices ? Il se sent tomber dans un puits insondable, entraîné par une chute sans fin, jusqu'à ce que la pesanteur lui fasse toucher le fond[1]. Il est emporté par une tempête qu'il doit traverser pour échouer sur le sable et y reprendre vie. Il est pris dans un œuf de béton dont il doit se laisser entraîner jusqu'au fond pour que, brisé, s'en échappe la graine jusque-là endormie.

Certains vont jusqu'à parler, non de réveil, mais tout bonnement d'éveil. « *Tout ce temps j'ai dormi... le réveil est dur... qu'est-ce que je vais voir en ouvrant les yeux ?* » Ils accueillent la dépression, non pas comme une défaillance, ni même comme une simple proposition à rompre avec le passé, mais comme une ouverture vers une autre dimension.

Leur interrogation rejoint l'hypothèse que j'ai exposée plus haut[2] de voir la souffrance dépressive comme une souffrance de déréliction, souffrance de celui qui se sent abandonné par Dieu, souffrance *limbique* de ceux qui ne sont pas admis à la promesse du salut…

Qu'advient-il en effet des enfants morts sans avoir reçu un nom ? Que pense l'Église de la plupart des Français d'aujourd'hui, ces non baptisés : sont-ils voués à rejoindre le *limbus infantium* ?[3] Leur passage en si grand nombre dans les limbes

---

[1] A l'image de ces séquences de dessin animé, où le personnage continue de fuir bien au-delà du bord du précipice, jusqu'au moment où, découvrant le vide ouvert sous lui, il y tombe comme une pierre.

[2] Voir le chapitre 14.

[3] Idem.

de la dépression dit-il, à sa manière, ce que les prélats n'osent plus affirmer et dont les mollahs ne se privent pas, qu'il y a un besoin urgent de retrouver, sinon Dieu, du moins la foi et l'Espérance[1]? La dépression est-elle une des voies qui permettent de trouver ou retrouver Dieu, quelque nom qu'on lui donne ? Avec le risque que la quête éperdue du sens se referme comme un piège et que, au lieu de dévoiler la souffrance du besoin non reconnu et de s'y confronter, elle pense découvrir une intention cachée. Dès lors, supposer qu'il y a, derrière la chute dans la dépression, quelqu'un quelque part, un Autre, aussi grand et transcendant soit-il, c'est de nouveau se faire exister en fonction du désir de l'autre.

La dépression est-elle au contraire, quelle qu'en soit la forme, la porte par laquelle on entre dans un monde qui s'est définitivement privé de la croyance en Dieu et qui se trouve, de ce fait, privé de dieu ? Mais si l'on ne croit en rien, dira-t-on, la vie n'a plus aucun sens et nous sommes livrés brutalement à l'absurdité de notre existence. Oui – sauf que, absurdité ou pas,

[1] Avec une majuscule le mot désigne pour les chrétiens la croyance dans la vie éternelle promise à chaque baptisé.

nous existons. J'ai évoqué plus haut le passage par le vide. J'aurais pu dire la dissolution des sens derniers, comme si le parcours dépressif conduisait à se défaire de cette illusion que notre condition comporte un sens dernier qui la justifie. L'absurdité de la condition humaine est un thème majeur de notre univers culturel et elle a été amplement illustrée par les meilleurs auteurs. La dépression *durable* peut apparaître comme l'effet de la conscience douloureuse de cette réalité et comme le moyen de s'en arranger, quand elle dure. Et quand elle se déconstruit, avec ou sans passage par la dépression *critique*, elle devient un moyen d'aller vers l'existence, simplement.

CHAPITRE 16

DE QUELQUES INCONVÉNIENTS À GUÉRIR TROP VITE ET TROP BIEN DE SA DÉPRESSION

Comme celui d'être privé de l'expérience unique d'avoir sombré corps et âme et d'en être revenu différent.

Une femme se pose la question, pendant un séminaire, de savoir de quoi on l'a privée en la guérissant de sa dépression, dans sa jeunesse, il y a trente ans de cela. Elle qualifie aujourd'hui sa souffrance d'alors de *dépression*, car on le lui a répété comme tel, et elle l'a inscrit comme tel dans son roman personnel. Elle a subi à l'époque une cure de sommeil[1], dont elle ne garde aucun souvenir. Cette période reste comme un blanc dans sa vie, une page vierge dont elle ne peut rien dire. Sa question est d'autant plus troublante qu'elle était nécessairement en souffrance, que son entourage l'était, et qu'elle ne peut rien en faire pour élaborer l'histoire de sa vie.

Difficile de refaire aujourd'hui l'histoire d'alors. Tout au plus peut-on observer que les déprimés attendent des antidépresseurs, ou de toute autre méthode, qu'ils leur fassent oublier au plus vite le passage douloureux et dévalorisant de la crise dépressive, pour redevenir au plus vite eux-mêmes, c'est-à-dire comme avant. Et reprendre au plus vite la vie qu'ils menaient. Redevenir comme avant… alors que, quand la dépression vient sans cause objective, c'est que, avant, on n'était peut-être pas tout à fait soi-même. Encore mieux, certains s'arrangent pour ne pas vivre du tout l'expérience dépressive, pour la faire taire

---

[1] La cure de sommeil était très utilisée à l'époque. Elle l'est parfois encore, non pour des états dépressifs, mais plutôt pour des états d'épuisement nerveux ou de grande anxiété. Elle repose sur l'utilisation des tranquillisants et des somnifères à fortes doses.

avant même qu'elle n'éclose. Que veulent-ils s'épargner ? Si l'inconscient a décidé d'enclencher le programme dépressif, se satisfera-t-il aussi facilement de continuer comme si de rien n'était, de faire comme s'il ne s'agissait là que d'un petit accident de parcours, dû au dérapage inconsidéré de quelques neurones sérotoninergiques ?

Sombrer sans pouvoir se retenir, comme attiré vers le fond par une force incontrôlable, perdre la direction de sa vie, disparaître dans l'obscurité et le sans forme – tout concourt à donner le sentiment d'un naufrage. Naufrage. Écoutons Madeleine en parler et regardons le film que R. Zemeckis en a fait.

Madeleine[1], une consultante déprimée, tente un jour de m'expliquer sa souffrance. « O*n raconte que certains passagers, quand la mer est démontée, sont tellement malades qu'ils préfèrent se jeter par-dessus bord... Eh bien moi c'est pareil, dans cette tempête, sur ce bateau, je suis tellement secouée que des fois j'ai envie de me jeter par-dessus bord. Au moins ça s'arrêtera.* »

En quelques mots, elle a campé les personnages du drame : le passager, le bateau et, en arrière-plan, le capitaine et l'océan. On peut filer la métaphore assez loin… Le passager qui souffre et n'en peut mais, ce serait l'instance qui dit « je », qui voudrait comprendre, et même avoir voix au chapitre. On lui en laisse parfois l'illusion, mais le capitaine entend décider de la direction et des manœuvres. Pourtant, ce capitaine, peut-être notre pilote des profondeurs, âme ou inconscient, qui passe pour être seul maître à bord, après Dieu, doit faire, bon gré mal gré, avec le bateau tel qu'il est. Le navire, véhicule nécessaire pour aller quelque part, où que ce soit, est-ce autre chose que notre corps, sans lequel nous ne pourrions traverser cette vie et qui obéit dans la mesure où on lui obéit ? Et qu'est-il lui-même, livré à cet océan, qu'il fend et domine, et qui peut le fracasser pourtant et l'engloutir en un clin d'œil ? Fait-il autre chose que naviguer le temps d'une traversée sur le grand océan de la vie ?

Qui décide : le passager, sans qui il n'y aurait ni bateau ni capitaine, le capitaine, sans qui passagers et navire sont à la

---

[1] Déjà rencontrée au chapitre 12

merci des éléments, le bateau, sans qui nul ne pourrait naviguer, ou l'océan, qui peut décider à chaque instant de mettre fin à leur course, et n'a nul besoin d'eux ? Dans la traversée de la dépression, qui décide de mettre les drapeaux en berne, de porter le deuil, qui décide de la mort ?

« *Bien en vain ma raison voulait prendre la barre ;*
La tempête en se jouant déroutait ses efforts,
Et mon âme dansait, dansait, vieille gabarre
Sans mâts, sur une mer monstrueuse et sans bords. »[1]

Quelques jours après avoir écrit ces lignes, je revois Madeleine. Maintenant, il y a moyen de parler de son parcours. Je la sais hypersensible à toute séparation - elle a fait un état dépressif quand chacun de ses enfants s'est mis à marcher - et on cherche de quelle séparation il peut s'agir, alors qu'aucune n'est apparente aujourd'hui. Et elle s'écrie : « *j'en suis sûre, c'est le deuil de mon mari*[2] *que je fais maintenant. Tout ce temps je n'étais pas seule, comme s'il était toujours avec moi. Maintenant je me sens bien seule, j'aurais presque envie de rencontrer quelqu'un... Est-ce que je peux m'allonger ?* »

Elle s'allonge, ferme les yeux, et entre, presque instantanément, dans un rêve éveillé que je ne ferai qu'accompagner,

[1] Ch. Baudelaire, *Les sept vieillards* dans *Les Fleurs du mal.*
[2] Il est mort accidentellement quinze ans auparavant.

percevant les images et les mots avant qu'elle les dise et ne les répétant qu'en écho.

« *Ah, m'envoler... des mouettes... je vole dans le ciel... les mouettes en groupe... euh, je vole seule, moi... envie de me poser... sur ce voilier... sur le pont, un grand bateau, mais... il n'y a personne sur ce bateau... qui tangue de plus en plus... j'ai peur... j'ai froid* [elle tire la couverture sur elle]... *c'est la tempête, pas de pilote... ça bouge dans tous les sens... j'ai vraiment peur, je vais y rester, tout va s'arrêter là... si je pouvais m'accrocher à quelque chose... ah, une planche, elle flotte, tout est cassé... combien de temps ça va durer, je ne pourrai jamais...* [elle reste longtemps dans cette traversée de souffrance, de froid, de peur - et la fin de la séance approche - je résiste à l'envie de suggérer des solutions, une sortie] *tiens, des oiseaux !* [elle entend, à ce moment, les oiseaux au dehors, qui n'avaient pourtant cessé de piailler] *il doit y avoir une terre... ah, c'est un rocher qui dépasse à peine, je m'écorche de partout... au moins un peu de répit, je me repose... brrr comme j'ai froid, je suis épuisée, et la mer monte toujours, elle va submerger le rocher... les mouettes tournent au-dessus de moi... ah, elles descendent comme pour m'encourager... je déploie mes ailes, péniblement, elles me soutiennent, ça y est, je vole... là-bas, il y a une terre, elles me... guident vers la terre... enfin, une plage de sable, je descends, je m'y pose, les mouettes repartent... enfin à terre, le soleil me sèche, me chauffe* [elle repousse la couverture, son visage s'épanouit]. »

Elle avait dit la lassitude du passager, tenté de s'évader de cette traversée de souffrance en coulant. Mais, aujourd'hui, une tempête se lève et son destin change.

Un film, *Seul au monde,*[1] parle aussi de naufrage. Le titre original est *Cast Away*, qui signifie « naufragé » tout autant que « abandonné, mis à l'écart, paria ». Pour les anglophones, le terme ne désigne pas seulement le résultat d'une action (le participe passé) mais insiste sur le geste même de jeter, d'écarter (*cast*) loin de soi (*away*), de mettre au rebut.

---

[1] Réalisé en 2000 par R. Zemeckis. Le rôle principal est interprété par T. Hanks.

Dès les premières images, l'ambiguïté est présente. Le héros semble tout l'inverse d'un *cast away,* d'un paria. Jamais au repos, efficace, il est au cœur de l'activité économique, parcourant la planète en tous sens pour développer l'entreprise de messageries express qui l'emploie. Quelque chose cependant sonne faux. Il court sans cesse après le temps, et quand il s'arrête, il sent bien cette dent qui lui fait mal, mais il faut repartir. A peine a-t-il le temps de s'occuper de sa vie privée, de fêter Noël, d'envisager son prochain mariage qu'avant le jour de l'an il est de nouveau dans un avion chargé de colis et de messages. Comme pour enfoncer le clou, on aura appris au passage qu'il s'appelle Chuck Noland, autrement dit Chuck Sansterre ou Chuck Denullepart.

Une tempête brise brutalement son élan et le jette à l'eau. Il pourrait mourir mille fois, mais non, il échoue sur un îlot désert, avec quelques vestiges de sa vie antérieure. La catastrophe le coupe de ce qu'il était auparavant et de ce qui donnait sens à sa vie. Pour tous il est mort. Il doit réinventer ce qui est nécessaire à la survie, tout en passant par les phases connues et décrites du deuil, déni, colère, découragement, jusqu'à la tentative de suicide. Il finit par s'installer dans cette vie quand les effets combinés de la chance et de sa débrouillardise lui donnent les moyens de s'en sortir. Il réussit à quitter son îlot et, par un hasard heureux, il rejoint l'Amérique, son bruit et sa fureur. Mais de la chaumière et du cœur qui lui ont donné la force de tenir, il ne retrouve rien. Le croyant mort, sa promise a trouvé en toute bonne foi un autre cœur pour habiter leur chaumière. Il n'a plus de chez lui et la maison entrevue n'est plus la sienne.

Ses anciens collègues sont pressés de le réintégrer parmi eux. « *On va te ramener à la vie* » lui disent-ils. Mais quelle vie ? Noland a besoin de faire le point. Dans une belle séquence il revient sur ce jour entre Noël et la nouvelle année. Puisque son amie l'avait laissé repartir, « *j'en ai déduit que je l'avais perdue* ». Nous avions donc mal compris en croyant qu'il obéissait d'abord aux contraintes de son travail.

Se sachant à jamais seul sur son île, il ne se voyait plus maître que de sa mort. Il tente en vain de se pendre. « *Même pas capable de me tuer comme je voulais, je n'avais de pouvoir sur rien du tout... C'est à ce moment-là qu'un sentiment m'a envahi comme une couverture bien chaude. J'ai su d'une certaine façon que je devais rester en vie, d'une certaine façon que je devais continuer à respirer, même si je n'avais aucune raison d'espérer. Ce que j'ai fait, rester en vie, continuer à respirer. Et là je suis de retour et je l'ai perdue encore une fois (...) et je sais ce que je dois faire maintenant, continuer à respirer.* »[1]

Pas question de retourner à la vie antérieure, ni dans sa vie de cadre surbooké, ni sur son île déserte. Il va respirer. Le voilà reparti. Dans un dernier geste, comme pour boucler définitivement sa mission, il livre le colis qu'il avait miraculeusement gardé sur son île et il reprend la route. Nous le laissons à la fin du film dans un paysage d'espace sans limites, au carrefour de deux routes filant vers les quatre horizons d'un univers inhabité, hésitant sur la voie à suivre. Il s'était senti si isolé, si loin de tout sur son îlot, le voilà seul. Aussi seul selon les apparences, mais l'on sent que maintenant il s'agit de bien autre chose. Il n'est plus « cast away », rejeté, abandonné sur la route. Il est seul, simplement, avec l'infini du monde devant lui et il va respirer comme il a appris à le faire durant ses années d'isolement. Comme si, les illusions dissipées et les leurres éventés, il n'était plus besoin de courir ni d'espérer.

Le film de Zemeckis, comme beaucoup d'œuvres contemporaines, décrit le parcours du héros surmontant victorieusement l'épreuve de la déréliction : son itinéraire intime le mène de l'isolement à la solitude.[2] Fini les femmes de marin qui attendent au port, fini l'« *heureux qui comme Ulysse* » revient au foyer natal vivre de ses souvenirs pour « *le reste de son âge* »[3]. Seul au monde, l'homme l'est désormais dans son monde, en quelque lieu qu'il soit, en quelque compagnie qu'il soit. Homme de no land, de nulle part. Seul sur terre, parce que le ciel serait désormais vide ?[4]

Au point qu'on est tenté de dire, après beaucoup d'auteurs, que l'expérience dépressive serait une initiation, un

---

[1] Ces mots résonnent avec la devise attribuée à Guillaume d'Orange le Taciturne, fondateur de la dynastie régnante hollandaise : « *il n'est pas nécessaire d'espérer pour entreprendre ni de réussir pour persévérer* ».

[2] Voir le chapitre 13.

[3] J. Du Bellay, *Les regrets*.

[4] Voir les chapitres 15 et 21.

véritable passage. Et parmi les mots jamais anodins qui jalonnent l'itinéraire de la dépression, en voici de nouveau un, initiation, qui n'appartient ni au vocabulaire de la médecine ni à celui de la psychologie. Est-ce d'une initiation que la femme citée au début de ce chapitre a été privée ?

Il est difficile, après avoir parlé du naufrage de Madeleine et du film de Zemeckis, de faire comme si on n'avait pas songé, tout du long, à l'histoire de Robinson Crusoë, le naufragé qui nous accompagne depuis notre enfance. En juin 2003, à l'épreuve de français du baccalauréat, on demandait aux candidats de plancher sur le personnage de Robinson, à travers quatre textes[1].

Giraudoux dit de Robinson : « *Toujours agité, non comme s'il était séparé des humains, mais comme s'il était brouillé avec eux, et ne connaissant aucun des deux périls de la solitude, le suicide et la folie* ».[2] Les mots qui accompagnent les dépressifs sont là : solitude, suicide, folie. L'auteur évoque un homme qui se serait volontairement retranché des autres et qui pourtant se trouve comme protégé des périls de la solitude. La *solitude* grosse de dangers, je l'appellerais plutôt *l'isolement.* Pour Giraudoux ce n'est pas celle de Robinson.

Dans le livre de De Foe – qui est le texte fondateur - un détail arrête le lecteur, alors que nous croyons déjà connaître toute l'histoire : «*j'érigeai, sur le rivage où j'avais pris terre pour la première fois, un gros poteau en forme de croix sur lequel je gravai* […] *: J'ABORDAI ICI LE 30 SEPTEMBRE 1659* ». Le détail a la précision d'un fait réel. Or le livre, écrit en 1719, s'inspire de l'aventure véridique d'un marin, Alexandre Selkirk, survenue au début du 18° siècle. Pourquoi 1659 ?

Une courte recherche découvre que la date de naissance de De Foe lui-même pose problème. Une source la situe au début 1660, une autre à l'été 1660. On peut supposer que l'intéressé la connaissait. N'y a-t-il pas quelque vraisemblance à la situer neuf mois après le 30 septembre1659 ?

---

[1] Respectivement de De Foe, Saint John Perse, Giraudoux et Tournier. Notons que le livre de ce dernier s'intitule *Vendredi ou les limbes du Pacifique.*

[2] J. Giraudoux, *Suzanne et le Pacifique*, Le livre de poche, 1997.

De ce fait, ce qui semblait un pittoresque récit d'aventures renvoie à une aventure autrement intime et personnelle. Jour de naufrage que celui où la rencontre de deux êtres dans leur chair précipite une nouvelle âme dans une aventure solitaire ? Les vieux dépressifs comprendront ces questions, eux qui se demandent si souvent ce qu'ils sont venus faire ici-bas et qui interpellent leurs géniteurs d'un amer « *mais quelle idée vous avez eue de me mettre au monde !* » Thérèse, encore en colère, s'écrie « *avoir un enfant dans ces conditions, c'est le tuer à demi avant qu'il naisse* ! » Jean-Louis, qui émerge lentement mais sûrement d'un long parcours dépressif, tombe dans un état second, au cours d'une séance traversée d'orages, d'où il dit, comme un message venu de loin : « *je ne voulais pas venir !* » Une autre disait « *je suis née à reculons* », et beaucoup pourraient dire « *je freine pour vivre...* » Sans oublier Job, et les premiers mots de son poème biblique :

« *Périsse le jour où je suis né*
et la nuit qui a dit « un enfant mâle est conçu. »

Jour de conception, jour de colère des dieux ? L'île Juan-et-Fernandez qui vit l'aventure de Selkirk se trouve dans le Pacifique, très au large des côtes chiliennes, à la latitude de la ville de... Concepción.

Jour de conception, présageant d'une traversée difficile, ballottée neuf mois dans un lieu clos, pour s'échouer sur une île… déserte. Robinson ajoute : « *le 30 septembre, après avoir gagné le rivage, après avoir échappé à la mort, au lieu de remercier Dieu de ma délivrance, ayant rendu d'abord une grande quantité d'eau salée, et m'étant assez bien remis, je courus ça et là sur le rivage, tordant mes mains, frappant mon front et ma face, invectivant contre ma misère, et criant : « je me suis perdu ! perdu !... » jusqu'à ce qu'affaibli et harassé, je fusse obligé de m'étendre sur le sol, où je n'osai pas dormir de peur d'être dévoré* ».[1]

---

[1] Plage et cinéma. La plage de *La leçon de piano* qui ouvre et clôt l'itinéraire de l'héroïne. Celle de *Sous le sable* (de F. Ozon) qui voit le mari disparaître dans la mer et sa femme dans la folie. Celle où s'achèvent *La Strada* (de F. Fellini) et le parcours du héros, définitivement *seul,* mais le cœur enfin ouvert sur la souffrance humaine. Et tant d'autres encore.

CHAPITRE 17

TOUT LE MONDE N'A PAS LA CHANCE DE CONNAÎTRE LA DÉPRESSION

Être fatigué de vivre de temps en temps n'est pas plus grave que d'être fatigué de temps en temps. Ne jamais l'être peut être aussi grave que de ne jamais sentir sa fatigue...

Un étudiant en psychothérapie s'interroge : « *Est-il possible que je n'aie plus peur de ma dépression ?* ». Où il est question de *peur*, et d'une peur proche de la personne, car il dit « *ma* dépression ». On y entend qu'il a peut-être déjà connu la dépression et qu'il en appréhende le retour. Il en garde le souvenir d'une épreuve difficile à traverser, avec peut-être aucun profit au bout. N'est-on pas immunisé, une fois qu'on a payé son dû à l'épidémie ?

Et si l'on n'a pas connu la dépression, on peut légitimement redouter d'y succomber, quand on voit l'épidémie toucher tant de gens qui n'y semblaient pas prédisposés. Elle fait aujourd'hui partie de notre vie quotidienne, nul ne peut en ignorer les manifestations et les façons dont les uns et les autres l'affrontent, nul ne peut l'écarter de son horizon. Comment s'en préserver ? Y a-t-il un vaccin ?

La dépression ne se prévient pas et tenter de l'empêcher de se produire – par exemple en prenant des antidépresseurs au long cours - serait plus préjudiciable que de lui laisser prendre sa place. Ce serait comme prendre de l'aspirine indéfiniment pour empêcher la fièvre de survenir ou encore ne plus toucher sa voiture pour éviter un nouvel accident.

La personne qui parle de peur et de *sa* dépression parle peut-être d'une dépression qui serait tapie au fond d'elle et qu'elle hébergerait, sans l'avoir jamais connue au grand jour de sa conscience. Doit-elle continuer à faire, jour après jour, comme si elle en ignorait tout, dans une fuite en avant qui risque, un jour, de se terminer de façon abrupte. La peur bâillonnée se transforme en une angoisse sourde, distillée par accès inattendus ou niée dans une fausse aisance. Ou elle se manifeste par un évitement des personnes déprimées : « Je ne les comprends pas ! Elles n'ont qu'à se bouger un peu ! » Leurres qui aboutissent un jour à une vraie crise dépressive d'autant plus intempestive.

Quand un nuage chargé de solitude, de deuil, d'images de mort traverse le cœur, comment ne pas être effrayé ? Est-ce grave d'être fatigué de vivre *de temps en temps* ? De temps en temps ? Le D.S.M. IV et les voix médicales autorisées demandent, pour parler d'état dépressif majeur ou caractérisé, qu'on soit déprimé au moins 15 jours, presque tous les jours, presque toute la journée. Est-ce grave dans ce cas ? Tout le monde ne le pense pas, puisque, même en tenant compte du critère des 15 jours et des signes majeurs du D.S.M., les enquêtes révèlent l'existence d'un continent noir où circulent les deux tiers des déprimés, ignorés de la médecine et l'ignorant.[1]

Si c'est moins de quinze jours, mais qu'on ne se sent jamais vraiment bien plus de quelques semaines d'affilée et que ça dure depuis au moins deux ans, c'est du trouble dysthymique, disent les classificateurs[2]. Dans ce cas, sous-entend-on, il ne faut pas attendre de miracle des médicaments. Faut-il comprendre que, pour les médecins, ce n'est pas très grave ?

Être déprimé de temps en temps, cela signifie en réalité l'être d'une façon qui n'entre pas dans les classifications, mais que les personnes connaissent et reconnaissent. Et que peut-être tout le monde connaît. Un coup de blues, un coup de cafard, une baisse de moral, une baisse de forme, de temps en temps, tout le monde connaît. Est-ce de la dépression ? Est- ce de même nature que la « vraie » dépression dont nous avons parlé dans les chapitres précédents, avec simplement un changement d'échelle ?

---

[1] Voir le chapitre 4.
[2] Voir le chapitre 3.

Écoutons les mots dont se servent les intéressés, pour essayer d'entendre leurs mouvements intérieurs. Le moral, la forme baissent. S'agit-il d'un temps où l'on réduit sa surface, on fonctionne à l'économie, on fait appel à ses réserves. Une bouffée de dépression pour une gestion *durable* de ses émotions ? On vit un coup de blues, de cafard – comme un « coup de vent » ou comme un « coup de rouge » ? Une pincée de dépression *critique*, en somme, comme une rafale qui secoue inopinément, ou une rasade qui remonte ?

A l'instar de tous les petits cancers que notre organisme contrôle et soigne chaque jour, des mini-plaies de nos muqueuses qui se guérissent sans intervention extérieure ou ces fluctuations de la glycémie ou de l'urée qui s'autorégulent, ces petits passages dépressifs seraient des processus normaux d'adaptation, qui s'apaisent grâce à de petites doses d'auto-antidépresseurs. Mais d'adaptation à quoi ? On peut former quelques hypothèses sur la fonction d'adaptation des à-coups dépressifs que tant de gens connaissent en les rapprochant de ce que les chapitres précédents nous ont appris, non sur le sens des épisodes dépressifs, mais sur les situations auxquelles ils répondent, ou les besoins qu'ils satisfont.

Adaptation à des situations inscrites dans la dynamique de notre développement, comme les expériences de séparation, moments physiologiques, dont le modèle est fourni par la position dépressive de Mélanie Klein. Le montage biologique qui s'y met en place - processus neurochimiques des manifestations cliniques de la dépression et de leur correction par les auto-antidépresseurs - servira dans les expériences ultérieures de même nature.

L'étude de la dépression *critique* nous a fait penser qu'à certains moments un réajustement devenait impérativement nécessaire entre la direction qu'avait prise la vie d'une personne et ses besoins les plus intimes. Le refus de laisser monter la souffrance et d'accueillir la fatigue de vivre, quand elles sont là, est peut-être bien plus grave que d'être déprimé de temps en temps. Et est-on sûr qu'un tel refus n'empêche pas également d'autres mini-réajustements organiques de se faire, comme ceux dont l'absence laisse germer lentement une dégénérescence cellulaire ou une mutation cancéreuse.

S'accrocher à son image de rocher que rien ne bouscule, qui tient contre vents et marées, n'est peut-être que le refus réitéré de laisser venir ces moments de dépression qui éviteraient, peut-être, le jour d'une grande tempête, de s'effondrer d'un bloc. La vieille histoire du chêne et du roseau... Quand les corrections n'ont pas été faites au fil du temps, au fur et à mesure que des tensions apparaissaient, le réajustement s'impose de façon dramatique. La mise à jour, dont la dépression traduit la nécessité, s'accomplit par une séparation d'avec les images que la personne a construites, ou laissé construire d'elle, et dans lesquelles elle s'est aliénée[1]. Cette construction imaginaire répondait elle-même au besoin de se fabriquer une appartenance, face à l'insistance avec laquelle la modernité demande qu'on s'émancipe du groupe.

L'utilité des petits à-coups dépressifs diffère selon le contexte dépressif. Pour ce qui concerne la dépression *critique*, on peut penser qu'ils en sont une bonne prévention, comme on vient de le voir. Pour la dépression *durable*, dont ils émaillent le cours, ils ont aussi fonction de réajustement, mais dans un sens de protection. Quand le quotidien, pour une raison ou une autre, déséquilibre le compromis établi, ils aident à « resserrer les boulons » et à raffermir la crédibilité du roman dépressif. Tel est le cas quand se présente le risque d'entrer dans une solitude – au sens que je donne dans cet ouvrage - qu'on n'est pas prêt à assumer : ils servent à revenir au sentiment d'isolement, un moindre mal. Ou encore quand la vie propose d'entrer à part entière dans une relation affective et que la peur se réveille. Fonction défensive au moins dans un premier temps, car la répétition de ces à-coups aide à prendre conscience du conflit caché. Enfin, aussi bien au cours du processus thérapeutique qu'après sa phase active (c'est-à-dire quand la personne n'est plus en thérapie), des *micro-dépressions* peuvent survenir, aussi brèves qu'intenses[2]. Elles témoignent du travail de guérison qui continue de se poursuivre en profondeur.

---

[1] Voir les chapitres 14, 15 et 16.

[2] Voir le chapitre 15.

Connaître de temps en temps la fatigue de vivre ne parle pas seulement de santé ou de maladie, mais nous oblige à voir plus loin que l'histoire de chacun et à retrouver le sillon que notre culture trace depuis au moins 25 siècles, depuis qu'elle associe la dépression, sous le nom de mélancolie, à la liberté de penser. Ce qui ne saurait nous étonner, après ce que nous avons vu de la fonction de la dépression, aussi bien dans son expression critique que dans son organisation durable : la dépression peut être un chemin d'émancipation.

Le mot de *mélancolie* a vu le jour dans la médecine grecque, qui l'attribuait à une humeur (la bile noire, selon l'étymologie du mot) et à un organe, la rate. Aristote en aurait fait une caractéristique de l'homme de génie. En aurait fait… Les spécialistes en contestent l'attribution à Aristote, mais l'idée était commune chez les penseurs de la Renaissance, chez qui elle réapparaît après avoir subi un opprobre millénaire depuis l'avènement du christianisme[1]. Une gravure de leur époque relie avec éloquence la mélancolie à leurs préoccupations. La « *Melencolia 1* », que Dürer a gravée en 1514, étale autour d'une femme manifestement lasse et désabusée – un coup de blues ? - une foule d'objets dont l'association garde beaucoup de mystère. La figure humaine attire d'emblée le regard. Le geste arrêté, le regard perdu dans le vague, elle semble fatiguée, habitée par le doute et l'*à quoi bon.* Les outils du génie humain, qui servent à connaître le monde et à le transformer, gisent autour

[1] Voir les chapitres 1, 2 et 18.

d'elle, comme abandonnés. « *Mélancolie et Géométrie* [...] *s'offrent à nous comme la représentation* [...] *des inquiétudes d'un esprit en proie au tourment.*[1] » Est-ce aussi simple ? Image de la déréliction ou angoisse de l'homme confronté aux mystères de l'univers ? La mélancolie serait-elle le prix à payer pour l'émancipation de la personne ?

Les hommes de la Renaissance proclament leur droit d'explorer tous les domaines, avec la liberté d'une entité souveraine, comme en témoignent l'apparition du portrait et de la perspective en peinture[2], la revendication de la lecture personnelle des textes sacrés et donc la Réforme, le développement de la société marchande et du capitalisme, etc. Pour eux, le génie associe l'affirmation de soi, de « *celui dont la conscience de lui-même en tant qu'il n'est que lui-même, totalité autonome, est exacerbée* » avec le doute le plus profond confinant aux abîmes du désespoir et du néant[3].

Marsile Ficin, un Florentin du 15° siècle considéré comme un des fondateurs de l'humanisme italien, se fixe comme objectifs d'« *interroger les étoiles, faire l'anatomie des vivants, dicter ses lois à la cité et construire la cité, soigner la mélancolie et la folie* »[4]. Notons la place que prend la mélancolie dans cet inventaire, comme si elle faisait partie du cahier de charges des nouveaux défricheurs. Renversant l'affirmation de Hildegarde de Bingen qui disait deux siècles plus tôt que la bile noire témoignait de l'action du démon en l'homme[5], M. Ficin

---

[1] J. Cornette dans *L'Histoire*, n°285, mars 2004, dossier *Le mal de vivre depuis trois mille ans*. L'ouvrage majeur sur la question, *Saturne et la mélancolie* de R. Klibansky, E. Panofsky et F. SaxI est paru en anglais en 1964 (traduction française chez Gallimard en 1989). J. Cornette cite également l'*Histoire du traitement de la mélancolie des origines à 1900*, de J. Starobinski, paru à Bâle en 1960.

[2] Voir T. Todorov, *Éloge de l'individu, essai sur la peinture flamande de la Renaissance,* Adam Biro, 2001. Dürer est le premier à avoir laissé des autoportraits faits tout au long de sa vie et chaque fois scrupuleusement datés.

[3] La citation est d'A. Ehrenberg, dans *L'Histoire*, ouvrage cité. Cet auteur a écrit *La fatigue d'être soi. Dépression et société*, 0. Jacob, 1998.

[4] Cité par J. Attali dans *1492*, Arthème Fayard, 1991.

[5] Voir le chapitre 2.

quant à lui pense que c'est « *la bile noire qui élève l'âme jusqu'à la compréhension des choses les plus hautes* »[1].

Position qui tient du grand écart, dans une société qui continue de se proclamer chrétienne : le stigmate du péché originel – la mélancolie - deviendrait le vecteur du plus grand élargissement de l'esprit humain, en attendant que la mutation démocratique des sociétés occidentales étende à tous les hommes la mélancolie réservée jusque-là aux hommes d'exception.

L'écart continue de se creuser dans les siècles qui suivent, la *fatigue de vivre* s'installant à chaque époque davantage dans la création intellectuelle et artistique (romantisme, mal du siècle, culte des vestiges, nostalgie, roman noir, expressionnisme, existentialisme, etc.). Ce que nous avons vécu pendant ces cinquante dernières années, la voir dévêtue de sa chape de péché et rebaptisée comme maladie, est-ce une tentative de la médecine, relayant le combat perdu de l'Église, de lui enlever son potentiel critique et créatif ?

Quand on déprime de temps en temps, revit-on la même dialectique, se livre-t-on, de la même façon, à un petit grand écart ? Dans la logique du lent mouvement historique qui nous porte à être une personne émancipée du groupe et pensant par elle-même, il nous est inévitable, et peut-être nécessaire, d'être déprimé de temps en temps, autant qu'il nous est difficile de l'accepter et de le laisser voir. Nous ne pouvons ni éviter de sentir parfois cette fatigue de vivre qui parle d'arrêt, de deuil, de mort, ni ignorer que nous avons dans le même mouvement inventé des façons d'en sortir, par les médicaments ou la psychothérapie, quand nos propres antidépresseurs n'y suffisent pas. La création dépressive comme l'invention thérapeutique contribuent à installer toujours plus dans notre réalité l'avènement de la personne individuelle face aux contraintes, et aux solidarités, de l'appartenance groupale.

---

[1] Cité dans *Mélancolie, les métamorphoses de la dépression* d'Hélène Prigent (Découvertes Gallimard 2005) et dans le livret de présentation de l'exposition *Mélancolie, génie et folie en Occident*, Grand Palais, Paris, 2004-05. La tenue de cette exposition et son succès auprès du public témoignent de l'actualité du questionnement que je poursuis.

CHAPITRE 18

DÉPRESSION ET RELIGION, UNE VIEILLE HISTOIRE

Leur relation est ancienne et des plus ambiguës, car si la religion n'a pas créé la fatigue de vivre, elle s'est si bien attachée à en protéger ses adeptes, qu'elle en a rendu l'émergence plus probable et massive, pour le jour où elle viendrait à disparaître.

Nous savons maintenant que la dépression est intimement liée à une carence de portage, et la carence de portage est bien la dernière chose qu'on pourrait reprocher à la religion chrétienne. C'est d'ailleurs le propre de toutes les religions, et peut-être même leur raison d'être, de porter leurs adeptes.

La religion chrétienne, surtout dans sa version catholique, a été très attentive à préserver ses fidèles de la dépression. Elle en a diabolisé à l'extrême la souffrance, elle en a culpabilisé les patients, elle a interdit le suicide[1]. En cela, à vrai dire, elle rejoint toutes les religions monothéistes. Mais par la façon dont elle a contribué à l'apparition d'une société qui accorde une telle valeur au bonheur individuel, terrain sur lequel se fonde aujourd'hui la demande de soins, elle a scié la branche sur laquelle elle s'était installée et elle a favorisé l'épidémie dépressive.

De telles affirmations nécessitent un retour, même bref, sur certains moments de l'évolution historique[2].

---

[1] Voir le chapitre 2.

[2] Pour en percevoir la portée, il importe de les relier à l'ensemble du processus historique qui m'apparaît générateur de la société où l'épidémie dépressive trouve son terrain de prédilection. La *société des personnes*, comme je propose de la nommer, résulte de la convergence de trois courants historiques qu'on peut désigner, pour faire court, comme le courant hébraïque ou biblique

Le monde hébraïque ancien procède à une double rupture avec son environnement culturel, vers la fin du 2° millénaire avant J.C., en affirmant « *tu ne tueras pas* » et en proclamant sa foi en un Dieu unique et exclusif.

Au milieu des dix commandements bibliques, l'incontournable « *tu ne tueras pas* » s'applique sans autre précision à tout ce qui vit et, vraisemblablement, en premier lieu à l'homme. Il implique que tous les hommes ont droit au respect. Dans sa prétention à l'universalité, cet interdit laisse même entendre que la vie d'un homme d'un autre groupe, d'une autre communauté, a la même valeur que celle d'un homme de mon groupe ! Autrement dit, si un homme a le droit de vivre, quelle que soit son appartenance familiale, groupale, clanique ou communautaire, on peut en venir à penser que sa vie et son corps lui appartiennent, et non au groupe.

La pratique, à commencer par celle des Hébreux[1], a mis du temps à s'aligner sur la théorie, si elle l'a jamais fait. Mais la formule était lancée, qui parlerait de fraternité et serait reprise par le christianisme pour ne plus disparaître de l'horizon[2]. Elle jetait le germe d'une tension et de conflits entre des groupes qui exigeraient la solidarité aveugle avec eux et des individus qui

---

(« tu n'auras qu'un seul dieu »), le courant hellénique (« connais-toi toi-même »), le courant anglo-saxon (« habeas corpus »). Les moments historiques où la rencontre de ces courants produit des alliages culturels originaux, peuvent être situés à l'époque romaine, à la Renaissance, à l'époque des Lumières et dans les cinquante dernières années. Les processus qui, dans cette évolution, font le lit de la dépression sont, comme je l'ai développé dans plusieurs parties de cet ouvrage, la promotion de la personne individuelle au centre des valeurs et la dissolution des liens qui solidarisaient l'individu au corps groupal.

[1] La Bible rapporte de nombreux épisodes de « nettoyage ethnique » qui s'accordent mal avec le 6° commandement.

[2] La société qui énonce ce principe à la fin du deuxième millénaire avant notre ère n'est pas la seule à dire « *tu ne tueras pas* », et sans doute pas la première. Les religions de l'Inde l'ont formulé et observé, comme leurs adeptes qui portent un masque pour éviter d'avaler un moucheron. Mais il ne s'agit pas tout à fait de la même chose : ce n'est pas le corps vivant dont on y magnifie la valeur, mais l'âme qui y transite. C'est le cycle de ses transmigrations qu'il faut se garder d'interrompre, car dans n'importe quelle forme vivante peut s'être incarné un humain.

s'appuieraient sur ces impératifs supérieurs pour se dresser contre les logiques communautaires et revendiquer d'exister par eux-mêmes. Le dépressif moderne, qui pose à tout instant la question de sa valeur et de son droit à vivre, jusqu'à décider de s'émanciper de son groupe d'appartenance, légitime en partie sa revendication au mieux-être dans l'injonction biblique, généralement sans le savoir.

Le judaïsme introduit une autre donnée majeure, qui vient droit jusqu'à nous : le monothéisme, dont le plus remarquable est la revendication d'exclusivité. La croyance en un dieu créateur unique, et l'engagement demandé en conséquence à chaque croyant de renoncer à tous les autres dieux, dessinent en pointillés le nouveau statut de la dépression. Car dieu unique *jaloux* rime avec abandon.

Dans un contexte animiste ou polythéiste, les entités non-humaines sont légion, sans compter les ancêtres plus ou moins divinisés. Les uns et les autres restent suffisamment humains pour être accessibles à une forme ou une autre de négociation. En outre, ils ont une contrepartie dans le monde visible, culture, groupe, descendants, ethnie : en adoptant la divinité tutélaire d'un groupe humain, on peut se faire adopter par celui-ci. Beaucoup de conversions d'« indigènes » au christianisme ont obéi à cette logique.

L'homme était relié aux forces qui l'entouraient par un réseau de fils innombrables, réseau contraignant, mais porteur dès qu'il en acceptait les obligations. Si un fil cassait, il était encore porté. Mais il les a tous tressés en une seule corde, puissante et exclusive. Qu'elle vienne à se rompre, il n'y a plus rien. On ne peut jamais être aussi abandonné que par un dieu unique et exclusif, Dieu. On ne peut jamais être aussi définitivement seul que quand on est coupé de l'*Éternel,* totalité du temps et de l'espace. Coupé de tout, il y a… rien. L'abandon par le Créateur fait tomber en *déréliction*. Le mot est entré en littérature pour dire la souffrance du Christ, mais le personnage biblique qui lui donne sa dimension humaine et en indique l'enjeu, est Job[1]. Le problème est posé de façon dramatique. La fatigue de vivre, et la tentation de mourir qui l'accompagne – s'ils surviennent, et

[1] *La Bible*, livre de Job.

on les attend logiquement - ne résultent plus de la perte d'un être cher ou des coups du sort. Quelles que soient les difficultés de la vie réelle, la seule chose qui importe est de savoir si Job se croit abandonné, auquel cas il est voué à sombrer dans le désespoir et l'abandon de soi, ou s'il reste relié, animé par la conviction qu'il n'est pas abandonné. Au pire être un pécheur, et de ce fait jugé, condamné, mais pas abandonné. On ne saurait mieux dire que ce n'est pas Dieu qui porte les êtres, mais leur foi et que la culpabilité bien entretenue par le péché est un moyen – palliatif - de rester en contact avec Lui.

Abandonné de Dieu, relié à Dieu. La dépression du deuil, du bannissement ou de l'exil est rupture d'un lien. La déréliction est croyance en l'abandon. En ce sens, elle n'est pas sans évoquer la dépression moderne qui survient dans la vie d'une personne sans qu'on puisse repérer une perte, un abandon, un deuil effectifs. Dépression sans cause repérable, et qui plus est, toute dans la tête ou dans le cœur. C'est bien là que se déroule le combat de Job. Que Dieu existe ou pas, le seul vrai mystère est celui de la foi, qui protège si bien du suicide et conduit si facilement à la guerre et à la mort…

Ainsi, la valeur de la personne n'est pas plus tôt proclamée et inscrite dans un lien d'amour avec son Créateur, que se trouve explicitement posée la question de la dépression *anaclitique*. La réponse est non moins claire: elle ne dépend pas de Dieu mais de la foi qu'on garde en lui. A partir de là, toute fatigue de vivre est suspecte de manque de confiance dans le créateur, voire d'alliance avec le démon. Diabolisation, culpabilisation et… protection.[1]

La confiance que demande ce Créateur se proclamant tout amour porte deux germes délétères. Elle suppose d'une part que la souffrance, la maladie, les morts injustes, les catastrophes ne peuvent être qu'une manifestation d'amour, aussi caché soit-il, puisque tout vient *in fine* de Lui[2]. Et donc que nous avons quelque part mérité cette souffrance, puisqu'elle ne peut être

---

[1] Voir le chapitre 2.

[2] C'est ce que s'évertue à démontrer la partie de la théologie qu'on appelle la théodicée.

que juste punition. Voilà semé le germe de la culpabilité. L'autre germe est celui du sens. Grâce à Dieu, et l'expression est à entendre au pied de la lettre, tout cela a un sens. Et gare à toi si tu doutes de Moi parce qu'alors toute ta souffrance sera vaine, absurde. Tu souffriras et tu n'y trouveras aucun sens. Quand nous commencerons à douter de ce Créateur, nous entrerons dans l'absurdité de l'existence. Culpabilité sans faute, vacance du sens dans l'*à quoi bon*, dissolution des fins dernières, la dépression parle-t-elle d'autre chose ?[1]

Le monothéisme et le Décalogue, qui vont de pair, posent le cadre ontologique de la dépression. Ils la constituent partie intégrante de la condition humaine, mais interdite et posée du côté de la tentation, du blasphème et du péché. Ce double lien tiendra tant que l'adhésion au monothéisme et à sa parole tiendra. Quand le monde se déchristianisera ou se désenchantera, pour le dire de façon moins spécifique, la voie sera ouverte pour la dépression jusque-là tenue en bride. Tant que l'homme pense avoir été conçu par Dieu, il a à cœur de se garder de la déréliction, forme nouvelle du rejet, de l'exclusion, forme dernière de l'isolement. Le jour où il abandonne Dieu, où il déconstruit sa croyance, tout est en place pour qu'il se retrouve dans la solitude, sans autre recours.

Si nous voyons clairement ce jour venu aujourd'hui, il est malaisé d'en retracer le parcours depuis l'antiquité judéo-chrétienne. Des différents moments où son mouvement se manifeste clairement, je retiendrai d'abord la Renaissance, dont l'importance nous est apparue avec l'émergence de la personne autonome[2].

La relation au Dieu unique y reste forte, mais elle évolue d'une façon qui prépare de grands changements. Les hommes de la Renaissance semblent interroger le christianisme à la lumière de l'héritage grec, de son « connais-toi toi-même »,

---

[1] Univers des livres de Kafka ou des films d'Antonioni. La psychose au contraire ne parle que du sens, qu'elle cherche et voit partout. Les dépressifs ne risquent pas de se prendre pour Dieu – au contraire des psychotiques.

[2] Voir le chapitre 17.

et de son « Eureka ! »[1]. Si « j'ai trouvé », c'est que j'ai cherché… On retrouve chez beaucoup des penseurs, créateurs, aventuriers de la Renaissance, la préoccupation de voir l'individu devenir une totalité par lui-même, de le voir sentir, penser, exister par lui-même et disposer de toutes les fonctions nécessaires à son propre gouvernement[2]. Autrement dit, l'homme idéal possède les caractéristiques du souverain et sans doute les ressources qui fondent sa puissance. Au fronton de la nouvelle abbaye qui accueille les hommes de la Renaissance, Rabelais peut écrire « *fais ce que voudras* »[3]. Il aurait pu ajouter « *et sois attentif à ce qui t'en empêche* ».

Voilà qui doit résonner étrangement aux oreilles du Dieu jaloux qui réclamait exclusivité et obéissance. Mais n'est-ce pas de cela que parle Dürer ? La figure humaine de *Melencolia 1* se trouve dotée d'une paire d'ailes qui en font un ange fort présentable et fort perplexe. Son rôle de messager entre Dieu et les hommes est-il devenu obsolète ? Est-ce sa mise au chômage qui le déprime ? Le cadran solaire lui fait-il prendre conscience douloureuse de l'écoulement du temps et de la fin annoncée de l'Espérance, c'est-à-dire de la fin de la croyance en une vie éternelle au-delà de celle-ci ?

Poser les questions de cette façon peut s'appuyer sur l'examen d'autres œuvres de Dürer, comme le tableau habituellement nommé « *L'homme de douleurs* »[4]. Le Christ s'y présente à nous, les yeux bien ouverts, avec du vague dans le regard et une lassitude dans la pose qui parle fort à tout dépressif. Il est mort sur la croix et pourtant il vit, mais il n'est pas encore ressuscité car son corps est celui d'un supplicié.

---

[1] Le « *connais-toi toi-même* » prôné par Socrate est inscrit au fronton du sanctuaire d'Apollon à Delphes. « *Eureka* ! » (j'ai trouvé), se serait écrié Archimède, ayant compris dans son bain ce que nous appelons la poussée qui porte son nom, et qui explique que les bateaux même lourdement chargés peuvent flotter.

[2] Par exemple chez des auteurs aussi divers que M. Ficin, Pic de la Mirandole, L. de Vinci, Rabelais, Montaigne, La Boétie, Machiavel, voire, à leur façon, Luther et Calvin.

[3] Dans le *Gargantua* (1534).

[4] Le tableau se trouve au Staatliche Kunsthalle de Karlsruhe (Allemagne).

Dans quel espace est-il, entre Passion et Résurrection - un espace limbique ?

Un autre auteur de la Renaissance, Pic de la Mirandole, va encore plus loin. Dans son *Discours sur la dignité humaine*, il fait dire à Dieu s'adressant à l'homme : « *Je ne t'ai créé ni céleste ni terrestre ni mortel ni immortel pour que tu puisses être ton seul éducateur et maître de toi-même et que tu puisses te donner à toi-même ta propre forme* ».[1] Le renversement de la Création, dont j'évoquais le risque en filigrane dans la révolution monothéiste, est en cours. Après avoir rassemblé toutes les forces de la nature dans une seule entité divine, l'homme se les approprie.[2] Se donnant à lui-même sa propre forme, il devient créateur de lui-même et souverain de son univers personnel. Les mots de Pic de la Mirandole sonnent comme les articles du credo de la société moderne. Ils pourraient tomber de la bouche d'un psychothérapeute moderne, d'un qui ne serait pas encore sorti de l'illusion souverainiste et penserait que nous pouvons être « maîtres » de quoi que ce soit.

Tout cela serait de moindre conséquence pour la transformation de notre société et l'avenir de la dépression sans la révolution religieuse que vit le même siècle. Greffant ce nouvel humanisme sur le monothéisme exigeant et désespérant d'autrefois, des hommes comme Luther et Calvin vont opérer une double rupture. En supprimant monastères et claustration, ils font entrer l'exigence de vie spirituelle – solitude et silence - dans le monde et prétendent y emmener tout le peuple avec eux, drastique démocratisation de la vie intérieure. Tout ce qui a été dit de l'homme d'élite doit maintenant s'entendre de tout un chacun, et en sera attendu.

---

[1] Cité dans *1492* de J.Attali. Les mots soulignés le sont par moi.

[2] Ce tour de force évoque la ruse du Chat Botté mettant, dans le récit du même nom (Ch. Perrault, *Les contes de ma mère l'Oye*), l'Ogre au défi de se transformer en souris. Sa puissance rassemblée dans ces quelques grammes est aussitôt avalée par le chat. Toutes les puissances de l'univers rassemblés en une seule entité pourront de même être plus facilement annihilées… et le monde enfin désenchanté. On comprend que les religions puissent attribuer ce tour de passe-passe à l'Adversaire.

Il y a plus. Si, jusqu'à maintenant, tout était ramené à un Dieu unique comme je l'ai dit, les accommodements étaient cependant nombreux et largement utilisés : la Vierge et la pléthore des saints représentaient, comme présence maternelle et comme intercesseurs, un relais réconfortant et abondamment sollicité. Appelé à une lecture personnelle de la Bible, convié à établir un lien personnel avec le Seigneur, privé de Sainte Mère, de saints et même d'Église à la parole infaillible, le Réformé se retrouve seul avec Dieu. Le toilettage protestant du monothéiste a surchargé le lien de tout ce qui était dispersé, y concentrant désirs, émotions, attentes. Si la corde casse, il n'y a plus de systèmes de sécurité.

Le judaïsme et le christianisme sont dans cette phase de décréation de Dieu depuis l'époque dite des Lumières. Mais le mouvement qui traverse le 18° siècle ne fait pas que désenchanter le monde et détrôner les oints de Dieu. « *Nous tenons ces vérités pour évidentes par elles-mêmes : que tous les hommes naissent égaux, que leur Créateur les a dotés de certains droits inaliénables parmi lesquels la vie, la liberté et la quête du bonheur.*[1] » En revendiquant le droit au bonheur comme droit inaliénable de l'homme, ce mouvement rend ainsi insupportable tout ce qui viendrait y faire obstacle. Il fait sauter les verrous qui maintenaient la dépression dans un espace maudit et, en même temps, il fait de la souffrance un aléa dont on doit se garder. Contradiction dont nous ne sommes pas sortis.

L'émergence de la laïcité comme valeur collective accompagne le passage de la déréliction à la solitude. « *C'est un suicide que de ne pas aller au temple* », écrit F. Kafka dans son journal en côtoyant les Juifs orthodoxes qui continuent de s'y rendre.[2] On sent dans le constat de Kafka la souffrance de ne pas faire partie de cette communauté et la conscience que la fracture est devenue infranchissable : il ne pourra plus en faire partie, quelque nostalgie qu'il en ait. Certes il y a encore des chrétiens et des juifs qui croient en Dieu et qui y assujettissent leur vie, et pas seulement leurs funérailles, mais le fait essentiel et nouveau est que leurs sociétés n'y croient plus, qu'elles sont

---

[1] Déclaration d'Indépendance des États-Unis, 1774.

[2] Cité par M. Robert, *Seul, comme Franz Kafka*, Calmann-Lévy, 1979.

devenues laïques, que la foi est devenue affaire privée et, pas plus que les autres, celle qui écrit sur ses billets de banque « *In God we trust* » et qui demande à ses présidents de prêter serment sur la Bible[1].

La violence des intégrismes judéo-chrétiens est-elle le dernier sursaut de ceux qui se résolvent mal à la mort de l'Inconcevable ? L'intégrisme islamiste annonce-t-il que les sociétés fondées sur le monothéisme musulman sont sur le point de connaître l'épidémie dépressive et tente-t-il, désespérément, de la prévenir ?[2]

Un film, *The Truman Show*,[3] de Peter Weir (1998) peut être vu comme une parabole du désenchantement, peut-être à l'insu de ses créateurs. Le film culmine dans le moment où l'homme décide de ne plus croire en ce monde créé par un Dieu qui ne veut « que son bien » et où il prend le parti d'en quitter le bien-être répétitif et factice, au risque de se retrouver seul et d'avoir à s'occuper de lui-même. L'homme faussement vrai ou qui est peut-être le seul vrai, en tout cas le seul sincère (the *True man*), en sera chassé le jour où, ayant pris conscience de la facticité de son univers, il voudra absolument savoir ce qui est au-

---

[1] Le cinéma à cet égard laisse perplexe. La religion est généralement présentée comme une dimension quotidienne de la vie des Américains. Dans les sondages, six sur dix disent qu'elle est « *très importante* » dans leur vie, quatre sur dix affirment avoir assisté à un office religieux dans la semaine précédente (*Le Monde,* 24.10.2004). Mais foi et religion sont étonnamment absentes des films et téléfilms, aussi proches soient-ils de la réalité. On y voit aussi peu trace des proclamations solennelles que des grands rituels collectifs que les chaînes de « télévangélisme » montrent en boucle. Le cinéma en revanche nourrit le public d'un monde fantastique, peuplé d'hommes aux superpouvoirs, d'entités, d'extra-terrestres, de morts, bien plus proche d'un univers animiste que de la pensée monothéiste, comme si celle-ci était démonétisée et que nul n'y croyait plus vraiment.

[2] Islam et protestantisme sont aujourd'hui en compétition pour protéger de l'épidémie dépressive les peuples déculturés, privés de leurs attaches dans l'horizontal comme dans le vertical.

[3] De P. Weir, 1998. Étonnamment, ce film renvoie au mythe platonicien de la caverne, en décrivant un univers entièrement fictif construit pour les besoins d'une émission de téléréalité et que seul le héros croit réel. Les téléspectateurs, hypnotisés par l'illusion, se détournent de leur réalité pour s'identifier au « *true man* ».

delà. De façon assez surprenante pour un film destiné au public américain, c'est une redite du jardin d'Éden, une charge à peine déguisée contre un Dieu qui se croit créateur en laissant sa créature dans un cocon. On s'amusera aussi de voir quels personnage le scénario charge de semer les germes du doute dans l'esprit du héros : son vrai père – il tente de se montrer mais le Père va rapidement le disqualifier - et une femme, furtivement entrevue, promesse d'amour, nouvelle Ève qui essaie de dévoiler la vérité.

Cette piste éclaire un paradoxe qui est le pain quotidien du psychothérapeute. Car si *ne plus espérer* est le début de la fin de… la foi, c'est aussi le début du processus thérapeutique en ce qu'il suppose de ne plus attendre les réponses et les solutions ni de l'extérieur (les autres), ni d'en haut (Dieu), ni de l'au-delà (salut éternel, ancêtres ou réincarnation) ni d'un avenir qui viendrait guérir les blessures du passé. C'est ce que dit le titre de l'opuscule d'A. Comte-Sponville, *Le bonheur, désespérément*[1]. Quand une consultante conclue notre première rencontre par un « *mon cas est désespéré, n'est-ce pas ?* » et que je lui réplique en substance « *votre cas je ne sais pas, mais vous, j'espère que vous l'êtes* », c'est pour lui faire entendre que le moment est venu de ne plus renvoyer indéfiniment le dénouement de ses souffrances à un avenir qui recule à mesure, avec l'espoir tacite de ne pas y être confrontée dans le présent.

---

[1] Collection Librio, 2000.

TROIS POINTS DE VUE SPÉCIALISÉS

CHAPITRE 19

UN POINT DE VUE NEUROBIOLOGIQUE : LE CERVEAU MALADE

Le système nerveux central rassemble tous les centres de commande de l'organisme. Ils sont étagés de bas en haut, et rappellent l'évolution des espèces, chaque nouvelle structure se superposant et contrôlant les plus anciennes. Une façon largement répandue de décrire cette organisation est celle dite des trois cerveaux. Elle est controversée, en raison de son schématisme, mais elle donne une bonne idée générale. Le tronc cérébral, qui relie le cerveau à la moelle (voir la figure page suivante) et comporte les centres de contrôle des fonctions vitales, respiration, circulation, conscience, sommeil, constitue avec l'hypothalamus (interface entre le système nerveux et le système hormonal) le cerveau dit reptilien (des animaux à sang froid et des oiseaux). Le cerveau dit mammalien (des premiers mammifères) équivaut au système limbique. Il gère les affects, les émotions et ajuste entre eux comportements et fonctionnement organique. Il comprend essentiellement le cortex limbique ou cingulaire (situé sur la face interne de chaque hémisphère, en bordure du corps calleux) et les structures profondes du lobe temporal, hippocampe (gestion de la mémoire et de l'apprentissage) et amygdale (gestion de la peur et de l'agressivité). Le cerveau dit humain est constitué de l'écorce cérébrale, le cortex. C'est chez l'homme qu'il a connu le plus grand développement, en particulier dans sa partie antérieure, le lobe préfrontal, qui passe pour être le siège de la conscience humaine, de l'aptitude à prendre du recul, à élaborer des décisions et à faire des projets. Des neurophysiologistes nord-américains[1] estiment que le préfrontal gauche (chez les droitiers) gère la coloration « positive » de l'humeur et le droit la coloration « négative ».

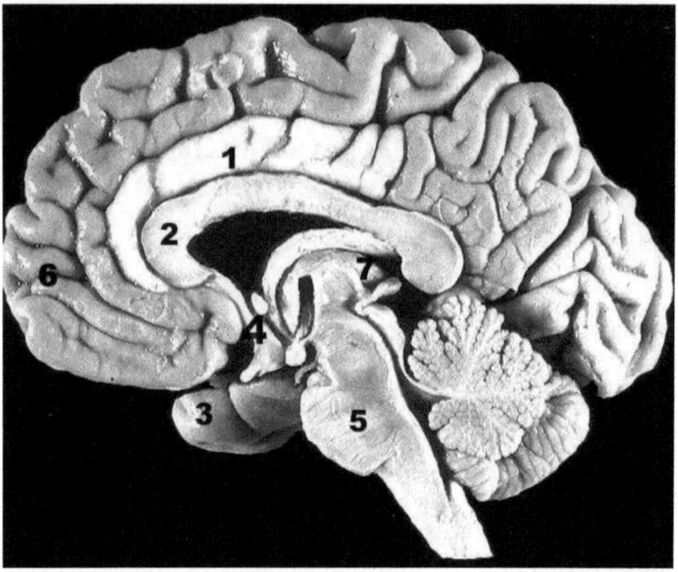

coupe du cerveau, vue de la face médiane de l'hémisphère droit
1. circonvolution du corps calleux ou cortex limbique 2. corps calleux
3. amygdale (en profondeur) 4. hypothalamus 5. Tronc cérébral
6. cortex préfrontal 7. hippocampe (non visible sur cette coupe)

L'architecture de notre système nerveux repose sur les cellules nerveuses, les neurones, qui sont organisés en réseaux très complexes. A l'intérieur du neurone des systèmes d'échanges ioniques assurent la transmission électrique de l'information. C'est l'influx nerveux. Mais en amont et en aval il n'y a pas de continuité physique et un espace libre sépare les neurones : la synapse. A son niveau la transmission se fait par voie chimique, par des molécules qu'on appelle les neuromédiateurs ou neurotransmetteurs.

---

[1] Recherches de R Davidson, université du Wisconsin, cité dans le dossier sur la dépression de *Science et avenir*, février 2008.

Ces molécules sont synthétisées et stockées dans le neurone. L'arrivée de l'influx nerveux provoque une libération de médiateur dans la fente synaptique. La molécule va se fixer sur un récepteur spécifique, à la surface du neurone suivant, déclenchant le départ de l'influx nerveux. Son rôle rempli, le médiateur est libéré par le récepteur pour être en partie détruit dans la fente synaptique, en partie recapturé et récupéré par le neurone initial pour être réutilisé. Tous ces processus reposent sur l'action d'enzymes spécifiques.

Entre deux mêmes neurones circulent plusieurs sortes de neuromédiateurs se fixant sur des récepteurs différents ou des parties différentes des récepteurs. Cette diversité explique sans doute la diversité des informations transmises d'un neurone à l'autre, la complexité des réseaux qu'elles parcourent et la difficulté à comprendre le rôle exact de chaque neuromédiateur. Pourra-t-on un jour faire correspondre le *hardware* de la connectique avec le *software* des informations transmises ?

Deux neurotransmetteurs sont en cause dans la dépression, la noradrénaline et la sérotonine, à travers des circuits neuronaux reliant des noyaux du tronc cérébral et le cerveau limbique. La noradrénaline règle les processus attentionnels (niveau de vigilance, attention), la sérotonine les affects, les émotions et la sexualité. Les antidépresseurs agiraient en stimulant les récepteurs post-synaptiques de la sérotonine et de la noradrénaline.

Mais si la tendance actuelle est à défendre une théorie purement chimique de la dépression, l'expliquant par une réduction d'activité des neuromédiateurs, les nombreuses recherches effectuées pour découvrir un témoin biologique mesurable de la dite maladie, comme des anomalies du taux des monoamines chez les déprimés, ont donné des résultats peu probants. Dans un document diffusé par un laboratoire pharmaceutique, il est même dit que « *la nature exacte de ces anomalies* [celles qui concernent les neuromédiateurs] *n'est toujours pas clairement établie* »[1]. D'autant qu'on voit des molécules aux effets expérimentaux indiscutables sur les neuromédiateurs

---

[1] R. de Beaurepaire, *Biologie de la dépression*, Pfizer, 2004.

perdre leur efficacité avec le temps. Dans une brochure destinée au grand public, on peut lire : « *il est difficile de savoir à l'heure actuelle si ces anomalies* [des neurotransmetteurs] *sont la cause initiale ou bien la conséquence de la dépression* ».[1] Savoir si les perturbations chimiques entraînent la dépression ou si elles sont le simple résultat d'un dysfonctionnement psychologique est une querelle quelque peu byzantine en soi, car la chimie est consubstantielle à tout être vivant animé. Mais les effets de ce débat idéologique peuvent être dommageables s'il conduit à faire fond de façon dogmatique sur les médicaments exogènes ou à vouloir faire, de façon tout aussi sectaire, du tout psychologique.

Ce que nous apprend la recherche neurophysiologique, c'est que la dépression s'appuie sur des montages neuronaux installés en nous de façon très ancienne et destinés à gérer les nécessités de notre vie animale. Elle implique le système limbique et plus particulièrement le cortex cingulaire antérieur et les connexions qu'il entretient, d'une part, avec le tronc cérébral, l'amygdale et l'hippocampe et, d'autre part, avec le cortex préfrontal. Une des principales perturbations de l'ensemble du système serait le mauvais fonctionnement des connexions entre le système limbique et le cortex préfrontal, qui empêche celui-ci d'intégrer les expériences vécues et de moduler les réactions émotionnelles.

Il semble y avoir une augmentation d'activité dans certaines zones limbiques comme l'amygdale (la peur) tandis que d'autres, comme l'hippocampe (l'apprentissage), sont hypoactives. Les mêmes modifications sont observées dans les situations de stress chronique, qui épuisent les structures cérébrales chargées de les gérer. On se souvient que nous avons identifié, dans les chapitres précédents, certains facteurs de stress comme la pression à se couper des attaches groupales, l'apparition de valeurs nouvelles, la mutation des systèmes de croyances, tous étroitement liés au démembrement des corps-groupaux. La nécessité de trouver de nouvelles définitions de soi-même et de nouvelles sources d'énergie, pour pouvoir fonctionner de façon

---

[1] *La dépression, en savoir plus pour en sortir.*

autonome, alors que les savoir-vivre ne sont plus transmis directement, sollicitent de manière intensive les processus d'apprentissage et fragilisent l'équilibre biologique. Comment être père, mère, époux, ami, frère et sœur, etc. s'acquérait par l'expérience, au fil des situations vécues quotidiennement, au cours des années d'immersion dans le groupe. Cela n'est plus. On en est réduit, par exemple, à lire des livres pour savoir comment élever son enfant, comment se comporter en société, etc.[1] Le travail d'apprentissage et de mémorisation le plus ardu ne porte pas sur les connaissances techniques. Même si elles sont beaucoup plus complexes qu'autrefois, elles s'apprennent sans difficulté particulière : le cerveau n'en souffre pas et le forgeron du village le plus isolé d'Afrique comprend vite comment réparer une voiture. Ce n'est pas cet apprentissage-là qui met l'hippocampe à contribution, mais celui des situations et des contextes relationnels qui mettent en jeu la définition identitaire et demandent des adaptations émotionnelles. Il faut apprendre à les gérer sans avoir d'exemple clair sous les yeux. Est-ce de cela que l'hippocampe s'épuise ?

La recherche fait écho à cette question. Elle a mis à jour un phénomène important ces dernières années : la raréfaction des neurones dans certaines parties du système limbique, comme l'hippocampe. Ce noyau est un de ceux où se poursuit, pendant toute la vie, la fabrication de nouveaux neurones ou *neurogenèse*. L'agent qui gouverne cette fonction essentielle est une protéine, qui semble avoir des effets antidépresseurs.[2] De nombreux facteurs psychosomatiques, comme le stress répété, ou psychoaffectifs, comme les privations affectives de la petite enfance, qui apparaissent souvent dans l'histoire des dépressifs, interviendraient biologiquement par leurs effets négatifs sur la

---

[1] L'héroïne de *A concise chinese-english dictionnary for lovers* (Guo Xiao Lu, 2007) est confrontée au mot « *properly* ». Le dictionnaire anglais lui dit « *properly* means correct behavior ». Elle ajoute, surprise : « In China we never think of « correct behavior » because every behavior is correct ». (En Chine, nous ne nous demandons jamais quelle est la conduite juste, car la conduite est toujours juste – sous-entendu : nous savons toujours comment nous comporter.)

[2] Les recherches sont présentées par R. de Beaurepaire dans *Biologie de la dépression*, Pfizer, 2004.

neurogenèse. L'épidémie serait-elle liée au stress social de l'apprentissage forcé et continue de nouveaux comportements, que chacun devrait garder en mémoire, faute d'une mémoire de groupe à laquelle se référer ?

L'action antidépressive s'expliquerait[1] par la relance de la neurogenèse dans l'hippocampe et le rétablissement de connexions entre le cortex préfrontal, le cortex limbique, l'hypothalamus et le tronc cérébral. C'est ainsi qu'agiraient les antidépresseurs et c'est ainsi qu'agissent les thérapies psycho corporelles. Elles activent l'hypothalamus et le tronc cérébral par les techniques respiratoires et l'expression émotionnelle, et, par la visualisation et la verbalisation, elles restaurent les liaisons avec le cortex préfrontal des deux hémisphères. La psychothérapie apaise les réactions paniques du cerveau reptilien (qui bloquent le cortex frontal), tout en activant le cerveau mammalien (ou limbique). Son action multidimensionnelle favorise une dynamique d'échange et d'élaboration entre ces différentes structures. La personne peut retrouver, affronter et intégrer ses expériences émotionnelles, et se libérer des empreintes neurovégétatives. La brochure citée plus haut ne manque pas de le reconnaître – et c'est une première. Elle va jusqu'à affirmer que « *on sait aujourd'hui que la psychothérapie entraîne elle aussi ce type d'amélioration biologique* [du fonctionnement des neurotransmetteurs] *si le dérèglement initial est modéré* ».[2] Ce que les psychothérapeutes savent depuis longtemps.

Il est intéressant, dans ce chapitre consacré à la biologie, de rapporter des données qui appuient l'hypothèse d'un lien entre la dépression et l'appartenance au groupe.

Des expériences récentes tendent à montrer qu'être rabroué en public, être exclu d'un groupe ou recevoir un coup à l'estomac produisent des modifications cérébrales identiques et que ces modification se produisent dans le cortex cingulaire antérieur, dédié à la douleur et aux émotions[3]. Bannissement et

---

[1] On aura noté le nombre de verbes au conditionnel…

[2] *La dépression, en savoir plus pour en sortir.*

[3] N. Eisenberger et M. Liebermann (Los Angeles), K.D. Williams (Sydney), *Does rejection hurt ? An fRMI study of social exclusion* (Est-ce que le rejet

neurochimie en somme... Les auteurs vont jusqu'à conclure que cette recherche ouvre des perspectives nouvelles pour comprendre « *pourquoi la douleur physique et la douleur sociale répondent de façon similaire à une aide relationnelle et aux interventions neurochimiques et pourquoi on a mal quand on perd quelqu'un qu'on aime.* »

La mise en alerte du cortex cingulaire antérieur se produit dans tous les cas, que l'exclusion soit explicitement manifestée ou qu'elle résulte d'un concours de circonstances, sans intention d'exclure. Ça fait aussi mal d'être réellement rejeté ou de seulement le croire. La différence est que dans le premier cas l'activation cingulaire s'accompagne d'une activation du cortex préfrontal et donc d'une réponse adaptative, alors que dans le second cas, il y a douleur sans adaptation.

Il y aurait donc dans la région du cortex cingulaire antérieur un système de détection des situations d'ostracisme, qui se trouve couplé avec un système destiné à y réagir et à corriger la situation. Les auteurs en concluent que le besoin de maintenir des liens sociaux est aussi nécessaire que les autres besoins vitaux et que, pour cette raison, le système de détection de leur altération est situé dans une partie primitive du cerveau des mammifères et adossé sur la structure neuronale qui régit la réponse émotionnelle à la douleur physique. *« L'exclusion représente une telle menace pour la survie qu'il en faut très peu pour activer le système de détection de l'exclusion des individus. »*[1] La rupture des liens sociaux ou leur mise en danger, même si la menace en est plus imaginaire que réelle, représente un tel risque pour l'espèce qu'elle a été prise en charge par la même structure cérébrale que la douleur physique.

En tentant d'approfondir quels besoins fondamentaux seraient protégés par le système de détection et menacés par l'exclusion, les chercheurs en ont dénombré quatre : l'appartenance *(belongingness),* l'estime de soi *(self-esteem),* la maîtrise *(control)* et le sens de la vie *(meaningful existence).* L'insatisfaction

---

fait mal ? Une étude de l'exclusion sociale à l'aide de l'imagerie par Résonance magnétique fonctionnelle), *Science*, vol. 302, 10.10.2003

[1] K.D.Williams, L. Zadro (Sydney), *Ostracism : the indiscriminate early detection system.* 7° symposium de psychologie sociale de Sydney.

chronique de ces besoins aboutit à un état que les auteurs décrivent comme une « *sentence mortelle* » pour ceux qui en sont victimes : « *un désespoir global les enveloppe, ils se sentent aliénés, déprimés, impuissants (helpless) et sans valeur (worthless)* ». Ne trouve-t-on pas ici, dans l'isolement, l'autodévalorisation, l'impuissance et l'à quoi bon vivre, les éléments fondamentaux de la position dépressive, de la fatigue de vivre ? Nos auteurs voient dans l'exclusion une métaphore de la mort. De ce fait, la personne exclue est désormais inexistante aux yeux des autres, comme renvoyée dans un espace de non vie. De non-vie ou de vie « *limbique* » ?

CHAPITRE 20

UN POINT DE VUE PSYCHOTHÉRAPIQUE : PAROLE ET TOUCHER DANS LA DÉPRESSION PROFONDE

La question brûle les lèvres des futurs psychothérapeutes, mais aussi celles des chevronnés, parfois intimidés par le discours médical ambiant, qui doute qu'on puisse se passer des antidépresseurs : « *comment travaille le psychothérapeute avec une personne en dépression profonde ?* ». La réponse est technique et ne peut être que très personnelle, en fonction des engagements et des outils de chaque praticien. J'en donne ici une illustration, à usage d'abord des professionnels, mais sans exclusivité.

Dès qu'il voit cette personne, figée dans ses mouvements et ses sentiments, privée du goût de vivre, triste à en évoquer irrésistiblement l'exil, le thérapeute sent physiquement la force de l'inertie. Il doit sortir de l'échange verbal proprement dit, au sens d'un échange de répliques. Sinon, il sera intoxiqué par la négativité et l'oppression et il risque de réagir de deux façons, aussi stériles l'une que l'autre. Soit il cherchera à argumenter pour *faire dans le positif* - « tout n'est pas noir ». La seule utilité de cette attitude, sous couvert de remonter le moral du consultant, est de protéger celui du praticien. Soit il glissera vers l'attitude médicale, celle du diagnostic qui définit une conduite à tenir. Ce faisant, il sort de la psychothérapie. Rester dans la conversation est aussi peu utile pour le consultant lui-même, dont l'esprit est déjà intoxiqué par son propre discours. L'inviter à le reformuler reviendrait à ce qu'il s'en « refasse une dose » et renforcerait sa dépendance évidente à l'autoaccusation et à la souffrance morbide.

Pour entrer dans la logique du discours dépressif, qui se nourrit de tout ce qu'il trouve et s'auto-entretient de façon quasi masturbatoire, il faut court-circuiter le mental piégé dans le verdict ou gelé dans un semi mutisme. En permettant à la dépression de s'installer, ici et maintenant, comme chez elle, on cesse de raisonner, pour que quelque chose résonne ailleurs. Sinon, comment la rencontrer ? Le praticien dispose de deux registres. Le registre du corporel, que j'appelle le *toucher du corps*, un en-deçà du langage. Et le registre de l'inconscient, au-delà du discours, ce que j'appelle le *parler l'âme.* Dans cet espace particulier du silence et du toucher certains mots vont circuler.

Invitation est faite de laisser le corps s'abandonner à la posture, à l'attitude, à la gestuelle qui lui correspondent, dans l'instant, de se laisser couler, pour reprendre le mot qui surgit souvent dans ce contexte. La proposition s'inspire de la procédure psychanalytique des associations libres, sachant qu'elles sont ici psychocorporelles et pas seulement verbales. On y retrouve la contradiction qu'il y a à demander à quelqu'un de faire quelque chose librement. La proposition faite, les personnes déprimées commencent souvent par s'allonger, avant de laisser leur corps dessiner la forme qui correspond à sa réalité la plus immédiate. Si le mouvement est celui de la chute ou du glissement, si la première forme qu'il donne à voir est celle du cadavre, comme on imagine le corps qui vient de mourir, la forme dans laquelle le mouvement s'arrête est généralement celle de l'œuf, forme du vivant enclos, mais riche d'un avenir potentiel.

Quelques exemples vont illustrer ce que produit la singulière rencontre que je nomme *toucher le corps parler l'âme.*

Il y a quelques années, Sandrine[1] revient au lendemain des fêtes de Noël. Je ne l'ai pas vue depuis novembre. Elle est pâle, amaigrie, lointaine. Sa voix est assourdie, décolorée. Je l'ai vue plusieurs fois en phase dépressive, mais jamais comme

---

[1] Nommée ainsi par référence au film d'A. Varda, *Sans toit ni loi*, avec Sandrine Bonnaire. La Sandrine de mon histoire a 32 ans. A seize ans elle a vécu l'expérience de la Mona du film – quitter l'univers familial pour une errance sans but, sujette à tous les aléas de la route -, mais elle y a survécu, et elle en reste hantée.

cette fois-ci. Où sont passés sa beauté et ses élans ? Elle est attirée par le « pont des suicidés », connu dans la région comme une des voies de passage vers l'autre monde. *In extremis*, elle a pu demander au père de son troisième enfant de rester auprès d'elle. Elle partait déjà avec celui-là et les deux autres, peut-être pour un suicide altruiste[1].

« La thérapie, euh... enfin il doit manquer quelque chose, une hormone, que sais je. Si on faisait des examens on trouverait. Après tout, les autres maladies, on les soigne, pourquoi pas celle-là ? »

Oui, à coup sûr il manque quelque chose, va-t-on parler de cela maintenant ? Non. A quoi bon discourir ? Elle ne fera que répéter son texte, toute engluée qu'elle y est. Et que lui dirai-je ? Son esprit, tout ce qui parle dans son *je* est en otage. Comment discuter avec quelqu'un qui est sous la menace d'une arme, à qui cette menace fait dire n'importe quoi, et plus précisément tout ce qui peut justifier la condamnation : elle est une mère indigne, elle ne mérite d'être aimée de personne, elle n'a cessé de faire souffrir les siens, il est temps d'y mettre fin.

Je la laisse parler, sans la suivre dans le monologue où elle m'enfermerait avec elle. Je lui demande de s'allonger et, l'esprit aussi vide que possible, je laisse ma main aller, présent seulement dans cette main[2]. Celle-ci va vers son ventre et semble agir de son propre chef, parfois massant, parfois ondulant au-dessus. Étrangement - car je ne cesse jamais d'être étonné du dialogue qui se noue entre ma main et le consultant - son ventre répond, à sa façon, par des bruits, par des mouvements[3]. Puis ma main *doit* aller presser certains points du sternum et des espaces intercostaux voisins. Elle se porte ensuite à sa nuque,

[1] Les psychiatres nomment ainsi les suicides où les mères - ce sont généralement elles qui les accomplissent - entraînent avec elles leurs enfants dans la mort, pour leur éviter la souffrance d'être orphelins.

[2] Mes consultants sont informés que le toucher fait partie de mes outils de travail. Dans le cours de la séance je les préviens toujours avant de toucher, surtout s'ils ont les yeux fermés. Une formation personnelle approfondie est indispensable pour expérimenter soi-même la profondeur des implications du toucher et être conscient de ce qu'il mobilise.

[3] Le contexte invite à reprendre le terme de *psycho-péristaltisrne* utilisé par G. Boyesen, fondatrice de la *psychologie biodynamique*. Mes observations cliniques peuvent également évoquer la *végétothérapie* de W. Reich.

que j'étire lentement et longuement. Pour finir, une boucle s'installe entre un doigt posé sur le front, entre les yeux, et un autre sur l'occiput. A part un mouvement d'émotion quand je touche le sternum, rien n'est dit, ni par elle, ni par moi.

J'arrête quand le cycle me semble accompli. On se sépare, elle repose en partant la question de ce qui « *manque* » et qu'il faudrait bien remplacer. Je réponds qu'elle peut consulter un médecin si cela est nécessaire, que pour ma part je travaille comme je le fais, qu'il serait bon qu'on se revoie dans huit jours au plus tard, que cela peut se faire encore plus tôt s'il le faut et qu'elle peut me téléphoner. Mes remarques, voir éventuellement un chimiothérapeute, revenir assez vite, rester en contact, indiquent mon sentiment de me trouver devant un tableau de dépression majeure nécessitant une vigilance certaine.

Une semaine plus tard, changement de décor. Elle est toujours pâle, mais elle parle : elle a retrouvé le goût de vivre, la capacité de souffrir, et celle aussi de se faire du bien. Les impulsions suicidaires se sont dissipées. Elle s'interroge longuement sur ce qu'elle a vécu ces dernières semaines, comme si c'était arrivé à quelqu'un d'autre. Elle voit mal quel peut bien être le sens de cette crise brutale. Je me pose aussi des questions. Ce mouvement de glissement vers la mort, qu'est-il devenu, se cache-t-il, a-t-il pris une autre forme ? Comment sa conscience peut-elle tenir compte du besoin qu'il exprimait, sans pour autant s'en trouver écrasée ? Quel rôle notre rencontre dans un espace sans parole et la chorégraphie du toucher ont-elles joué dans cette improbable levée de la prise d'otage ?

Jenny est une cultivatrice de 47 ans. Elle est en pleine dépression. Elle prend certains antidépresseurs depuis 4 mois et du Prozac® depuis un mois. Elle en attend le miracle et s'interroge sur l'opportunité d'une éventuelle hospitalisation.

Quelques mots, et c'est la litanie de ses nullités, de ses échecs, de son laisser-aller, de l'incompréhension universelle dont elle se plaint, tout en disant qu'elle est justifiée. Je coupe court, malgré sa surprise, et lui demande de s'allonger. Avec son accord, je touche et travaille certains points, celui du milieu du sternum, celui du milieu des reins et surtout la zone des 4° et 5° vertèbres dorsales.

Presque aussitôt, elle est prise d'une bouffée de chaleur et d'un bref flot de larmes, tandis que je dis comme en voix off « *... faire des choix* » et qu'elle fait écho avec « *on ne peut plus rien changer* ». Elle termine la séance en parlant de la mort de son père, du suicide de sa sœur, et de la fatalité qu'ils font peser sur sa propre vie. Elle me laisse entendre que sa vie est en balance. Je lui rappelle que parmi les choix il y a aussi la chimiothérapie et/ou l'hospitalisation. Fallait-il là encore que je sente l'urgence...

La fois suivante, tout va bien. « *Le mercredi matin* (le lendemain de sa venue)*, je me suis réveillée, j'allais bien, je me suis mise au travail... Mais pourquoi je plonge comme ça* ? » Le travail se poursuivra, avec des hauts et des bas, mais il ne sera plus question de dépression, d'antidépresseurs ou de suicide, ni dans son discours, ni dans ce qu'elle donne à voir. Bien sûr nous naviguerons dans les eaux de la névrose, entre incertitude de sa valeur propre, difficulté à nouer des relations nourrissantes, récifs du passé, mais là encore, comment le toucher de quelques centimètres carrés de sa surface corporelle a-t-il pu lever la chape de l'inertie et la sortir du marécage où elle survivait avec peine depuis quelques mois ?

Nora a soixante ans et c'est la première fois que je la vois. Elle a fait de nombreux états dépressifs. Elle est abattue et reste de longs moments prostrée dans le mutisme. Quand elle parle, c'est pour dire qu'elle a tout essayé en matière d'antidépresseurs, qu'elle se laisserait volontiers mourir, pour apaiser sa souffrance, s'il n'y avait les enfants - qui sont adultes, d'ailleurs, et vivent leur vie loin d'elle. Elle vient parce qu'elle a trop mal, mais sans illusion sur ce que je peux faire pour elle.

Devant sa passivité, et l'avidité avec laquelle elle s'empare de toute parole pour se noircir et justifier ses sombres desseins, j'esquive tout engagement dans le dialogue. Je lui propose à chaque séance de laisser son corps *couler* dans la position qui l'appelle. Elle sera presque toujours recroquevillée, en boule sur sa chaise, en chien de fusil sur le matelas, ou par terre au milieu des coussins. Parfois, je la recouvre d'un drap ou d'une couverture, pour compléter la forme et installer au sein de l'espace thérapeutique, un deuxième espace, confiné et saturé de sa présence corporelle.

Une des premières fois où elle se retrouve dans cet *œuf*, je l'invite à poursuivre, en les amplifiant, les soupirs d'âme en peine qui ponctuent son maigre discours stéréotypé. Elle, dont les yeux sont secs depuis longtemps, se met à pleurer, des sanglots d'enfant qui fendent le cœur. Sans bien savoir pourquoi, je parle de la « *case départ* », celle où les dés sont jetés, on n'est pas mort, on n'est pas à naître, on est sur terre. Je ne connais rien alors des circonstances de sa naissance. Je la vois traversée par des vagues de souffrance très brute, une souffrance pas encore travaillée par les mots,[1] mais contre laquelle elle lutte, comme pour ne pas se laisser emporter. Sans l'avoir prémédité, je passe au tutoiement[2] et lui propose de venir toutes les semaines. Elle repart sans un mot.

La fois suivante, alors qu'elle s'est roulée en boule sur le tapis, je m'installe à ses pieds et j'exerce une poussée régulière sur la plante des pieds. Je sens monter en elle, à travers une plainte sourde, la colère en même temps que la souffrance. Je change de position pour me placer à sa tête et je touche le sommet du crâne, en poussant légèrement. Le ton et l'impatience montent d'un cran jusqu'à ce qu'elle éructe rageusement : « *mais je ne veux pas naître. Il y quelque chose qui n'est... pas... bien. C'est la guerre*[3]. *Et puis c'est la guerre aussi... ça ne va pas entre mes parents... et là, encore une fille, une quatrième... il m'a même pas regardée* - sur ces derniers mots la conscience quitte l'espace primal pour revenir dans le récit et reprendre le contrôle - *ça je le sais !* »

Elle revient de son voyage dans les eaux de la souffrance, elle se rétablit, je la sens apaisée et voilà qu'elle me jette,

---

[1] Souffrance qu'on dit primale depuis les recherches de A. Janov (*Le cri primal*, 1975, Flammarion, Paris).

[2] Le tutoiement a une place particulière dans ma pratique. Il n'a rien d'une recherche artificielle de convivialité ou de complicité. Venant sans être décidé, il signale que des passages s'ouvrent pour relier les niveaux conscient et inconscient entre le consultant et le thérapeute, dont témoignent également les reprises respiratoires profondes, ou certains processus viscéraux.

[3] Elle est née pendant la deuxième guerre mondiale.

presque provocante : « *oui, ça va mieux maintenant, mais à quoi ça sert ? Et demain ?* »

Demain en effet n'est pas mieux. Ni après-demain, mais, curieusement, elle évoque à plusieurs reprises ces séances où, prétend-elle « *vous m'avez fait revivre ma naissance* »[1], en se demandant toujours à quoi ça peut bien l'avancer.

Nous en sommes là, entre la mort qu'elle dit appeler, et qu'évoquent sans ambages son discours autant que le tableau de deuil, et la naissance, dont les enjeux surgissent en elle, comme en moi, dès que place est faite à son corps. La formulation en est parfois troublante. Une fois que nous travaillons de cette façon, elle allongée, moi touchant les points de la tête, puis lui bouchant les oreilles de mes mains, elle sanglotant, je parle de ce que ça peut être d'être « *embarqué dans cette entreprise* ». J'ignore moi-même de quelle entreprise il s'agit, si c'est ce que je fais en cet instant, ou bien la thérapie, ou encore la vie, comme si je percevais un détail, sans en connaître le contexte ou l'ensemble, comme si je voyais le fragment distinct d'une fresque par ailleurs effacée. Je l'entends, d'où elle est, parler d'un « *assemblage de pièces détachées* ». Quand elle sera revenue, elle me reprochera d'une façon sèche de « *faire venir des choses... dont on ne peut pas parler...* ».

« *Dont on ne peut pas parler* ». Parce que je ne serais pas prêt à les entendre, ou qu'elle n'est pas prête à les dire, ou que ce sont des choses d'avant la parole ou que quelqu'un d'autre serait à l'écoute ?

Lors d'une séance suivante, elle s'est toute ramassée sur son fauteuil et je l'ai recouverte d'un drap, comme on met un meuble sous sa housse. Peu à peu, je viens toucher tout son corps, avec le sentiment très fort de toucher un bébé dans le ventre de sa maman. Je sens son émotion très vibrante, je perçois la lutte au fond d'elle. Elle sort de la séance en m'assénant un « *je ne peux pas vivre dans l'affection, je vais retourner à ma*

---

[1] Je ne me hasarderai pas à être aussi affirmatif quant à revivre sa naissance, même si cela fait figure de *must* pour les *tour-operators* d'une certaine psychothérapie. Je n'en avance jamais l'interprétation de moi-même et j'en réserve l'hypothèse, en attendant ce qui peut la corroborer. On notera comment Nora m'attribue la... paternité du processus. Raison de plus d'être prudent.

solitude ! » qui n'admet aucune réplique. Son ambivalence et sa résistance[1] viennent de nommer, dans leur rage masochiste, la question de fond : un combat sans cesse repris autour du lien, autour de l'amour.

Depuis cette séance commence une phase nouvelle de notre travail commun. La remontée est nette et nous vivons des rencontres d'un type nouveau. Sa parole est fluide maintenant et riche d'émotions qu'à aucun moment elle n'esquive. Elle poursuit un vrai travail d'élaboration qui place dans leur profondeur les affects qui l'ont submergée dans les séances précédentes. Elle sourit, plaisante, elle est même par moments guillerette. Il y a des matins où elle se réveille avec de l'envie, l'envie de faire son jardin, l'envie de goûter l'automne qui arrive. L'envie du plaisir, pas encore tout à fait le plaisir. Elle a décidé d'écrire sur son histoire, car elle est troublée par ces remontées, qui sont pour elle de gestation et de naissance, et qui se produisent quand elle se laisse couler dans le poids et l'inertie de son corps. Elle aimerait bien démêler les liens qui unissent la sexagénaire déprimée d'aujourd'hui avec les différents personnages de sa vie. La petite fille arrivée quand on voulait si fort un garçon. La jeune fille qui réussissait si bien à l'école et satisfaisait ainsi son papa, et qui souffrit tant de se voir devenir femme, car cela l'en éloignait d'autant. La femme qui a eu deux enfants et que son mari a quittée un jour. Et elle en vient à la dépression.

« *Au fond, la dépression*, me demande-t-elle un jour, *qu'est-ce que c'est ? Moi j'ai toujours vécu ça comme de l'autodémolition. Mais dans vos livres quand vous parlez d'autoguérison, de quoi il s'agit ? Comment on peut se guérir soi-même de « ça » ? C'est tout du négatif !* » Oui, lui dis-je, on peut se demander si la dépression est une amie ou une ennemie.

Elle laisse filer et elle enchaîne sur son refus d'enfant de faire partie de la « *bande des filles* », sur le contraste entre la jeune fille terne et l'élève brillante qu'elle était. Et puis le coup de grâce de l'échec conjugal, la dépression qui s'ensuit, la mai-

[1] Dans le langage de la psychothérapie, la *résistance* représente ce qui s'oppose au changement et à la remise en question des protections établies. Elle est à traiter avec respect, c'est à cette condition qu'elle se transformera.

son pour elle toute seule qui la comble avant qu'elle ne retombe dans la dépression. « *Pourquoi* ? »
- *En somme*, lui dis-je, *tu as eu deux vies avant* (je pense à sa vie d'élève-étudiante et à sa vie de mère-épouse), *mais tu ne peux retourner dans aucune des deux, malgré ta nostalgie très forte de la deuxième. Tu as à en faire le deuil pour entrer dans une troisième... tu es comme dans cet espace des... limbes... tu sais ?*
- *Bien sûr que je sais. J'ai eu une éducation catholique traditionnelle. C'est là où sont les enfants morts avant le baptême. En fait, c'est un espace intermédiaire, c'est tout à fait là-dedans que je suis.*[1]
- *Sauf que... tu n'es pas morte...* »

Les séances suivantes confirmeront ce qu'elle avait dit du plus profond d'elle-même quand elle assénait « *je ne peux pas vivre dans l'affection* ». Le sentiment de vide, de nullité, l'envahit de nouveau quand un homme s'intéresse à elle, quand ses affaires confirment qu'elle n'a aucun souci matériel à se faire, quand elle a des contacts sociaux. Devant ces propositions de la vie, monte une sorte de rage muette, presque sadique, que je lis dans son regard. Et revient très fort, presque comme un besoin qui s'impose, le sentiment d'être isolée et pas comme les autres. Un jour je la vois entrer de nouveau dans son œuf.

Si le devenir du processus thérapeutique reste problématique à l'heure où j'écris, cette courte description illustre quelques-unes des questions soulevées par le travail avec la dépression profonde. Qu'il parvienne à son terme, c'est-à-dire à un effet thérapeutique, ou qu'il avorte, il se déroule selon une logique dont la plus grande partie nous échappe, mais dans laquelle cependant nous devons nous couler sous peine de la contrarier. Pour tenter de la décrypter, les processus psycho corporels qui se développent dans l'espace thérapeutique constituent une piste fructueuse.

Le lien que la dépression tisse entre la mort et la naissance s'impose au premier regard, quand on voit l'être corporel

[1] Voir le chapitre 14.

du déprimé tracer la géométrie aussi étonnante que simple de l'œuf, de *l'œuf dépressif.*[1]

Qu'on laisse le consultant s'installer dans l'espace de sa dépression et on le voit se replier sur lui-même, se prendre la tête dans les mains, rechercher le silence et l'obscurité, voire la tiédeur de sa couche. Œuf oppressant certes, où s'engluent tous les mouvements de vie comme s'il était de plomb ou de béton, mais aussi œuf protecteur, garant d'une certaine sécurité, celle de la clôture infranchissable. La régression apporte du rassurant, voire du plaisir. Paradoxe de la dépression : la retraite dans l'œuf se fait dans la douleur et le plaisir, du plaisir qu'on dit morbide, comme celui que trouvent les enfants à triturer une vieille plaie ou à arracher la croûte toute neuve. Il colore la souffrance dépressive d'une nuance que connaissent bien ses habitués. Plaisir masochiste, plaisir douloureux pris sur soi et donné à soi. Aussi clos sur soi que l'œuf.

Rentre-t-on dans l'œuf de la dépression pour retrouver la dépression de l'œuf ? Y a-t-il un lien entre la forme que dessine si spontanément et si généralement le corps du déprimé et celle qui l'a enveloppé du temps qu'il était œuf ? Ou est-ce seulement un effet de physique élémentaire : réduire autant que faire se peut la surface corporelle, pour réduire au maximum les pertes de chaleur ?

Le corps du déprimé prend-il la forme d'un contenu – fœtal - pour appeler un contenant – maternel - dont il ne saurait se passer, pour se retrouver œuf dans le ventre ou se faire croire que c'est possible ? Appelle-t-il la mère qui l'a porté pour retrouver une expérience, achevée biologiquement, mais pas affectivement ? La dépression a-t-elle été ressentie par l'œuf dès le ventre maternel et, dans ce cas, à qui appartient-elle, à l'œuf ou à la mère ? Si elle est de la mère, a-t-elle pensé, a-t-il pensé[2] que c'est à cause de lui, et si elle est de lui, est-ce de se

[1] J'ai parfois observé un fait troublant : lorsque les mains viennent au contact de ces deux points, le nombril et l'occiput, il arrive qu'ils se mettent à battre, comme s'ils étaient fortement vascularisés. Or l'un des points est le dernier à être rattaché au corps maternel, l'autre le premier à voir le jour quand on vient au monde.

[2] Avec les guillemets dont il faut entourer « penser » ou « culpabilité » quand il s'agit de la vie fœtale.

sentir si peu valorisé, si peu valorisant, si importun ? La culpabilité, qui donne son parfum spécifique à l'air qu'on respire dans l'œuf dépressif, vient-elle de ce désir de régression au sein maternel – régression impossible et interdite - ou est-elle le climat retrouvé du temps de l'œuf ?

La souffrance intime cherche, pour s'apaiser, la courbure d'espace, que tant de peintres, de dessinateurs, de sculpteurs ont tracée depuis vingt cinq siècles qu'on parle de mélancolie en Occident. La forme de l'œuf est-elle l'ingrédient indispensable de l'automédication ? Car c'est ainsi que se soignent, sous la couette, les déprimés si nombreux dont parlent les enquêtes de prévalence et qui ne voient jamais les généralistes et encore moins les psychiatres. C'est ainsi que se soignent, à commencer par moi-même, ceux qui ont pris leur distance avec la dépression, mais qui, dans le cours de leur thérapie ou après en être sortis, traversent assez régulièrement des *micro-dépressions.*[1] La dépression porte avec elle de l'œuf, et assez, pour qu'on puisse s'y réfugier à l'occasion, ne serait-ce que pour survivre. Et c'est par la grâce d'une relation, même si l'autre n'y est que par le dessin de son absence, par le moule de la coquille virtuelle que trace la forme du corps lové sur lui-même.

Et si on parle d'œuf, en verra-t-on toutes les réalités ? Comme celle-ci, que dans la nature la coquille de l'œuf est ajustée à la force de l'être qu'elle héberge. C'est le poussin qui casse l'œuf, quand le moment est venu, et personne d'autre. La résistance est à la mesure de son bec. Sinon, comment la psychothérapie pourrait-elle agir ?

La forme que dessine le corps du consultant n'est pas une forme vide, déshabitée. Qu'elle soit arrêtée ou en mouvement, elle installe un espace qui s'insère lui-même dans l'espace de la rencontre thérapeutique. Le montage qui emboîte un espace de mal-être, voire de souffrance, dans un espace thérapeutique, donc de sécurité, permet à des émotions, à d'autres expériences d'émerger et à des formes psycho corporelles de

[1] Voir le chapitre 15.

s'exprimer[1]. Entrer dans la logique de ces formes, explorer les niveaux de réalité qu'elles articulent ensemble, y introduire éventuellement au bon moment une proposition qui ouvre sur des formes d'organisation différentes, tel est l'objectif du travail que patient et praticien entreprennent ensemble. Un travail qu'on entreprend ou plutôt qu'on laisse se faire ensemble, si du moins le thérapeute se laisse aller dans le ressenti de son propre corps. Car, dans le contexte particulier qui a établi un contrat entre les deux protagonistes, la forme du corps du consultant suscite un processus dans celui du thérapeute, sensations, émotions, bruits abdominaux, engourdissement de la conscience, douleurs ponctuelles, images, etc. jusqu'à ce « quelque chose » qui met ses mains en mouvement, quand cela se produit.

Ambivalence de la dépression, paradoxe d'un double besoin du déprimé. Celui d'être accueilli, par son entourage et maintenant par le thérapeute, dans sa dépression, son inertie, son gel. Et en même temps, le besoin d'être stimulé à vivre par une présence qui reconnaisse, nomme et mette en mouvement. Et qui ne soit ni l'injonction – bouge-toi donc !- ni la dérisoire tape sur l'épaule, mais une présence qui donne accès à ce qui vit toujours au fond de lui. Besoin du geste réanimateur, qui peut être geste, parole ou silence.

---

[1] Ce montage particulier et les processus qu'il produit sont l'effet du transfert et du contre-transfert. On a parlé plus haut du contre-transfert (chapitre 12). Le transfert désigne ce que le consultant projette sur le praticien de sa propre histoire, et surtout de ses histoires d'amour avec ses parents, sans bien sûr en être conscient. Jusque-là rien de bien différent des autres histoires d'amour. Sauf que c'est sans espoir : le thérapeute n'y répondra pas tel qu'on l'attend de lui. Non réponse essentielle : le transfert enclenche le moteur du changement – l'amour - et il est en même temps le premier pas sur le chemin de la désillusion, car il est fait pour être dissous. Ce en quoi il diffère des autres histoires d'amour. Sa caractéristique est de permettre aux processus de se dérouler en même temps *in vivo*, c'est-à-dire dans la rencontre actuelle entre deux personnes réelles, et *in vitro*, c'est-à-dire dans l'espace expérimental et protégé du laboratoire psychothérapique. Ce que l'un et l'autre y vivent est du réel, qui se déroule en temps réel dans l'ici et maintenant de leur rencontre, et c'est tout autant du « comme si », qui vient re-présenter une autre scène, d'autres personnes, un autre temps. Le travail par le *comme si...* est d'une importance capitale : il tire son efficacité de faire résonner entre eux des niveaux différents de notre réalité et de les amener à se transformer mutuellement.

Le corps du déprimé évoque une régression, mais le mot est trompeur : il ne s'agit pas d'un retour vers les couches anciennes de son histoire. Il s'agit de passer, pour les deux partenaires, dans un état de conscience modifiée, dans un certain état de transe[1]. Cet état, comme tous ceux de cet ordre, qu'ils soient naturels comme le sommeil, ou provoqués par certaines techniques ou par des produits, donne accès à des dimensions de notre être habituellement peu accessibles et qui, étrangement, le deviennent en même temps à tous ceux qui partagent ce même espace. On le voit quand une exaltation partagée – dans la musique, les rythmes, un match, un combat - tire les protagonistes hors de leurs limites et leur donne accès à des capacités jusque-là à peine devinées. Ici, le contexte et la rigueur éthique du thérapeute font que les capacités s'inscrivent dans le projet thérapeutique du consultant.

Il appartient au praticien de rester vigilant pour assurer la sécurité du consultant et pour gérer la séance, mais, dans le même temps, il s'abandonne à cet état de conscience particulier, où il se voit parler et agir d'une façon qui sort des façons habituelles. Sentiment troublant. La situation, climat dramatique, ombre de la mort, appellerait une attitude active, et voilà le thérapeute conduit à adopter une attitude apparemment passive. Quand il parle et agit dans cette rencontre, il a tout autant le sentiment d'être parlé et d'être agi. Il doit accepter de ne plus savoir pourquoi il fait ce qu'il fait, *toucher le corps*, ni dire ce qu'il dit, *parler l'âme*.

Toucher le corps. L'engagement psychocorporel du thérapeute va jusqu'au bout de ses doigts. Les mains peuvent rester à distance du consultant, dans la posture qu'il a prise, ou venir au contact de la peau.

Certaines zones du corps déprimé sont très régulièrement en cause, comme les pieds, la tête, le ventre. La tête et les pieds présentent un intérêt particulier dans la dépression *critique*, et en particulier dans les cas dont nous parlons ici de dépression profonde, car ce sont les zones les plus accessibles de

---

[1] Les états que je nomme ailleurs « *rencontres du quatrième état* ». Voir *La psychothérapie, un savoir étrange,* Souffle d'Or. 1995.

l'œuf.[1] Par exemple, les mains du thérapeute viennent exercer sur la plante des pieds une poussée vers le centre du corps. Cette pression soutenue entraîne parfois une réponse aussi intense qu'inattendue : alors que le déprimé semble loin de toute communication, on assiste à des manifestations viscérales, et même à des mouvements musculaires, qui évoquent presque, par moments, la marche automatique du nouveau-né[2]. Manifestation paradoxale, qui contredit la tendance apparemment irrépressible du déprimé à se renfermer dans son œuf.

La tête est une zone privilégiée pour le toucher. Dans la dépression profonde, deux zones permettent là aussi d'établir un contact avec l'inconscient du déprimé, au-delà de l'apparente inaccessibilité. La région occipitale, et plus précisément le sommet de la tête, là où le crâne se dégarnit par la calvitie ou la tonsure, « appelle » la main posée à plat. Parfois, comme sur la plante des pieds, le thérapeute y effectue une pression continue, qui a le don de provoquer des enchaînements inattendus de mouvements, souvent accompagnés de manifestations émotionnelles. Pour rester dans les images de naissance, on notera que cette zone est celle de la petite fontanelle, et que c'est par là que le bébé pousse sur le bassin maternel, au moment de naître.

Les mains posées en berceau sous le cou ont régulièrement un effet d'apaisement sur l'angoisse et la souffrance, ce qui entraîne une modification de l'état de conscience et permet aux résistances de se relâcher. Un véritable échange s'établit quand le thérapeute, ayant perçu cette ouverture, cette autorisation à entrer, étire très attentivement et très doucement le cou, comme s'il amenait à se détacher, l'une après l'autre, chaque vertèbre de la colonne vertébrale. Au cours de cette phase du

---

[1] Dans la dépression *durable*, le travail sur l'enracinement est primordial. Il doit beaucoup à la rencontre entre la bioénergie d'A. Lowen et les disciplines chinoises du Qi Gong et du TaiJiQuan. C'est dans l'extrême occident (le *Far West*) californien que les psychanalystes venus d'Europe centrale et orientale ont rencontré les pratiques venues de l'extrême orient (Chine et Japon) et qu'ont pris naissance certaines des formes les plus originales de la psychothérapie. L'Institut Esalen (Big Sur, Californie) en a été un des lieux d'émergence.

[2] Quand on pose les pieds d'un nouveau-né sur le sol, il présente des mouvements coordonnés de marche, bien avant de savoir marcher. Ce réflexe archaïque disparaît en quelques jours.

travail, qui demande une grande intériorité et une grande présence au thérapeute, surgissent très souvent des mots venus du fond, chez le déprimé comme chez le praticien.

La partie la plus délicate, et qui demande confiance et acceptation des deux côtés, est le travail avec le ventre, où se trouvent des points aussi essentiels que le nombril ou le plexus solaire – travail délicat car, dans la position de l'œuf, le ventre est protégé. Je dis bien avec et non sur le ventre, car celui-ci participe activement au processus. Il répond aux mains du thérapeute par des bruits qu'on traite volontiers comme des manifestations organiques incongrues. Le consultant veut s'en excuser, mais le thérapeute les entend comme il entend les lapsus ou les interjections incontrôlées, ou même comme les termes d'un véritable dialogue. Comme s'il appelait la main du thérapeute, le feed-back abdominal la guide et il s'établit entre les deux êtres en présence un échange sans paroles. Dans cette phase, on n'observe pas les phénomènes musculaires que produit le travail sur la plante des pieds ou le sommet de la tête. Ce ne sont pas des mouvements évoquant la naissance, mais des manifestations de la vie dans son expression la plus biologique, qui, faisant contrepoint à l'inertie, effectuent un vrai travail d'antidépresseur. Souvent, j'ai retrouvé les sensations et les émotions qu'on découvre en pratiquant l'haptonomie[1], de façon parfois si précise que je pensais dialoguer avec un bébé dans le ventre du consultant, Comme si j'étais en contact avec ce bébé, là où il agit encore aujourd'hui.

D'autres signaux peuvent guider le travail et en vérifier le progrès. La respiration du consultant, quand elle devient plus ample et régulière, et qu'elle est ponctuée par des reprises inspiratoires profondes, indique le franchissement d'un seuil psychosomatique[2]. Plus rarement, surviennent les bâillements en série qui indiquent, chez d'autres patients, l'ouverture de l'espace intérieur par la détente du diaphragme. Ces passages sont sou-

---

[1] Dans cette technique, on entre en contact avec le fœtus en posant les mains sur le ventre maternel.

[2] Ces phénomènes de franchissement d'un seuil, comme aussi les manifestations abdominales ou les illuminations (« bon sang mais c'est bien sûr ! ») correspondent à la réouverture de connexions entre le tronc cérébral, le système limbique et le cortex. Voir le chapitre 19.

vent précédés ou immédiatement suivis par des décharges émotionnelles qui surprennent chez une personne auparavant atone, éteinte, écrasée : salves de sanglots, torrents de larmes ou, plus surprenant encore, bouffées de rire. Les explosions verbales sont plus rares chez les patients en phase dépressive aiguë. Ils se contenteront souvent d'une courte phrase sibylline, qui prend des allures de devise ou de résumé lapidaire d'une longue histoire.

Pour être complet, il faut citer d'autres régions du corps qui jouent leur rôle dans le traitement corporel de la dépression : la poitrine avec des points importants, souvent très sensibles au toucher et très déclencheurs de processus émotionnels, comme la ligne médiane du sternum et les extrémités internes des premiers espaces intercostaux ; le haut du dos (plus précisément la zone située entre les omoplates) et l'ensellure lombaire[1].

Parler l'âme. Dans le contexte spécifique de la rencontre psychothérapique, le toucher induit un climat de régression, c'est-à-dire une modification de l'état de conscience. Il se fait canal pour que l'âme parle au moi, à la partie de l'être qui dit « *je* » et « *moi* » et distingue le mien du tien. Il fait sortir des mots, chez l'un et chez l'autre, qui viennent de zones inhabituelles de la conscience et en acquièrent une densité particulière.

Car il en vient des mots, parallèlement au travail des mains, qu'ils le précèdent, le ponctuent ou le concluent. Ils sortent par ma bouche et disent des choses que je ne me savais pas savoir et auxquelles je n'avais pas pensé jusque là. Le « *parler l'âme* » est fait de phrases, d'interpellations, d'imprécations, voire de pures vocalisations. Plus d'une fois, au moment où les

---

[1] Je tends à percevoir ces points comme les décrit la médecine traditionnelle chinoise, c'est-à-dire par leur localisation sur les méridiens, par leur nom et par les idéogrammes qui les désignent. En ce qui me concerne, c'est la seule théorisation que je connaisse des points du corps qui rende compte de leurs effets dans ma pratique thérapeutique, sans être cependant en mesure de suivre le processus par les modifications des pouls, comme les acupuncteurs. D'autres pratiques psychocorporelles, comme la *bioénergie* ou *l'intégration posturale*, proposent des grilles de lecture très précises du langage corporel.

mots se formaient sur mes lèvres, j'ai hésité, prêt à les censurer. Et chaque fois je me suis dit « *On y va! Ça a toujours marché*! » et de faire celui qui n'y est pour rien et qui est seulement accompagné par un type un peu bizarre, du style « faut l'excuser, il a reçu un menhir sur la tête quand il était petit... »

Les points identifiés par les acupuncteurs, les lieux du corps sur lesquels le thérapeute travaille, les canaux sensoriels que l'échange emprunte par les mots et les images sont des lieux privilégiés de passage entre les différentes dimensions de l'existence humaine. Le *souffle* qui passe par ces points et ces canaux, porté par ces vecteurs, semble être la force la plus capable de rétablir le déprimé dans l'amour de lui-même et donc de le soigner – on dit le *souffle*, mais est-ce de l'énergie (le Qi[1]), du sens, de l'amour, des neuromédiateurs, des endorphines ? Peut-être tous ces mots disent-ils la même chose dans des langages différents.

Le *souffle* dont le nourrisson a le plus besoin véhicule pour lui amour et attention, aliments nécessaires aussi bien à son fonctionnement corporel qu'à construire sa confiance et son estime de lui-même. Ils lui viennent par le toucher et la voix. Il n'est que de voir comme le contact peau à peau avec la mère apaise toute souffrance de son petit. Une fois de plus revient le tout-petit. C'est peut-être avec le bébé naissant que s'établit le contact quand le psychothérapeute, avec une extrême rigueur et une infinie douceur, étire longuement la nuque de cet adulte déprimé. En voyant sur des vidéos de naissance la sage-femme accompagner en douceur la tête du bébé, je retrouvais la même sensation dans mes doigts. Et c'est peut-être le même bébé, ou le nourrisson déjà vagissant, qui parle dans le corps du déprimé quand le même toucher de la nuque produit des manifestations abdominales – ce qui est quasiment la règle.

Ainsi emprunte-t-on certaines des voies qui tâchent d'atteindre le fond de l'être, non pour le plaisir de dire qu'on est

---

[1] Qi (Ki en japonais) est le terme chinois qui désigne le souffle. On le traduit généralement par énergie mais on pourrait aussi dire « ce qui *anime* l'ensemble des manifestations du monde », en sachant que pour les Chinois cela ne renvoie à nulle divinité, à nul Créateur, mais au constat d'une réalité toujours changeante.

allé au fond des choses, mais parce que c'est le moyen de toucher le fonds, le réservoir des ressources, comme dans tout processus thérapeutique. Chez ces êtres où le plus précieux a été enfoui au plus profond, toucher le fond est le moyen d'accéder au fonds. Le toucher et le parler viennent réveiller des lieux, ventre, sexe, reins, où la vie s'est réfugiée et enkystée comme elle le fait chez les organismes vivants placés dans des conditions extrêmes. Ce n'est pas par hasard que se forme et se reforme sans cesse l'œuf dépressif.

Je laisse faire mes mains et quelque chose, quelque part, répond. Nora laisse échapper ce mot qui semble remonter des profondeurs à travers une brèche de la conscience : « *faut s'aimer soi-même...*»[1] et qui fait surgir aussitôt un commentaire de son juge mental, qu'elle murmure à mi-voix : « *mais en suis-je encore capable ?* ». Dialogue entre une pulsion profonde, que certains appellent l'instinct de conservation, *s'aimer soi-même*, et le moi trop soumis à des influences multiples, dialogue qui s'établit par le truchement de la main du thérapeute.

Le toucher du corps, les mots de l'âme… En reprenant le mot de *limbes* apparu dans le travail avec Nora, on pourrait pousser l'audace à glisser de l'espace limbique, où le déprimé installe son existence, au cerveau limbique qui gère sa vie émotionnelle, en interaction étroite avec sa vie végétative, sa vie instinctuelle et sa mémoire[2]. Jusqu'à en former une hypothèse : les expériences de rupture de portage inscrites dans le corps ont été bloquées aux points de passage entre le limbique, le neurovégétatif et le conscient ; travaillées aujourd'hui par le toucher, l'imaginaire et le langage, elles surgissent dans le présent grâce au lien d'amour qu'installe le projet thérapeutique. Ce faisant, elles déclenchent la production des auto-antidépresseurs qui sont le mieux ajustés aux besoins de la personne, les siens, et qui agissent en levant les barrages aux points de passage. Ainsi se trouve rétablie une continuité dans le temps et une totalité

---

[1] Bel exemple des formules définitives qui ponctuent le travail dans ce contexte.

[2] Voir le chapitre 19.

dans le présent qui donnent sens[1] à la « maladie du corps animé », entre naissance et mort, dans laquelle se trouve figé le déprimé.

Car le travail psychocorporel agit. Pas toujours : parfois, trop souvent à mon gré, l'engluement dans la dépression est tel que l'âme se ferme et que le corps ne peut plus être atteint. Parfois, les effets du travail psychothérapique sont très rapides, mais transitoires et si labiles qu'ils s'évanouissent en quelques jours, comme une grande ouverture qui se referme. Il devient nécessaire de recourir aux techniques thérapeutiques physico-chimiques, à savoir la chimiothérapie ou les électrochocs.

Mais souvent le travail psychocorporel agit. L'impact du toucher et des mots, leur justesse dans l'instant, leur effet au long cours pourraient laisser penser que les interventions du psychothérapeute sont particulièrement pertinentes. Peut-être, mais pas seulement. D'abord parce qu'il ne s'agit, d'aucune façon, d'une interprétation, d'une parole émise avec l'intention consciente de faire sens chez l'autre. J'ai le sentiment, dans ces moments, d'être *parlé* autant que de parler et de parler d'un lieu au-delà de moi-même. Comme si, à travers moi, le patient se parlait à lui-même pour entendre, enfin, ce qu'il a à se dire d'essentiel sur lui-même et sa vie. Élucubrations, délire ? Jamais un consultant n'a renvoyé les paroles apparues dans ce contexte comme telles. Peu s'en sont étonnés, beaucoup s'y sont référés même, au-delà de ce dont je pouvais me souvenir, s'en servant comme d'un viatique. Parfois même, ils me créditent de paroles dont je n'ai aucun souvenir. J'ai pu les oublier. Il se peut aussi qu'elles aient été si présentes à leur esprit, et si distinctes aussi du cours habituel de leur pensée, qu'ils les aient en quelque sorte hallucinées et qu'ils me les attribuent.

Il faut se souvenir que l'ouïe a le don de jouer entre les différents niveaux de communication[2]. Dans un climat de cons-

---

[1] On a compris (voir le chapitre 15) que ce sens n'est pas celui d'une rationalité intellectuelle ni d'une intention, mais d'un besoin ou d'une fonction mis à jour.

[2] Ce dont témoignent aussi bien l'importance des hallucinations auditives dans les états psychotiques que les effets de la musique sur les mœurs…

cience modifiée, les mots atteignent par l'oreille les zones intimes de notre enracinement relationnel - car le langage est interhumain par nature. Là où la parole consolatrice glissait sur le déprimé comme la pluie sur les plumes du canard, les mots qui émergent dans ce contexte acquièrent l'acuité du laser.

Une phrase revient souvent, à la sortie du travail ou dans les séances suivantes, qui dit en substance : «*je ne sais pas où je vais, mais je peux l'accepter* ». Ce qui veut dire : je ne sais pas où je vais, je peux accepter de ne pas le savoir, je peux accepter de faire confiance à ce qui me porte là où je dois aller[1]. La phrase est souvent complétée par un : « *maintenant c'est très clair pour moi* » ou, encore plus souvent, « *maintenant je sais très clairement ce dont je ne veux plus* ». Sans qu'il soit besoin de m'en dire plus. Souvent, c'est le seul retour que j'aie du travail accompli.

Parfois, des personnes sortent de leur état dépressif d'une façon rapide, inattendue au vu du contexte, car il s'agit de « vrais » états dépressifs, sans cause extérieure décelable[2]. A partir de ce moment, si les questions de fond semblent inchangées, les solutions prennent une tournure toute différente, comme si la voie dépressive était abandonnée. Peu de paroles sont dites, l'ancien programme semble désactivé d'un coup : logique de sortie de crise réussie.

De telles évolutions soulèvent également le problème des antidépresseurs. Certaines personnes viennent en psychothérapie sur un échec des antidépresseurs, après les avoir pris assez longtemps pour être sûres de leur inefficacité. Et voilà que le travail, et plus spécifiquement ce toucher et ces paroles, produisent des effets antidépresseurs : comme s'ils entraînaient des modifications dans la chimie du cerveau telles que la personne sorte de son état dépressif et telles que n'en produit aucun antidépresseur, en termes de rapidité.

---

[1] On pense aux paroles du mystique St Jean de la Croix : « *aller là où on ne sait pas par des chemins qu'on ne connaît pas* ».

[2] « Vrais » au sens du D.S.M. IV, comme dans le cas de Sandrine et de Jenny.

CHAPITRE 21

UN POINT DE VUE ANTHROPOLOGIQUE : LA DÉPRESSION FLÉAU DES TEMPS MODERNES

La dépression prend la forme d'une épidémie, sans pourtant qu'un germe soit en cause. Un homme sur dix, une femme sur quatre, approximativement, connaissent la dépression au moins une fois dans le cours de leur vie. L'importance statistique de la dépression est comparable dans toute l'aire de culture occidentale, avec, toujours, une prédominance des femmes. Et on la voit apparaître progressivement dans le monde non occidental, au fur et à mesure que ses habitants accèdent au niveau de développement matériel et organisationnel que nous appelons la modernité. Pour l'Organisation Mondiale de la Santé, la dépression occupe d'ores et déjà le quatrième rang des problèmes de santé, après les maladies cardio-vasculaires, le cancer, les accidents de la route. En 2020, elle passera au second rang[1].

Le sujet est sur la place publique. La revue *L'Histoire* consacre son numéro de mars 2004 au *Mal de vivre depuis trois mille ans.* Sans chercher, en l'automne 2004 où s'écrivent ces lignes, des *une* sautent aux yeux. *Le Monde* du 24 octobre rend compte sur une page entière d'une enquête sur la santé mentale des Français, tandis que *Le Soir* de Bruxelles lance une *Alerte à la génération Prozac* le 22 novembre et que Le *Daily Mail* de Londres titre, le 07 décembre, « *The happy pill betrayal* »[2].

Les journaux donnent à voir l'ampleur du phénomène en s'appuyant sur les statistiques. Les enquêtes de prévalence[3]

---

[1] Rapporté par le *Times* de Londres, 05.02.2008

[2] « La trahison de la pilule du bonheur »

[3] On nomme ainsi la démarche qui évalue le nombre de personnes atteintes d'une affection donnée dans l'ensemble de la population et qui peut porter sur

utilisent de plus en plus des critères proches de ceux du D.S.M. IV. Elles posent de nombreux problèmes de méthodologie, qu'il s'agisse de la définition des troubles dépressifs ou de l'aspect inévitablement subjectif de l'évaluation de nombreux symptômes, en l'absence de tout signe objectif comme un marqueur biologique[1]. Ainsi la consommation d'antidépresseurs semble, pour beaucoup d'enquêteurs, synonyme de dépression, alors que leur prescription est, le plus souvent, le fait de généralistes en réponse à une souffrance clinique qui n'est pas toujours, tant s'en faut, dépressive.

Compte tenu de ces éléments de biais, et même si les pourcentages varient d'une enquête à l'autre, les chiffres se montrent constamment élevés. Rapportés à la population ils correspondent à de grands nombres. Les données les plus récentes évaluent à environ 6% de la population le nombre de personnes en dépression à un moment donné, à environ 7 % ceux qui en souffrent dans une année et à 20 % les personnes qui risquent de déprimer (selon les critères médicaux utilisés) pendant la durée de leur vie[2]. Un rapport officiel de 2003 avance le chiffre de 15% de dépressions en France.[3]

Si l'enquête réalisée dans la rue présente sans doute le maximum de biais méthodologiques, elle donne une image plus précise de la dépression pour l'homme de la rue. Lors d'une telle enquête[4], 11% des personnes interrogées ont dit avoir vécu

---

un moment donné (prévalence ponctuelle), ou sur une période de temps, voire la vie entière.

[1] Ce que sont par exemple le taux de sucre dans le sang pour le diabète ou une sérologie positive pour le Sida.

[2] Voir par exemple les données fournies par la Fondation médicale pour la Recherche (enquête 2001, Guillibert, Leboyer, Pélicier) ; par Psydoc.france (« *6 % de la population souffre d'un trouble dépressif avéré à un moment donné* », document 2002 ; par l'Agence Nationale d'Accréditation et d'Évaluation en Santé Mentale (A.N.A.E.S.) en 2002.

[3] Rapport Boutin sur l'isolement social. Les journaux qui en rendent compte ne précisent pas si les données portent sur l'année ou la vie entière, ni les critères utilisés pour l'enquête. Je n'ai trouvé aucune trace du rapport sur les différents sites gouvernementaux.

[4] Organisée par l'O.M.S. et la Ministère français de la Santé sous le nom de « Santé Mentale en Population Générale » (S.M.P.G.). Les résultats sont présentés dans *Le Monde* du 24.10.2004.

un épisode dépressif dans les deux semaines précédentes. On a vu que la durée de deux semaines est le critère exigé par le D.S.M. IV pour poser le diagnostic d'épisode dépressif majeur.

Avec ces derniers chiffres on serait dans les six millions de personnes dépressives, à un moment donné, dans notre pays, mais si l'on s'en tient aux données habituellement fournies, une personne sur vingt, soit trois millions de personnes, dépriment en même temps en France ! Le chiffre est maintenant repris partout. Il figure dans le document paru le plus récemment sur la question[1], qui se fonde sur une prévalence annuelle de 8 % (pour les personnes de 15 à 75 ans). La prévalence sur la vie entière est estimée à 19 %, soit environ huit millions de personnes, dont les deux tiers de femmes[2].

La souffrance dépressive a toujours existé, il est vrai, mais elle n'était pas reconnue comme une souffrance dont il eût été licite de faire état et encore moins de chercher à se soigner. C'était un non-problème. La grande nouveauté est qu'elle s'est maintenant trouvé un nom et une place. Cette légitimité nouvelle est elle-même en relation étroite et circulaire avec d'autres nouveautés, comme la transformation de la hiérarchie des valeurs[3] ou l'existence de moyens d'y porter remède. Le lien est indiscutable et peut s'entendre dans les deux sens. La découverte de remèdes médicaux a peut-être encouragé la souffrance à prendre la forme d'une maladie reconnue : il y a des antidépresseurs, donc la dépression se généralise. Ou bien la prégnance du modèle dépressif a orienté la recherche du remède :

---

[1] *La dépression, en savoir plus pour en sortir,* Institut National de Prévention et d'Éducation pour la Santé (I.N.P.E.S.), Paris, 2007.

[2] Les chiffres se recoupent partout : enquêtes DEPRES (*Depression Research in European Society*), 1997 ; Ligue Belge de la Dépression (6 % de la population en « *état dépressif grave* » en 2004) ; ministère britannique de la santé (prévalence sur la vie entière : un adulte sur cinq, soit 20 %, et sur un an une femme sur 15, soit 7 %, et un homme sur 30, soit 3,5 %, (Daily Mail, 07.12.04). En feuilletant la presse européenne on y découvre une curieuse tendance de chaque presse nationale à présenter sa population comme une des premières consommatrices d'antidépresseurs. Lucidité ou sinistrose ? D'après les dernières statistiques européennes présentées sur le site de l'Assurance Maladie française, la France et le Royaume-Uni se tiennent au coude à coude.

[3] Voir le chapitre 1.

la poussée de la dépression dans l'inconscient de tous, et en particulier dans celui des chercheurs, a activé la recherche psychopharmacologique et psychothérapique[1].

Il y a désormais un modèle. Les maladies de l'esprit et de l'âme obéissent à des modes dans leurs manifestations, comme si elles étaient contagieuses. Sans suggestion ni connaissance de ce que font des gens à l'autre bout du pays, des personnes développent des façons très proches de dire leur souffrance, même en des temps où les médias sont peu développés. S'il est difficile de dire qu'on attrape une maladie mentale comme on attrape une grippe, les modèles de santé ou de maladie sont pourtant dans l'air du temps, comme les modes de comportement ou les façons de parler ou d'aimer. Les phénomènes de contagion, comme les épidémies de suicides ou de crises de nerfs, s'observent couramment dans les collectivités restreintes, pensionnats, couvents, prisons, etc.

« *Dans l'air du temps* ». Des formes morbides circuleraient-elles dans la profondeur du champ social, attendant que certains les rendent visibles dans leur corps ou leur comportement, comme la limaille de fer jetée sur une plaque aimantée révèle les lignes du champ magnétique[2]. Chaque atome social choisit son modèle d'identification parmi les moules disponibles, à un moment donné, dans un contexte donné et la dépression fait partie du stock disponible actuellement.

Notre culture en atteste à satiété, au moins depuis que les révolutions américaine, puis française, ont fait basculer le monde occidental dans sa modernité. Les créateurs, depuis ceux du 19° siècle, Schubert, Musset[3], Baudelaire et son *spleen*, Nerval, comme ceux de notre temps, Antonioni, Pialat, Kieslowski

---

[1] On a vu cependant que les premiers antidépresseurs de synthèse ont été découverts par hasard, tandis que la première méthode de psychothérapie moderne, la psychanalyse, naît au début du 20° siècle.

[2] Le concept de *champ morphique* (ou champ de forme) est peut-être ce qui rend le mieux compte de ces phénomènes. L'hypothèse a été développée par le biologiste anglais R.Sheldrake (auteur entre autres d'Une *nouvelle science de la vie*, Ed. du Rocher, Paris, 1985). Elle se montre très féconde dans le domaine de la psychothérapie et des sciences humaines, même si elle y reste peu utilisée sous ce nom.

[3] « *Les plus désespérés sont les chants les plus beaux* » (*Nuit de mai*)

ou Bacon, en passant par Munch, Kafka, Camus, Sartre, ont fondé le statut culturel de la dépression et de son cortège, *à quoi bon*, ennui, douleur, solitude, suicide. Comme le dit un historien, « *l'expression « le mal de vivre » est une constante de la civilisation occidentale* »[1]. Le cinéma s'est emparé de ces thèmes, quasiment dès sa naissance, et les a largement exploités. Les films sont légion qui ne peuvent se terminer logiquement que par la mort du héros. Il faut qu'il se suicide ou que la vie lui soit prise par une violence où il a largement sa part : l'échec de sa vie ou son dégoût de vivre se hissent à la dimension du mythe[2].

Ces œuvres demandent au spectateur de s'identifier au héros… perdant. Un nom est venu du Nouveau Monde, sonnant comme un drapeau, pour désigner le héros auquel on s'identifie quand on n'a pas les moyens d'être parmi les gagnants que célèbrent les médias : le *loser* a coloré de sa présence négative la littérature et le cinéma contemporains, ceux qu'on qualifie de noirs. Perdant certes, mais héros de l'histoire.[3]

Les formules toutes faites ne manquent pas pour expliquer l'épidémie, qui semble intimement liée au mode de vie moderne. Ce dernier est-il si mal adapté à la nature humaine qu'il nous fasse déprimer ? *Fléau* de la société moderne, l'épidémie résulte de *l'individualisme forcené* qui la caractérise et des *stress multiples* et répétés auxquels les hommes sont exposés du fait de la *compétition* acharnée et de la nécessité de la *réussite* à tout prix. La dépression en serait le prix à payer, parmi d'autres[4]. Il est vrai que le système biologique mis à rude

---

[1] G. Minois *Histoire du mal de vivre*, La Martinière, 2003.

[2] Le code de censure qui a régi Hollywood jusqu'aux années 60 interdisant de représenter le suicide, il était généralement camouflé en suicide « par accident ou police interposés » (analyse d'A. Bazin, *Cahiers du Cinéma*, 1958). Un exemple classique dans le cinéma français est représenté par *Le samouraï* de J.P. Melville (1967), dont la phrase d'ouverture dit : « *il n'y a pas de plus profonde solitude que celle du samouraï, si ce n'est, peut-être, celle du tigre dans la jungle* ». Non pas isolés, en effet, mais seuls, l'un comme l'autre.

[3] Voir le chapitre 9.

[4] La liste des fléaux sociaux des temps modernes s'allonge : après l'alcoolisme, le tabagisme, la toxicomanie et le cancer, voici le Sida et la maladie d'Alzheimer.

épreuve par les situations de stress répétés (axe hypophyse-cortico-surrénale) joue un rôle dans la chimie de la dépression. Mais quelle époque de l'histoire humaine a ignoré le stress ? Les famines, les épidémies, les guerres, la lutte quotidienne pour la survie, l'insécurité à tous les coins de rue n'étaient-elles pas de facteurs de stress ? Quelle est la particularité des stress *modernes* pour déclencher des épisodes dépressifs, alors que des stress aussi intenses et soutenus n'en produisaient pas autrefois ? On a déjà vu plus haut[1] quelques particularités de ces stress modernes qui sont liées au fond même de la modernité et qui expliqueraient à quelle épreuve elle soumet l'homme. Mais la séparation, la perte dont il est question dans toute dépression, où sont-elles dans l'évolution qui aboutit à notre modernité ?

L'hypothèse que je propose, on l'a vu précédemment,[2] est que notre vie individuelle a été portée, nourrie, dans notre préhistoire, et longtemps dans notre histoire, par notre appartenance à des entités groupales ; que les tableaux dépressifs, cliniquement identiques à ceux que nous vivons, ont généralement résulté de ruptures des liens d'appartenance ; que notre société, telle que nous la connaissons, s'est construite par la conjonction de grands courants historiques qui ont chacun contribué à affaiblir ces liens, jusqu'à les défaire ; que le démembrement du corps groupal a mis de ce fait ses membres en danger toujours plus grand d'en être orphelins. Que l'intimité cellulaire de chacun, qui détermine son fonctionnement biologique, reste fidèle à un fonctionnement ancien, étroitement associé à un type de société qui n'est plus le nôtre. Que le montage neurochimique de la dépression, présent dès nos origines, est resté tapi à un niveau subliminal pour émerger au grand jour à l'époque moderne.

Je repère dans l'évolution qui conduit à la situation présente trois grands courants, que j'ai déjà évoqués.[3] J'y reviens brièvement ici pour esquisser leur contribution respective à l'entreprise de démembrement du corps groupal.

---

2 Voir le chapitre 19.

[2] Voir le chapitre 13.

[3] Voir les chapitres 2, 13, 14, 17 et 18.

Le monothéisme biblique concourt à l'affaiblissement de l'appartenance groupale par deux voies[1]. Le « *tu ne tueras pas* », qui sous-entend « *et cela ne souffre aucune exception* », contredit singulièrement les valeurs des sociétés à corps groupal qui fonctionnent sur le principe que le groupe prévaut sur l'individu, que la vie d'un individu appartient au groupe, que « *leur* vie ne vaut pas la *nôtre* ». Quant au Dieu unique, il demande à être choisi à l'exclusion des autres appartenances, jusqu'à les oublier, voire les renier. Dans la réalité les hommes ont toujours essayé de garder plusieurs fers au feu.

La pensée qui se développe dans l'espace grec, avec le « *connais-toi toi-même* » et le « *eurêka* ! » [2], met à mal tout le système des croyances sur lesquelles repose la cohésion groupale. Si l'adhésion personnelle remplace l'esprit de corps, si l'examen critique remplace le par cœur du dogme, si l'expérimentation prend le pas sur la tradition transmise et répétée, où va-t-on ? Ce mouvement explose à la Renaissance avec la promotion de l'homme créateur de son univers[3]. Un homme de la Renaissance finissante écrit là-dessus des lignes dont la modernité ne peut que nous frapper. Montaigne, puisque c'est lui, dit dans le texte si bien nommé « *De la solitude* » : « *Il se faut réserver une arrière-boutique toute nôtre, toute franche, en laquelle nous établissons notre vraie liberté et principale retraite et solitude.* »[4]

Et le protestantisme aggrave le désert relationnel en établissant une ligne directe entre la personne et Dieu, sans relais ni médiateurs, puisqu'il n'y a plus ni Vierge ni saints.

La pratique politique anglo-saxonne proclame, par l'*habeas corpus,* que le corps d'un homme n'appartient à nul autre que lui-même.[5] La séparation d'avec le groupe est suffi-

---

[1] Voir les chapitres 2 et 18.

[2] Voir le chapitre 18.

[3] Voir les chapitres 17 et 18. *Renaissance* évoque la résurrection de la pensée antique, mais le christianisme est passé par là entretemps, ce qui change radicalement la donne.

[4] M. de Montaigne, *Les Essais*.

[5] Un texte de loi anglais du 17° siècle commence par ces deux mots, toujours donnés en latin, qu'on peut traduire par « *que tu tiennes ce corps [à ma disposition]* ». Il prend son origine dans la *magna carta* (13° siècle) et exprime

samment avancée pour que se trouve inscrite dans le droit la prééminence de la personne. Désormais l'atome constitutif des grands ensembles humains n'est plus le groupe, la *gens* latine, la tribu, le clan, mais la personne individuelle, qu'on appelle dorénavant l'homme.

La révolution américaine enfonce le clou en séparant même l'homme de ses lignées : dans le Nouveau Monde, on reconstruira tout en faisant table rase, en faisant fi de l'histoire et en présentant, comme parangon de la nouvelle humanité, le *self made man*.

Rupture des attaches du passé, désacralisation du sacré, dépression. A. de Tocqueville, qui a arpenté le Nouveau Monde au 19° siècle, dit que *« Le sentiment de la ressemblance humaine* [serait] *une libération des liens de la tradition et de la religion* »[1]. Dans le contexte, ces mots signifient que si on acquiert clairement le sentiment de la valeur de chaque personne, on est nécessairement amené à se libérer de la tradition et de la religion. Ce qui renvoie à la révolution culturelle de l'antiquité grecque autant qu'aux révolutions anglaise, américaine et française. Et, ajoute-t-il, ce serait nécessairement une épreuve solitaire, « *chacun devant chercher en lui-même ses croyances* », ce qui articule encore plus clairement le propos avec notre sujet.

Finie la peur tétanisante de la déréliction, fini aussi le tragique destin des hommes d'exception affectés du génie en même temps que de la mélancolie. C'est à l'échelle de chacun que doit être assumé désormais ce qui était pour les penseurs de l'Antiquité et de la Renaissance l'apanage du génie, à

---

l'injonction faite par le juge au gardien d'un détenu : « *Que tu aies le corps* (sous entendu: du détenu) *à ma disposition pour pouvoir le présenter à toute réquisition* ». Il garantit que toute personne privée de sa liberté puisse demander, et obtenir, que l'autorité responsable donne publiquement les raisons de sa décision dans les 48 heures. Mettant fin au pouvoir royal absolu, il inaugure la primauté du judiciaire sur l'exécutif. Une première dans l'histoire de l'humanité. Tant s'en faut que le texte ait toujours été observé, mais sa seule existence constitue une référence essentielle. Règle fondamentale du droit anglais, l'*habeas corpus* est, pour les historiens et les juristes, un des textes essentiels qui jalonnent l'histoire de la liberté individuelle et des droits de l'homme, en Occident.

[1] A. de Tocqueville, dans *Lettres choisies. Souvenirs* Gallimard, 2003.

savoir forger soi-même le cadre de sa pensée et de sa conduite. Et la glorieuse mélancolie devient l'état dépressif du commun.

Un sociologue conclut que la dépression est « *la manière de nommer les problèmes engendrés par* [...] *l'accomplissement personnel et l'initiative individuelle. Elle accompagne la montée de la référence à l'autonomie individuelle dans la vie sociale* ».[1]

Ainsi, du modèle ancien de la dépression par démembrement (suite à l'exclusion ou au bannissement), le triple alliage fait progressivement émerger la dépression moderne en passant par la déréliction de Job et du Christ, la mélancolie des Grecs, l'acédie des moines, la mélancolie de Dürer, le spleen de Baudelaire, en même temps que se mettent en place les caractéristiques de la société moderne, que je nomme, pour toutes ces raisons, *sociétés de personnes* ou *société personnelle*. Quand les protections séculaires s'effritent puis disparaissent,[2] la collectivité est prête pour qu'explose une épidémie dépressive qui vient mettre chacun au défi d'avoir à produire ses propres antidépresseurs et qui rend en retour la mutation définitive.

Produire ses propres antidépresseurs ? Le défi peut être relevé car l'évolution historique, en même temps qu'elle démembre le corps groupal, promeut la personne et sa revendication au bonheur au centre des valeurs[3]. Certaines caractéristiques du nouveau paradigme prennent une importance particulière dans la perspective du traitement de la dépression et du statut qu'en acquiert la psychothérapie.

L'individu, devenu une *personne*, réunit en lui les propriétés et les caractéristiques d'une entité complète, remplaçant par lui-même ce qui encadrait autrefois la vie de chacun. Capable à l'extrême de se suffire à lui-même, il peut survivre à

---

[1] A. Ehrenberg, entretien dans *L'Histoire*, n°285, 2004.

[2] Le lent processus qui a défait les liens groupaux s'est accompagné de phénomènes correcteurs tendant à en atténuer les effets voire à en inverser le cours, l'histoire politique et sociale le montre abondamment. Ce qu'on appelle la protection sociale cherche à contre balancer l'affaiblissement des solidarités groupales, tout en disant qu'il s'agit désormais de prendre des risques. Ne se nomme-t-elle pas aussi la *couverture du risque* ?

[3] Voir les chapitres 1, 2 et 15.

l'isolement. En dehors du groupe il est, il se sent seul, et prêt éventuellement à refaire un monde – on a vu l'importance du mythe de Robinson dans notre imaginaire[1]. L'individu s'appartient. Son corps, sa vie, sa pensée lui appartiennent ou sont supposées lui appartenir, et il revendique haut et fort d'être maître de lui-même. Ce qui n'était l'apanage que des souverains est reconnu à chaque homme. La souveraineté sur sa propre personne, si elle n'est pas effective dans la réalité, tant s'en faut parfois, n'en est pas moins perçue comme potentiellement réalisable et, en droit, comme acquise, et *l'autonomie* devient une valeur… souveraine.

Dans les sociétés personnelles, on dit « *c'est mon choix* »[2]. La formule ouvre sur les aspects contrastés de la modernité dont notre époque vit la contradiction de façon aiguë. Elle va, d'un côté, vers le souci proclamé du respect des droits de chaque personne, avec comme exemples récents la législation sur la parité en politique ou la répression de l'homophobie, et nous idéalisons ce principe en nous rengorgeant des valeurs universelles, et des droits de l'homme. Mais, de l'autre côté, la formule porte vers les dérives de la culture hédoniste et le « *tel est mon bon plaisir* », qui conduit chacun à fonctionner dans sa vie comme un monarque absolu, et nous la diabolisons en fustigeant l'individualisme, l'indifférence à l'autre, comme s'il s'agissait d'une dégénérescence dont nous serions les victimes. Droits de l'homme contre « moi - le roi - d'abord » ? Nous participons tous à construire cette conception nouvelle de la personne, par nos choix quotidiens comme par les options prises aux moments clés de notre vie.

Dans la plupart des cultures différentes de la nôtre, la formation des membres du groupe social n'a jamais visé à l'autonomie de l'individu, mais au contraire à son intégration la plus totale aux valeurs du collectif, et c'est à cette aune qu'y est

---

[1] Voir le chapitre 13.

[2] La télévision, miroir grossissant de nous-mêmes : « *Le bébé est une personne* », « *c'est mon choix* », « *on ne peut pas plaire à tout le monde* », autant de formules emblématiques de notre société qui ont été ou sont des titres d'émissions de télévision.

[3] Voir le chapitre 13.

mesurée sa valeur morale et humaine[1]. Autonomie, responsabilité de soi-même et de son destin, voilà de quoi il retourne maintenant. Cela vaut pour tous et même pour ceux dont les capacités réelles d'autonomie sont diminuées ou limitées, quelle qu'en soit la raison. Le bébé est une personne, nouvelle et unique, dont on va s'évertuer à développer les compétences pour qu'il acquière de l'autonomie le plus tôt possible. Le vieux est une personne du troisième âge, pour laquelle il faut mettre en œuvre tous les moyens possibles afin qu'elle reste autonome le plus longtemps possible.

Sans que personne se soit concerté et sans que cela ait été proclamé, la hiérarchie des valeurs s'est modifiée et la personne, devenue souveraine, accorde une importance toute nouvelle à la qualité de sa vie sur tous les plans, devenant exigeante en termes de mieux-être et de bonheur. Ces exigences ne sont pas nouvelles en tant qu'aspirations humaines, mais la nouveauté est qu'elles ont maintenant une place légitime dans l'espace social et qu'elles entrent ouvertement en conflit avec les valeurs traditionnelles, apparaissant même, souvent, comme prioritaires.

Le souverain doit disposer des moyens d'exercer son pouvoir sur lui-même, il doit disposer d'un trésor. A l'énergie qui liait et solidarisait entre eux les membres du groupe familial ou clanique comme les atomes dans la molécule, les laissant vides et sans forces quand elle venait à leur faire défaut, s'oppose maintenant la formidable énergie du noyau atomique qui soude en une entité spécifique toutes ses particules. L'individu, qui n'était qu'une composante de la molécule, devient un atome à part entière : on passe de la chimie moléculaire à la physique nucléaire, de la dynamite à la bombe atomique. Ainsi, pour guérir, n'est-il plus nécessaire d'en appeler à la force des ancêtres ou à l'énergie des divinités tutélaires – ce qui ne serait d'ailleurs plus efficace, puisque ces champs d'énergie ont été en quelque sorte désactivés. L'aventure psychothérapique moderne se fonde sur l'idée que la psyché de chacun devient le réservoir de ses ressources. Là se trouve le nouvel Eldorado, auquel on accède en ouvrant l'espace personnel. Deux

[1] Voir le chapitre 13.

phrases ici se répondent, celle de Freud disant « *le rêve est la voie royale vers l'inconscient* », celle de La Fontaine affirmant que « *c'est le fonds qui manque le moins* ». Il faut dorénavant « *travailler sur soi* » et « *creuser* » assez profondément pour libérer l'énergie enfouie et trouver les ressources nécessaires à la transformation, à la nouvelle naissance.

L'hypothèse que je développe, rapprochée des deux types de dépression que j'ai distingués tout au long de cette recherche, dépression *critique*, dépression *durable*, conduit à en formuler les enjeux de façon nouvelle. Elle vient soutenir la position du psychothérapeute que je désigne de « double focale ». Le praticien, sentant pousser derrière la porte du cabinet le peuple des dépressifs, perçoit en effet son consultant dans son environnement social et historique, comme un photographe qui utilise le grand angle. Dans le même temps, il l'approche au cœur de son intimité, comme avec un téléobjectif.

Les *états dépressifs majeurs*, qui sont la cible privilégiée de la chimiothérapie, surviennent comme une crise dans la vie d'une personne. Ils sont perçus dans la modernité comme un fait de société, voire comme une véritable épidémie. Leurs symptômes eux-mêmes s'accordent aux caractéristiques de notre société.

La personne dépressive a perdu l'impulsion à vivre, tout son être semble parler d'un deuil et d'une perte. Pourtant, dans la grande majorité des cas, il n'y a pas de cause précise, perte, deuil, événement grave, dont on pourrait comprendre qu'elle rende dépressif. Le plus souvent rien n'explique l'état dépressif, qui semble ainsi être dans l'air du temps autant que dans la problématique de chacun. Ou bien, quand il y a un événement repérable, on sera surpris par l'intensité du sentiment d'impuissance qu'a pu ressentir la victime des circonstances. Quand ce n'est pas par le contraste paradoxal entre la dépression et l'événement apparemment heureux qui la déclenche, ce qui relativise l'idée commune d'une dépression due au stress de la compétition ou à la hantise de l'échec.

Le premier mot est d'ailleurs souvent « *j'ai tout pour être heureux, mais…* », qui pourrait être celui de toute notre société, quand elle se compare à son propre passé ou au présent d'autres cultures. Dans nombre de cas, et c'est ce qui frappe et rend incompréhensible l'événement, cette personne ne s'est pas sentie jusque-là isolée, contrairement aux dépressifs de longue date. A l'inverse même, on la voyait altruiste, dévouée, sachant éviter les conflits. Elle se trouvait à sa place, adaptée, en phase avec son milieu. Et voilà que, dans un climat dramatique, elle semble avoir perdu tout support, d'une façon qui évoque fortement la dépression anaclitique, la dépression par perte du soutien maternel que connaissent les nourrissons hospitalisés.

Quel est donc le soutien qui fait défaut, l'animation qui ne fonctionne plus et, si ce n'est pas dans le monde visible, de quelle dimension non visible ont-ils disparu? Le « *pourquoi je vis ?* », qui taraude le fond de l'être déprimé en crise, évolue au cours du travail thérapeutique vers un « *pour qui je vis ?* » ou même vers un « *pour qui ai-je vécu jusque-là ? »* pour finalement se dire en un « *par qui ai-je vécu jusque-là ?* ».

Une double illusion tombe. Celle de croire qu'on était vraiment la personne que tout le monde voyait, et surgit le sentiment, aigu mais confus, d'un décalage entre ce personnage, auquel on s'est toujours identifié, et quelqu'un qui serait plus soi. Ce sentiment donne la force de se séparer d'avec le faux soi. Autre illusion qui se défait : croire que le rôle qu'on jouait à la satisfaction générale remplissait nos attentes. Le travail conduit à sortir des dépendances, porteuses et protectrices mais aliénantes, pour se rapprocher de *devenir soi-même* avec tout le flou qui s'y attache, et les risques, et les défis. Un consultant le disait de façon imagée et fort parlante : « *il s'agit de carburer à ma propre essence* ». Il entendait bien le mot dans sa double signification : trouver en lui-même l'énergie nécessaire à sa vie et faire en sorte que celle-ci corresponde à ce qu'il se sentait être, ou devenir, dans son essence.

Le défi est de faire le deuil d'une certaine identité, qui correspondait à notre place dans le tissu relationnel, pour entreprendre le difficile et douloureux chemin qui aboutit à se donner soi-même son identité[1]. A rapprocher autant que possible son existence de son essence ? C'est ce que suggère le travail théra-

[1] L'identité reste toujours prise dans un tissu de relations et de langage mais le poids relatif des forces qui y concourent se transforme.

peutique : il ne s'agit plus de revenir à l'état précédant l'épisode dépressif, même si la demande s'en exprime au départ, mais de s'engager dans une transformation. La demande initiale de soins résulte d'une exigence profonde vis-à-vis de soi-même. On le comprend au terme du processus, quand il s'avère que le défi est de devenir soi-même et de sortir des aliénations – ou, à tout le moins, d'en prendre clairement conscience. C'est une maladie bien particulière celle qui vient d'elle-même et dont on ressort autrement qu'on y est entré.

Ainsi, le chantier qu'ouvre le traitement de la dépression *critique* résonne étonnamment avec la problématique de la nouvelle société, qui insiste avec force sur la nécessité de *trouver sa place*. La personne précipitée dans la crise dépressive découvre qu'en s'évertuant à rester à sa place elle s'empêchait de chercher et éventuellement de trouver, voire de créer, la place qui lui correspond. Dans la société *personnelle*, un sujet ne se définit plus d'abord par la place qu'il occupe dans l'organigramme familial, voire social, mais essentiellement par celle qu'il conquiert et occupe avec toute sa personnalité. C'est du moins le discours proclamé. Ce n'est plus *chacun à sa place*, sous-entendu « *qu'il y reste* », mais *chacun a sa place*, sous-entendu « *qu'il la trouve* ». Quand la personne s'est engagée dans une stratégie de vie, ou de survie, qui l'éloigne de cette injonction, celle-ci ne s'en fera que plus pressante au fur et à mesure des événements de sa vie.

Le stress moderne s'articule par là au démembrement dont je fais l'hypothèse et qui met la personne dans une difficulté tout à fait particulière : elle doit constamment s'adapter à des situations qu'on ne lui a pas appris à gérer et pour lesquelles les générations antérieures ne sont que de peu de secours. Comme si elle était, chez elle pourtant et avec les siens, en terre étrangère, devant rester en éveil et devant refouler son identité pour survivre. Condamnée à faire *comme si* – comme si elle était hyperadaptée et à l'unisson des autres - ou à inventer.

Ainsi s'expliquent les faits déjà constatés. Que l'efficacité des antidépresseurs s'émousse avec le temps et que des dépressions résistantes apparaissent qu'on ne voyait pas il y a quarante ans. La dépression devient-elle ce que les antidépresseurs ne soignent pas ? Et aussi qu'un nombre immense de dépressifs évitent la médecine et se lancent dans une recherche dont ils ne connaissent que la nécessité, sans savoir où elle va les mener. Ce que traduit pour certains le « *va voir quelqu'un* » que leur entourage leur intime, avec autant de fermeté que d'imprécision, et qui les conduit hors de la médecine vers un lieu spécifique, encore difficile à nommer, pour s'occuper de ce que, faute d'un autre mot, on appelle aujourd'hui dépression. Toutes ces imprécisions, dues à la nouveauté du phénomène, permettent de le qualifier de « nouveauté floue ».

Les dépressions *durables*, quant à elles, s'ancrent dans la modernité autant par leur clinique que par la nouveauté de la demande de soins qu'elles suscitent et de la longue marche vers la valeur personnelle qu'elles initient.

Par leur clinique, elles tentent de s'organiser contre une séparation radicale, contre un exil fondamental, en se créant une identité de substitution, celle d'isolés. La culpabilité, on l'a vu, a pour effet d'entretenir le sentiment d'isolement, c'est-à-dire le sentiment d'avoir été rejeté. Contrairement aux déprimés *critiques*, qui se sont toujours sentis intégrés et s'en réveillent un jour, les déprimés durables se sont toujours sentis isolés des autres. La coupure d'avec leur environnement, beaucoup disent être « *tombés dedans tout petits* ». Ils ont toujours peiné à trouver leur place et leur légitimité dans un groupe, sans cesser d'en souffrir. La culpabilité préserve la certitude, rassurante, que ce foyer continue d'exister quelque part, même si pour sa part le dépressif en est tenu éloigné. Qui dit rejet ou exclusion, dit faute, qui dit faute dit instance de jugement et système de normes. Le sentiment de l'exclusion est la partie visible d'un univers virtuel habité de normes et de juges. Il est entretenu également par l'autodévalorisation, une autre compagne du dépressif au long cours. Quand on est convaincu de n'avoir aucune valeur, on se situe dans la logique d'une comparaison, que les termes en soient actuels ou virtuels. Quand on s'évertue à prouver qu'on est moins que rien, que l'échec est patent, on se vit dans une confrontation permanente avec… quelqu'un, quelque part, quel que soit le niveau de réalité où il se situe.

On comprend qu'il soit difficile de sortir d'une dépression *durable*, quand cela revient à détruire mythes et croyances, à affronter la déréliction, à se retrouver définitivement seul. On peut renoncer à faire le pas. Certains s'épargnent cette peine et restent attachés à leur chère dépression, dans la nostalgie des arrangements et des dépendances. La médecine leur sert de palliatif ou bien ils sortent de la dépression en rencontrant l'être ou le groupe total, sinon totalitaire, qui les prendra totalement en charge, tentant ainsi d'inverser le mouvement historique[1]. Au risque de s'exposer à ce que la vie remette la question sur le tapis - ce qu'elle manque rarement de faire. D'où les récidives, voire les dépressions traînantes, dont la fréquence croissante invite à penser que les enjeux profonds n'ont pas été saisis ou, plus simplement, que la solution apportée jusque-là n'était pas la bonne. Le processus un moment interrompu reprend son cours.

La dépression durable s'ancre aussi dans la modernité par la conviction qu'il faut « y faire quelque chose » et qu'il y a des ressources pour y parvenir. Chaque homme dispose maintenant de ressources, d'un fonds dont il a la libre disposition. Il est responsable de l'usage qu'il en fait et la société le lui rappelle. Cette conviction fonde un sentiment de devoir envers soi-même. Elle fait prendre conscience du décalage entre ce qu'on est et ce qu'on se devrait d'être, prise de conscience qui conduit le dépressif à consulter.[2]

Confronté à cette pression et à la souffrance qu'elle fait sourdre en lui du fait de son histoire et de sa façon de fonctionner, le dépressif a bâti des systèmes de protection, ou de vicariance, pour assurer sa survie. Il a tenté de freiner l'évolution qui le cerne, mais la vie risque fort, un jour, de l'acculer à rompre avec les arrangements. Mus par le sentiment de plus en plus insupportable de vivre au-dessous de leurs moyens et de leurs droits, les dépressifs de ce type s'engagent en thérapie en manifestant le désir de vivre au maximum de leurs capacités.

---

[1] Comme l'ont fait, au 20° siècle, des nations entières en se refugiant dans le totalitarisme. En vain.

[2] Dans le numéro du *Magazine Littéraire* consacré à la dépression (n°411, juillet 2002), un critique littéraire, Minh Tran Huy, analyse la longue dépression de F. Scott Fitzgerald comme la conscience douloureuse du décalage entre « *l'homme complet* » qu'il a toujours souhaité devenir et ce qu'il se voit être.

Les antidépresseurs leur sont de peu d'aide alors que la psychothérapie y trouve son meilleur terrain d'action. Quand cet être jamais assuré de lui-même, qui s'est toujours senti malheureux, barré de l'accès au bonheur dont les autres jouissent ou jouiraient, qui s'est cru par nature moins bien doté que les autres, quand cet être se met à penser qu'il a le droit de vivre autre chose parce qu'il le vaut, sa révolution culturelle personnelle rejoint celle de la société.

Le praticien est toujours étonné d'entendre la parole de sortie que profèrent les consultants : « *maintenant je suis seul et c'est bien !* ». Une parole dont ils sont les premiers surpris, et qui résonne comme un cri de victoire, clamant un intense sentiment de valeur, ralliant les hommes d'aujourd'hui, qui chérissent leur espace personnel et tiennent à leur indépendance. Ils ont eu besoin, pour y parvenir, de retrouver en eux une si antique tristesse…

« *Ich weiss nicht, was soll es bedeuten*
Dass Ich so traurig bin,
Ein Märchen aus uralten zeiten
Das kommt mir nicht aus dem Sinn. »[1]

---

1 « *Je suis si triste*
Sans savoir pourquoi ;
C'est un conte des temps premiers
Qui continue de me hanter »
(H. Heine, *Die Lorelei*, 1822).

AUTEURS ET ŒUVRES CITÉS DANS LE TEXTE

Courrier international, mensuel, Paris.
Daily Mail, quotidien, Londres.
Libération, quotidien, Paris.
Le Monde, quotidien, Paris.
PLoS Medicine, journal médical sur Internet.
Le Soir, quotidien, Bruxelles.
La Recherche, mensuel, Paris.
Science et Avenir, mensuel, Paris.
Télérama, hebdomadaire, Paris.
The Times, quotidien, Londres.
Var-Matin, quotidien, Nice.
Vies de familles, mensuel de la Caisse d'Allocations Familiales.

L. ARAGON, *Le fou d'Elsa. La Diane française, Le roman inachevé*, Gallimard.
J. ATTALI, *1492*, Fayard, 1991.
M.F. BACQUÉ, in *Le Monde*, 22.10.2003.
Ch. BAUDELAIRE, *Les Fleurs du mal*, 1857.
A. BAZIN, in *Les cahiers du cinéma*, 1958.
R. de BEAUREPAIRE, *Biologie de la dépression,* Pfizer, 2004.
LA BIBLE, Le livre de Job.
J. CAMPION, *The piano* (en français : La leçon de piano), film, 1992.
M. CARNÉ, *Les enfants du paradis,* film, 1943-44.
C.CASAGRANDE. *Quand la tristesse était un péché. L'Histoire,* n°285.
C.N.A.M. (Caisse Nationale d'Assurance-maladie) *Rapport sur la consommation des médicaments en France en 2003-2004,* novembre 2004.
A. COMTE-SPONVILLE, *Le bonheur désespérément*, Librio, 2000.
J.CORNETTE, *L'Histoire,* n°285.

H. COLLOMB, *La dépression en Afrique*, in *La revue du Praticien*, 1978, T. 28.
D. DE FOE, *Robinson Crusoë*, 1719.
M. DE HENNEZEL, *La mort entre peurs et tabous*, Dossiers et documents du *Monde*, déc. 2004.
J.C. DELSART, *Je ne suis pas là pour être aimé*, film, 2005.
J. DELUMEAU, *Le péché et la peur*, Fayard, 1983.
La dépression, de la mélancolie à la fatigue d'être soi, n°411 du *Magazine Littéraire*, juillet 2002
La dépression, en savoir plus pour en sortir, Institut National de Prévention et d'Éducation pour la Santé (I.N.P.E.S.), Paris, 2007.
La dépression un problème majeur de santé publique. Journal des médecins Libéraux de la région PACA, septembre 2005,
M. DEVILLE, *Dossier 51,* film, 1978.
Diagnostical and Statistical Manual of mental disorders, D.S.M.IV-TR. *Manuel diagnostique et statistique des troubles mentaux.* Traduction française coordonnée par J.-D. Guelfi, Masson, Paris, 2003. (Mini D.S.M.-IV-TR, *Critères diagnostiques*. Idem, Masson, Paris, 2004. 4° version)
Dictionnaire historique de la langue française (dit « Le grand Robert »).
J. DU BELLAY, *Les regrets*, 1558.
D. BELPOMME, *TGV magazine*, mai 2008.
A.DÜRER, *Melencolia 1,* gravure, 1514.
A.DÜRER, *Le Christ de pitié,* peinture, 1493.
Encyclopaedia Universalis
A. EHRENBERG, *L'Histoire, n° 285*, mars 2004.
N. EISENBERGER, M. LIEBERMANN, K. WILLIAMS. *Does rejection hurt ? An fRMI study of social exclusion,* dans *Science,* vol.302, 10.10.2003.
E.D. ESQUIROL, *Du suicide,* 1827.
F. FELLINI, *La Strada,* film, 1954.
R.W. FIRTH, article Ethnologie, in *Encyclopaedia Universalis*, 2003.
B. FORTHOMME, *Modernité de l'acédie, Le magazine littéraire,* n° 411, juillet 2002.
N. GARCIA, *l'Adversaire,* film, 2002.
J. GIRAUDOUX, *Suzanne et le Pacifique*, 1921.

F. GIROD, *Lacenaire,* film, 1990.
J. GRACQ, *Le rivage des Syrtes,* Corti, 1951.
GUELFI & Coll. *Déjouer les pièges de la dépression,* Sanofi, 2004.
GUO Xiao Lu. *A concise chinese-english dictionnary for lovers*. Vintage books, London, 2007.
H.HEINE, *Die Lorelei*, 1822.
I.N.S.E.E., rapport mars 2002.
A. JANOV, *Le cri primal*, Flammarion, 1975.
Ph. JEAMMET, dans *Libération,* 14.12.2004.
R. KAPUSCINSKI, *Ebène, aventures africaines*, Plon-Pocket, 1998.
KIRSCH et SAPIRSTEIN, dans *Courrier International*, n°404, juillet 1998.
Ph. LABRO, *Tomber sept fois se relever huit fois*, A. Michel, 2003.
J. de LA FONTAINE, *Fables*, 1668.
A. de LAMARTINE. *L'isolement* dans *Méditations poétiques*. 1820.
M.C.LAMBOTTE. *Nostalgie,* in l'*Encyclopaedia Universalis.*
P. LECONTE, *La veuve de Saint Pierre,* film, 2000.
M. LEJOYEUX, *Le nouveau malade imaginaire - l'utopie du bonheur parfait,* Hachette, 2004.
LIEBERMANN, cité par L.V. THOMAS, article cité.
H. LOO, congrès de la revue *L'encéphale*, 2003.
J.McCULLEY, pour le personnage de Zorro.
S.M. MADU, Congrès International de psychothérapie, Vienne, 1996.
St. MALDRY, *The hours,* film, 2003
Le Mal de vivre depuis trois mille ans. Dossier de *L'Histoire,* n°285, mars 2004.
G. de MAUPASSANT, *Boule de suif,* 1880.
D. MEHL, *La télévision de l'intimité,* Le Seuil, 1997.
J.P. MELVILLE, *Le samouraï*, film, 1967.
G. MINOIS, *Histoire du mal de vivre,* La Martinière, 2003.
M. de MONTAIGNE, *Les Essais*.
MORRIS et GOSCINNY pour le personnage de *Lucky Luke.*
J. MORROW, *La trilogie de Jéhovah*, Au Diable Vauvert, 2000.

A. de MUSSET, *La nuit de mai,* 1835.
G. de NERVAL, *El desdichado*, 1854.
P. NIZAN, *Aden-Arabie*, 1932.
F. OZON, *Sous le sable*, film, 2000.
Ch. PERRAULT, *Le Chat Botté*, dans *Les contes de ma mère l'Oye*, 1697.
Ph. PIGNARRE, *Comment la dépression est devenue une épidémie,* Éditions de la Découverte, 2001.
POROT, *Manuel alphabétique de la psychiatrie,* 1952, 1984.
H. PRIGENT, *Mélancolie, Les métamorphoses de la dépression*, Gallimard, 2005.
Psydoc-france, site internet
Que se passe-t-il chez le patient dépressif après l'épisode, publication Pfizer, 2005.
F. RABELAIS, *Gargantua,* 1534.
J. RACINE, *Phèdre,* 1677.
A. RESNAIS, *Les statues meurent aussi*, film, 1953.
A. RESNAIS, *On connaît la chanson*, film, 1997.
M. ROBERT, *Seul, comme Franz Kafka*, Calmann-Lévy, 1979.
Cl. ROSSET, *Rondes de nuit, épisodes cliniques*, Gallimard, 1999.
Cl. ROSSET, *Dans l'œil du cyclone*, in *Le magazine littéraire,* n°411.
St FRANÇOIS DE SALES (1567-1622), *Lettres.*
Ste THÉRÈSE D'AVILA (1515-1582), *Poèmes et pensées*,
C. SAUTET, *Un cœur en hiver*, film, 1992.
F. SCOTT FITZGERALD. *La fêlure.*1931.
W. SHAKESPEARE, *Hamlet,* 1603.
R. SHELDRAKE, *Une nouvelle science de la vie*, Ed. du Rocher, 1985.
J.SIEGEL et J.SCHUSTER pour le personnage de Superman.
W. STYRON, *Face aux ténèbres, chronique d'une folie,* Gallimard, 1990.
TATOSSIAN et al. *Neuropsychiatrie,* n°6, 1986.
L. TENENBAUM, *La bascule des malaimés,* Le Souffle d'Or, 1994.
L. TENENBAUM, *La psychothérapie, un savoir étrange*, Le Souffle d'Or, 1995.
L.V.THOMAS, *Le deuil* dans *Synapse,* n°35, 1987.

L.V.THOMAS, *La mort* dans *Encyclopaedia Universalis 2003.*
A. de TOCQUEVILLE, *Lettres choisies, souvenirs 1814-1859*, Gallimard, 2003.
T. TODOROV, *Éloge de l'individu, essai sur la peinture flamande de la Renaissance.* Adam Biro, 2001.
M. TOURNIER, *Vendredi ou les limbes du Pacifique*, Gallimard, 1967.
A. VARDA, *Sans toit ni loi.* film, *1985.*
C. VEGH, *Je ne lui ai pas dit au revoir*, Gallimard, 1996.
F. VERDIER, *Passagère du silence,* A. Michel, 2003.
A. WAJDA, *L'homme de marbre,* film, 1977.
A. WAJDA, *L'homme de fer,* film, 1981.
K.D.WILLIAMS, L.ZADRO. *Ostracism: the indiscriminate detection system. 7° symposium de psychologie sociale de Sydney.*
P. WEIR, *The Truman show*, film, 1998.
R. ZEMECKIS, *Seul au monde* (titre original : *Cast Away*), film, 2000.

ILLUSTRATIONS

couverture : sculpture de Sarah Tenenbaum, photo L. Tenenbaum ;

p. 39 : photo L. Tenenbaum
p. 107 : *L'âge mûr*, sculpture de Camille Claudel, photo L. Tenenbaum, avec l'aimable autorisation de la R.M.N., Paris
p. 177 : photo L. Tenenbaum
p. 181 : ex-voto Notre-Dame de la Garde, Marseille, photo L. Tenenbaum.
p. 191 : *Melencholia 1*, gravure d'Albert DÜRER, photo Wikipedia.

L'HARMATTAN, ITALIA
Via Degli Artisti 15 ; 10124 Torino

L'HARMATTAN HONGRIE
Könyvesbolt ; Kossuth L. u. 14-16
1053 Budapest

L'HARMATTAN BURKINA FASO
Rue 15.167 Route du Pô Patte d'oie
12 BP 226
Ouagadougou 12
(00226) 76 59 79 86

ESPACE L'HARMATTAN KINSHASA
Faculté des Sciences Sociales,
Politiques et Administratives
BP243, KIN XI ; Université de Kinshasa

L'HARMATTAN GUINÉE
Almamya Rue KA 028
En face du restaurant le cèdre
OKB agency BP 3470 Conakry
(00224) 60 20 85 08
harmattanguinee@yahoo.fr

L'HARMATTAN CÔTE D'IVOIRE
M. Etien N'dah Ahmon
Résidence Karl / cité des arts
Abidjan-Cocody 03 BP 1588 Abidjan 03
(00225) 05 77 87 31

L'HARMATTAN MAURITANIE
Espace El Kettab du livre francophone
N° 472 avenue Palais des Congrès
BP 316 Nouakchott
(00222) 63 25 980

L'HARMATTAN CAMEROUN
BP 11486
(00237) 458 67 00
(00237) 976 61 66
harmattancam@yahoo.fr

650626 - Avril 2016
Achevé d'imprimer par

1livre.com
du rêve à la réalité !